I0889181

TITE-LIVE

HISTOIRE ROMAINE

LIVRE III

COLLECTION DES UNIVERSITÉS DE FRANCE
publiée sous le patronage de l'ASSOCIATION GUILLAUME BUDÉ

TITE-LIVE

HISTOIRE ROMAINE

TOME III

LIVRE III

TEXTE ÉTABLI
PAR
JEAN BAYET
Professeur à l'Université de Paris

TRADUIT
PAR
GASTON BAILLET
Professeur au Lycée Rollin

Sixième tirage

PARIS
LES BELLES LETTRES
2026

Conformément aux statuts de l'Association Guillaume Budé, ce volume a été soumis à l'approbation de la commission technique, qui a chargé M. A. Boulanger d'en faire la révision et d'en surveiller la correction en collaboration avec MM. J. Bayet et G. Baillet.

Tous droits de traduction, de reproduction et d'adaptation réservés pour tous les pays.

© 2026. Société d'édition Les Belles Lettres
95 boulevard Raspail, 75006 Paris
www.lesbelleslettres.com

Premier tirage 1943

ISBN : 978-2-251-01283-4
ISSN : 0184-7155

CONSPECTVS SIGLORVM

V Veronensis (Bibl. Capitul. Veronensis, 40), saec. IV.

Σ SYMMACHIANI (*uel* NICOMACHEI) :

M Mediceus (Florentiae, Bibliothecae Laurentianae, Plut. LXIII, 19), saec. x uel XI ;

M^1, M^2, M^3... Medicei manus prima, secunda, tertia... ;

$M^{1\text{-}2}$, $M^{2\text{-}1}$... Medicei manus prima uel secunda, secunda uel prima... ;

v Vormatiensis (ex Beato Rhenano).

P Parisiensis (Bibliothecae Nationalis Parisiensis, 5725 Lat.), saec. x ineuntis ;

F Floriacensis (Bibliothecae Nationalis Parisiensis, 5724 Lat.), saec. IX ;

B Bambergensis (Bibliothecae olim Regiae, M. IV. 8), saec. x uel XI ;

P^2 Parisiensis codicis corrector ;

S Sorbonicus (Bibliothecae Nationalis Parisiensis, 16023 Lat.), saec. XIV ineuntis uel XIII exeuntis.

U Upsaliensis (Bibliothecae Academiae), saec. x uel XI ;

u Upsaliensis pars recentior, saec. XIV.

E Einsiedlensis (Bibliothecae Monasterii S. Benedicti, 348), saec. x ;

O Oxoniensis (Bibliothecae Bodleianae, 20631), saec. XI ineuntis.

H Harleianus prior (Musei Britannici, *Harl.* 2672 ; 70 b), saec. x exeuntis ;

T Thuaneus (Bibliothecae Nationalis Parisiensis, 5726 Lat.), saec. IX exeuntis uel x ineuntis ;

t Codicis Thuanei duo priora folia, paulo recentiora ;

[*t*] Eiusdem supplementi prima pars deleta.

L Leidensis (Bibliothecae Universitatis, 6 A), saec. XII ineuntis ;

R Romanus (Bibliothecae Vaticanae, 3329), saec. XI medii ;

D Dominicanus (Florentiae, Bibliothecae Laurentianae, *Cod. S. Marci*, 326), saec. XI uel XII ;

A Aginnensis (Musei Britannici, *Harl.* 2493), saec. XIII ;

a Codicis Aginnensis pars recentior, saec. XIV.

ρ Beati Rhenani « uetusne lectio » sit (quae e Vormatiensi ipso codice emanare possit) an probabilior coniectura incertum ;

γ Sigismundi Gelenii lectio ex antiquis ipsius codicibus excerpta an coniectura sit incertum.

ω Consensus plurium codicum, id est omnium (scriptura dumtaxat integra, sine ulla uel librarii ipsius uel emendatoris retractatione) qui non nominatim postea significantur aut antea significati sunt.

cett. Ceteri codices nostri (praeter eos qui nominatim significati sunt).

codd. Codices nostri omnes.

†...† locum desperatum significat.

Scriptura obliqua, quam italicam dicunt, litterae notantur quae a codicibus discrepant.

⟨ ⟩ includuntur supplementa docto cuidam uiro uel nobis probata.

[ ] includuntur litterae aut uerba damnata.

( ) includitur nomen docti cuiusdam uiri, qui lectionem propositam commendauit, liuianae autem orationi inserere non ausus est.

N. B. — *Veronensis codicis ut quam uerissimam imaginem proponam, ipsius uel parui momenti lectiones, nulla ceterorum codicum adscripta, saepius adfero.*

LIVRE TROISIÈME

LIVRE III

Av. J.-C. 463 (467 Varr.).

La question agraire. I. Après la prise d'Antium, Titus Aemilius et Quintus Fabius deviennent consuls : celui-ci était l'unique survivant de la famille exterminée sur le Crémère[1]. Déjà, dans son premier consulat, Aemilius avait proposé de donner des terres à la plèbe[2] : aussi son second consulat également avait-il relevé chez les agrariens l'espoir d'obtenir leur loi ; de leur côté, les tribuns, qui s'étaient souvent heurtés à l'opposition des consuls, reprennent le projet, certains que, cette fois, l'appui d'un consul le fera réussir ; quant au consul, il restait dans les mêmes idées. Les détenteurs de terres — et la majorité des sénateurs en était — déplorant « qu'un des chefs de l'État prît pour tremplin une politique tribunicienne et se rendît populaire en distribuant le bien d'autrui », avaient reporté tout leur mécontentement des tribuns sur le consul. Une lutte terrible allait éclater, si Fabius n'avait trouvé une solution du conflit qui ne lésait aucun parti : « La guerre menée l'année précédente sous la conduite et les auspices de Titus Quinctius laissait un gain notable de territoire enlevé aux Volsques ; Antium, par sa proximité, sa position avantageuse de ville maritime, se prêtait à recevoir une colonie ; ainsi, sans soulever les plaintes des propriétaires actuels, on rendrait la terre accessible à la plèbe et l'État retrouverait le calme ». Sa proposition fut adoptée. Il dé-

1. Q. Fabius serait un consul de moins de vingt-quatre ans (cf. II, 50, 11).

2. Il n'a pas été question d'une initiative agraire de T. Aemilius : mais voir Denys (qui le prénomme Tibérius), IX, 51 et 59.

LIBER III

Ab V. c. 285.

I. [1]Antio capto, T. Aemilius et Q. Fabius consules fiunt : hic erat qui unus exstinctae ad Cremeram genti superfuerat. [2]Iam priore consulatu Aemilius dandi agri plebi fuerat auctor ; itaque secundo quoque consulatu eius et agrarii se in spem legis erexerant, et tribuni, rem contra consules saepe temptatam adiutore utique consule obtineri posse rati, suscipiunt, et consul manebat in sententia sua. [3]Possessores, et magna pars patrum, 'tribuniciis se iactare actionibus principem ciuitatis et largiendo de alieno popularem fieri' querentes, totius inuidiam rei a tribunis in consulem auerterant. [4]Atrox certamen aderat, ni Fabius consilio neutri parti acerbo rem expedisset : 'T. Quincti ductu et auspicio agri capti priore anno aliquantum a Volscis esse ; [5]Antium, propinquam, opportunam et maritimam urbem, coloniam deduci posse : ita sine querellis possessorum plebem in agros ituram, ciuitatem in concordia fore'. [6]Haec sententia accepta est.

Des. *V. E. T. A.*

I, 1 T. (*uel* Titus) Aemilius ω.*R*^{1} : titus aemelius *PBS.R* titus amelius *L* inde titus emilius *F*^{3} Ti. Aemilius *Sigon.* (*ex* Dion. Hal., *IX, 51, 1, et 59, 1*) ‖ hic erat qui *ego* : hic erat Quinctius qui *S* hic erat fabius quinctius (*uel* -nt-) qui *cett.* ‖ **3** Possessores et magna ω.*P*^{2} : possessorem et magna *P* possessores magna *H* ‖ **4** T. Quincti *R. det. unus* : l. quincti (*uel* -nt-) *cett.* ‖ capti *codd.* (*Nonne autem uerba* priore anno a Volscis *expellenda, ut interscriptum posteaque diuisum glossema?*) : captum *Cobet* ‖ **5** propinquam opportunam *codd.* (*sed* propinqūa ! apportunā *LRD* propinqua oportunā *D*^{2}) : propinquum, opportunam *Ald.* [propinquam], opportunam *post Madv., Conway-Walters.*

signe trois répartiteurs : Titus Quinctius, Aulus Virginius, Publius Furius. On invita à se faire inscrire ceux qui voulaient des terres. Dès lors, comme toujours, chose facile, chose sans attrait : il n'y eut que quelques inscrits[1], si bien qu'il fallut compléter l'effectif de la colonie en y adjoignant des Volsques[2]. La foule aima mieux réclamer des terres à Rome que d'en recevoir ailleurs.

Campagnes contre les Èques. Les Èques demandèrent la paix à Quintus Fabius, dont l'armée avait envahi leur pays, et la rendirent eux-mêmes sans effet par une incursion soudaine en territoire latin.

II. Quintus Servilius, consul l'année suivante avec Spurius Postumius, et chargé de la campagne contre les Èques, établit en territoire latin un camp permanent. Les troupes, en proie à la maladie, y gardèrent un repos forcé, ce qui prolongea la guerre jusqu'à la troisième année et au consulat de Quintus Fabius et Titus Quinctius. Fabius, par mesure exceptionnelle[3] et en raison de sa victoire précédente et de son traité avec les Èques, reçut ce commandement. Absolument convaincu, en partant, que le bruit de son nom suffirait à ramener la paix avec les Èques, il envoya une délégation déclarer à leur assemblée nationale que « le consul Fabius, naguère messager de paix entre les Èques et Rome, aujourd'hui messager de guerre entre Rome et les Èques, revenait, les armes à la main, cette main qu'il leur avait tendue naguère désarmée. Les auteurs de cette déloyauté, de ce parjure, les dieux les connaissaient dès maintenant et les châtieraient demain. Quant à lui, quelles que fussent les circonstances actuelles, il préférait encore voir les Èques se repentir spontanément,

1. Les triumvirs *agris dandis adsignandis*, de même que la mauvaise volonté de la plèbe à quitter Rome, semblent des anticipations.

2. Sur les colonies mixtes, voir note à I, 27, 9. Selon Denys (IX, 59), celle d'Antium admit, outre Romains et Antiates, des Latins et des Herniques.

3. Sans tirage au sort ni entente avec son collègue.

Triumuiros agro dando creat T. Quinctium A. Verginium P. Furium ; iussi nomina dare qui agrum accipere uellent. [7]Fecit statim, ut fit, fastidium copia adeoque pauci nomina dedere ut ad explendum numerum coloni Volsci adderentur ; cetera multitudo poscere Romae agrum malle quam alibi accipere.

[8]Aequi a Q. Fabio — is eo cum exercitu uenerat — pacem petiere, inritamque eam ipsi subita incursione in agrum Latinum fecere.

II. [1]Q. Seruilius insequenti anno — is enim cum Sp. Postumio consul fuit — in Aequos missus in Latino agro statiua habuit. Quies necessaria morbo implicitum exercitum tenuit. [2]Extractum in tertium annum bellum est Q. Fabio et T. Quinctio consulibus. Fabio extra ordinem, quia is uictor pacem Aequis dederat, ea prouincia data. [3]Qui, haud dubia spe profectus famam nominis sui pacaturam Aequos, legatos in concilium gentis missos nuntiare iussit 'Q. Fabium consulem dicere se ex Aequis pacem Romam tulisse, ab Roma Aequis bellum adferre eadem dextera armata quam pacatam illis antea dederat. [4]Quorum id perfidia et periurio fiat, deos nunc testes esse, mox fore ultores. Se tamen, utcumque sit, etiam nunc paenitere sua sponte Aequos quam pati hostilia malle. [5]Si paeniteat, tutum receptum ad expertam clementiam fore ; sin periurio gaudeant, dis magis iratis quam hostibus gesturos bellum'. [6]Haec dicta adeo nihil mouerunt quemquam ut legati prope uiolati sint exercitusque in Algidum aduersus Romanos missus.

Des. *V. E. T. A.*

II, **1** statiua habuit *O.H* : statiua habuit castra *M.PS.U.LRD* statiua habiit castra *F* (*sed* abiit ;) *B* || **2** Fabio et : fabio *H* || **3** profectus : profectus est *M* || pacatam ω : pacata *M* pacta *H* pacatorum *B?* || **5** gaudeant $U.R^{1-2}D^{2}$: gaudeat *RD.cett.* || **6** sint $\omega.M^{1-2}U^{2}$: sunt *M.U.H.L.*

plutôt que de les traiter en ennemis. S'ils se repentaient, ils trouveraient un refuge assuré dans sa clémence déjà éprouvée. Tandis que persévérer dans leur parjure, c'était entrer en lutte, moins contre un ennemi que contre le courroux des dieux ». Ces paroles eurent si peu d'effet que la délégation faillit être maltraitée et qu'une armée marcha vers l'Algide contre les Romains. A la nouvelle d'un tel outrage, plus encore que du danger, le second consul entra en campagne. Ainsi deux armées consulaires marchèrent à l'ennemi en ligne déployée pour combattre sans perdre de temps. Mais, comme le jour se trouvait toucher à sa fin, une des sentinelles ennemies s'écrie : « C'est là une parade militaire, Romains, ce n'est pas la guerre ; c'est à la nuit tombante que vous formez vos lignes ! Il nous faut une journée plus longue pour la bataille qui va s'engager. Demain, au lever du soleil, reprenez vos formations : vous aurez l'occasion de vous battre, n'ayez pas peur. » Irritée par ces paroles, l'armée fut ramenée au camp pour attendre le lendemain, trouvant qu'elle serait bien longue, la nuit qui allait retarder le combat. Néanmoins, ils réparent leurs forces en mangeant et en dormant. Le lendemain, dès le lever du jour, les Romains furent les bons premiers à se mettre en ligne ; mais enfin, à leur tour, les Èques s'avancèrent. Ce fut, de part et d'autre, une lutte acharnée : les Romains combattaient pleins de colère et de rage ; les Èques, se sentant en danger par leur faute et sachant que, désormais, on n'aurait plus confiance en leur parole, étaient réduits à tout oser et à tout risquer. Pourtant les Èques ne tinrent pas contre les lignes romaines. Battus et forcés de se retirer sur leur territoire, au lieu de montrer des dispositions plus pacifiques, ces peuples intraitables reprochaient à leurs généraux « d'avoir engagé une bataille rangée où la tactique des Romains était supérieure, tandis que les Èques excellaient dans les razzias et les coups de main et obtenaient plus de succès dispersés en une foule de détachements que massés en une seule grande armée ».

[7]Quae ubi Romam sunt nuntiata, indignitas rei magis quam periculum consulem alterum ab urbe exciuit. Ita duo consulares exercitus ad hostem accessere acie instructa, ut confestim dimicarent. [8]Sed cum forte haud multum diei superesset, unus ab statione hostium exclamat : « Ostentare hoc est, Romani, non gerere bellum : [9]in noctem imminentem aciem instruitis. Longiore luce ad id certamen quod instat nobis opus est. Crastino die oriente sole redite in aciem : erit copia pugnandi, ne timete. » [10]His uocibus inritatus miles in diem posterum in castra reducitur, longam uenire noctem ratus quae moram certamini faceret. Tum quidem corpora cibo somnoque curant ; ubi inluxit postero die, prior aliquanto constitit Romana acies ; tandem et Aequi processere. [11]Proelium fuit utrimque uehemens, quod et Romanus ira odioque pugnabat et Aequos conscientia contracti culpa periculi et desperatio futurae sibi postea fidei ultima audere et experiri cogebat. [12]Non tamen sustinuere aciem Romanam Aequi ; pulsique cum in finis suos se recepissent, nihilo inclinatioribus ad pacem animis ferox multitudo increpare duces 'quod in aciem, qua pugnandi arte Romanus excellat, commissa res sit ; [13]Aequos populationibus incursionibusque meliores esse et multas passim manus quam magnam molem unius exercitus rectius bella gerere'.

Des. *V. E. T. A.*
Iter. II, **9** : ad id certamen *F* (*substrinxit* F^1).
Om. II, **12** : res sit *P* (*rest. supra lineam* P^1 *uel* P^2).

II, **9** certamen ω.R^1D^x : certamen in *M.H.LRD* || **10** certamini ω.M^1 (*uel M*) : certamine (i *suprascr.*) *O* certaminis $M^{1\text{-}2}$.LRD^3 || **11** quod et : quod *H* || ira odioque ω.U^2 : odioque ira *F* ira odia *U* || **12** sustinuere ω : sustinere *PFBS* || in finis suos se *ego* : in fines suos se ω.F^2 se in finis suos *S* in fines suos *PFB.H*.

III. Laissant donc dans leur camp une simple garde, ils allèrent faire une incursion si brusque en territoire romain que Rome même fut gagnée par la frayeur. L'imprévu de l'attaque accrut aussi le désordre, parce que, de la part d'un ennemi vaincu et presque assiégé dans son camp, l'idée de faire un coup de main était la dernière chose à craindre; en outre, les paysans épouvantés se pressaient aux portes et annonçaient à grands cris, non pas une simple incursion de petits groupes de pillards, mais, avec l'exagération de la frayeur, l'arrivée des armées, des légions ennemies, dont les colonnes menaçantes se ruaient vers Rome. Ces rumeurs imprécises, et d'autant plus faciles à déformer, passent de proche en proche; la bousculade, les appels aux armes ressemblaient, ou peu s'en faut, à l'affolement d'une ville prise.

Justement le consul Quinctius était rentré de l'Algide à Rome : ce fut un remède contre la crainte. Il apaisa le trouble, blâma cette frayeur devant un ennemi vaincu et mit un service de garde aux portes. Puis, convoquant le sénat, il décréta, avec l'assentiment des Pères, la fermeture des tribunaux[1] et partit assurer la défense du territoire, laissant à Quintus Servilius[2] le commandement de Rome. Il ne rencontra d'ailleurs pas d'ennemis dans la campagne. C'est l'autre consul qui termina heureusement cette opération : sachant par où devait passer l'ennemi, il attaqua la colonne chargée d'un butin qui gênait sa marche et lui fit payer cher ses ravages. Peu d'ennemis se tirèrent de l'embuscade; tout le butin fut repris. La fermeture des tribunaux, qui n'avait duré que quatre jours, prit fin au retour du consul Quinctius à Rome.

Quinctius procéda ensuite au recensement et clôtura la cérémonie lustrale[3]. Le recensement donna, dit-on,

1. Qui, s'accompagnant de la suspension des affaires, équivalait à la proclamation de l'état de siège.

2. Ce *praefectus Vrbis* possède l'*imperium* en l'absence des consuls.

3. Voir la description de cette purification, I, 44, 1-2.

III. [1]Relicto itaque castris praesidio egressi, tanto cum tumultu inuasere fines Romanos ut ad urbem quoque terrorem pertulerint. [2]Necopinata etiam res plus trepidationis fecit, quod nihil minus quam ne uictus ac prope in castris obsessus hostis memor populationis esset timeri poterat; [3]agrestesque pauidi incidentes portis non populationem nec praedonum paruas manus, sed, omnia uano augentes timore, 'exercitus et legiones adesse hostium et infesto agmine ruere ad Vrbem' clamabant. [4]Ab his proxum*i* audita incerta eoque uaniora ferre ad alios. Cursus clamorque uocantium ad arma haud multum a pauore captae urbis abesse. [5]Forte ab Algido Quinctius consul redierat Romam : id remedium timori fuit. Tumultuque sedato, uictos timeri increpans hostes, praesidia portis imposuit. [6]Vocato dein senatu cum ex auctoritate patrum iustitio indicto profectus ad tutandos fines esset, Q. Seruilio praefecto urbis relicto, hostem in agris non inuenit. [7]Ab altero consule res gesta egregie est : qui, qua uenturum hostem sciebat, grauem praeda eoque impeditiore agmine incedentem adgressus, funestam populationem fecit. [8]Pauci hostium euasere ex insidiis, praeda omnis recepta est. Sic finem iustitio, quod quadriduum fuit, reditus Quincti consulis in urbem fecit.

[9]Census deinde actus et conditum ab Quinctio lustrum. Censa ciuium capita centum quattuor milia

Des. *V. E. T. A.*

III, **2** uictus : uinctus *M* || **4** proxumi *Weissenb.* : proximi (*Ald.*) proxume *Mv.RD* proxime *L* proxumum *H* proximum *cett.* || **7** qui qua *M.O.LRD*$^{1.2}$: qui quam *D* qui quia *O*$^{1.2}$. *cett.* || incedentem ω.*P*^{2}*R*^{x} : incidentem *M.P.LRD* || **8** in urbem *M.H.LRD* : in urbe *PFBS.U.O* || **9** actus ω : factus *H.LRD*.

104,714 citoyens, sans compter les veuves et les orphelins[1].

La guerre contre les Èques n'offrit plus rien de remarquable : ils se retirèrent dans leurs places, laissant brûler et détruire leurs biens. Le consul, après avoir, à plusieurs reprises, semé le ravage à main armée à travers tout le territoire ennemi, revint à Rome chargé de gloire et de butin.

IV. Les consuls suivants furent : Aulus Postumius Albus et Spurius Furius Fuscus. — On écrit quelquefois Furius « Fusius »[2]. Je fais cette remarque pour qu'on ne croie pas à une différence de personne, mais simplement d'orthographe. — Nul ne doutait que l'un des consuls ne fît la guerre aux Èques. Aussi les Èques demandèrent-ils du secours aux Volsques d'Écétra[3], qui s'empressèrent de le leur accorder, car ces peuples ne cessèrent de haïr Rome à l'envi. Ils mettaient toute leur ardeur à préparer la guerre. Ce que voyant, les Herniques avertissent Rome qu'Écétra est passée aux Èques. On soupçonnait aussi la colonie d'Antium, parce qu'une grande partie de ses habitants, lors de la prise de la ville, avait cherché refuge chez les Èques et leur avait fourni pendant la campagne précédente leurs plus vaillantes troupes. Puis, une fois les Èques refoulés dans leurs villes, ces troupes, se dispersant, étaient revenues à Antium, et, trouvant la colonie déjà mal disposée envers Rome, elles achevèrent de l'en détourner. La défection n'était pas encore un fait accompli, quand le Sénat, informé de ce qui se préparait, chargea les consuls de faire comparaître à Rome les notables de la colonie pour leur demander ce qu'il en était. Loin d'hésiter

1. La formule plus complète de la *Periocha* du livre LIX (*praeter pupillos, pupillas et uiduas*) paraît stipuler une exclusion juridique de « mineurs et assimilés ». Mais l'énoncé *orbos orbasque* suggère plutôt exclusion religieuse d'êtres « maléficiés ».

2. Orthographe ancienne. Cf. II, 19, 1, et note.

3. Ville importante des Monts Lepini, la plus proche des Èques, prétendue colonie romaine par Denys (VI, 32). — Voir Appendice, p. 117-118.

*septin*genta quattuordecim dicuntur praeter orbos orbasque.

10 In Aequis nihil deinde memorabile actum : in oppida sua se recepere, uri sua popularique passi. Consul, cum aliquotiens per omnem hostium agrum infesto agmine populabundus isset, cum ingenti laude praedaque Romam rediit.

IV. 1 Consules inde A. Postumius Albus Sp. Furius Fuscus. — Furios Fusios scripsere quidam : id admoneo ne quis immutationem uirorum ipsorum esse quae nominum est putet. — 2 Haud dubium erat quin cum Aequis alter consulum bellum gereret. Itaque Aequi ab Ecetranis Volscis praesidium petiere ; quo cupide oblato — adeo ciuitates hae perpetuo in Romanos odio certauere — bellum summa ui parabatur. 3 Sentiunt Hernici et praedicunt Romanis Ecetranum ad Aequos descisse. Suspecta et colonia Antium fuit, quod magna uis hominum inde, cum oppidum captum esset, confugisset ad Aequos : isque miles per bellum Aequicum uel acerrimus fuit. 4 Compulsis deinde in oppida Aequis, ea multitudo, dilapsa cum Antium redisset, sua sponte iam infidos colonos Romanis abalienauit. 5 Necdum matura re cum defectionem parari delatum ad senatum esset, datum negotium est consulibus ut principibus coloniae Romam excitis quaererent quid rei esset. 6 Qui cum haud grauate uenis-

Des. *V. E. T. A.*

III, **9** septingenta *Weissenb. ex periocha* : acc ω et cc *LRD* (ti *suprascr.*) || **10** uri *M*[1-2]*.O.H* : uiri *PFBS.U* urit *M* ; *om. LRD.*

IV, **1** A. Postumius *Pighius* (*ex* Fastis) : an postumius *M* postumius *cett.* || Fuscus *codd.* : Fusus *Sigon.* (*ex* Fast.) || Furios Fusios (*Ald.*) : furios (*sed* furius *M*) fusios fabios *codd.* || **4** ea multitudo *M.H.LRD* : emultitudo *PFBS* multitudo *U.O* || **6** haud grauate *PFB* (*in quo* aud) *S.U.O.H* (*in quo* -tae) : aut grauatae *M* aut grauata *D* aut gratuata *L* adgrauata *R* haut grauati *R*[2].

à venir, une fois introduits par les consuls devant le Sénat, ils répondirent à l'interrogatoire de telle manière qu'ils étaient plus suspects à leur départ qu'à leur arrivée.

La guerre paraissait dès lors inévitable. Spurius Furius, celui des consuls auquel le commandement était échu, marcha contre les Èques et rencontra les ennemis sur le territoire des Herniques qu'ils ravageaient. Sans connaître leurs effectifs (car on ne les avait pas vus tous rassemblés), il eut l'imprudence d'engager ses troupes inférieures en nombre. Repoussé au premier choc, il se retira dans son camp. Mais il n'était pas hors de danger ; la nuit suivante et le lendemain, le camp eut à subir un blocus et des assauts si violents qu'il fut impossible d'envoyer même un messager à Rome. Ce furent les Herniques qui annoncèrent la défaite et le blocus du consul et de son armée. La terreur s'empara des Pères au point que, selon la formule de sénatus-consulte usitée en cas d'extrême urgence, ils chargèrent Postumius, le second consul, « de veiller à la sûreté de l'État »[1]. Maintenir le consul à Rome pour y faire la mobilisation générale de tous les hommes en état de porter les armes sembla le meilleur parti ; envoyer en qualité de proconsul[2] Titus Quinctius au secours du camp avec une armée d'alliés, et, pour former cette armée, donner aux Latins, aux Herniques et à la colonie d'Antium l'ordre de fournir à Quinctius des « subitaires ». C'est le nom qu'on donnait alors à ces troupes alliées levées à la hâte.

V. Multipliant pendant ce temps ses mouvements et ses attaques de côté et d'autre, l'ennemi, grâce à sa supériorité numérique, se mit à harceler de toutes parts les forces romaines, persuadé qu'elles ne pourraient suffire à tout.

1. Anachronisme. Le *senatus consultum ultimum*, qui suspend toute liberté civique, a été imaginé en un temps (fin du IIe siècle) où la dictature était tombée en désuétude, et pour en tenir lieu.

2. Ayant « pouvoirs de consul » hors Rome, sans être forcément ancien consul : ce peut être un *priuatus cum imperio* (cf. APPENDICE, I).

sent, introducti a consulibus ad senatum ita responderunt ad interrogata ut magis suspecti quam uenerant dimitterentur. [7]Bellum inde haud dubium haberi. Sp. Furius consulum alter, cui ea prouincia euenerat, profectus in Aequos, Hernicorum in agro populabundum hostem inuenit, ignarusque multitudinis, quia nusquam uniuersa conspecta fuerat, imparem copiis exercitum temere pugnae commisit. [8]Primo concursu pulsus se intra castra recepit. Neque is finis periculi fuit : namque et proxima nocte et postero die tanta ui castra sunt circumsessa atque oppugnata ut ne nuntius quidem inde mitti Romam posset. [9]Hernici 'et male pugnatum et consulem exercitumque obsideri' nuntiauerunt, tantumque terrorem incussere patribus ut, quae forma senatus consulti ultimae semper necessitatis habita est, Postumio, alteri consulum, negotium daretur 'uideret ne quid res publica detrimenti caperet'. [10]Ipsum consulem Romae manere ad conscribendos omnes qui arma ferre possent optimum uisum est ; pro consule T. Quinctium subsidio castris cum sociali exercitu mitti ; [11]ad eum explendum Latini Hernicique et colonia Antium dare Quinctio subitarios milites — ita tum repentina auxilia appellabant — iussi.

V. [1]Multi per eos dies motus multique impetus hinc atque illinc facti, quia superante multitudine hostes carpere multifariam uires Romanas, ut non suffecturas ad omnia, adgressi sunt : [2]simul castra oppugnabantur, simul pars exercitus ad populandum

Des. *V. F. T. A.*

IV, **10** Quinctium *M.O* (-nt-).*H* (-nc-).*LRD* : quinctius *S* quintius *PFB.U.*

V, **1** Multi ω.M^3D^3 : ulti *M.D* || carpere *M.H.LRD* : capere *cett.*

Tout en faisant le siège du camp, il envoyait en même temps une partie de ses troupes ravager le territoire romain et faire même à l'occasion une tentative contre Rome. Lucius Valérius resta pour défendre la ville ; le consui Postumius marcha contre les pillards. On n'épargna sur aucun point ni le soin ni la peine : on plaça des postes en ville, des gardes aux portes, des troupes sur les murs ; en outre (mesure nécessaire dans un pareil trouble), on ferma les tribunaux pendant quelques jours. Cependant, le consul Furius, après s'être d'abord tenu coi dans son camp assiégé, surprit l'ennemi en faisant une sortie par la porte décumane[1]. Mais, au lieu de le poursuivre, il s'arrêta, redoutant une contre-attaque sur l'autre face du camp. Un Furius, qui était à la fois son lieutenant et son frère[2], fut entraîné plus loin : dans l'ardeur de la poursuite, il ne vit ni le repli des siens ni la contre-attaque de l'ennemi sur ses derrières. Une fois coupé, et après plusieurs tentatives inutiles pour s'ouvrir un chemin vers le camp, il tomba en combattant vaillamment. De son côté, le consul, sachant son frère cerné, revint à la charge, fonça tête baissée et sans trop de précautions en pleine mêlée, reçut une blessure et fut à grand'peine dégagé par son entourage, ce qui jeta le découragement parmi les siens et redoubla la confiance des ennemis. Enflammés par la mort du lieutenant et la blessure du consul, ils rendirent toute résistance impossible : refoulés dans leur camp, les Romains sont de nouveau assiégés et en état d'infériorité morale et matérielle. La situation générale eût été dangereuse sans l'intervention de Titus Quinctius et des contingents étrangers. Tandis que les Èques ne regardaient

1. Des deux voies rectangulaires qui partageaient le camp en quartiers, le *decumanus* (en principe tracé d'est en ouest) allait de la porte prétorienne, face à l'ennemi, à la porte décumane, opposée. — Ce détail suffit à justifier, au § 5, la lecture *in incautum*, contre la leçon *in cautum* (préférée par B. Rhenanus).

2. Habitude des temps classiques, le général choisissant souvent ses collaborateurs immédiats (*legati*) dans sa parenté.

agrum Romanum missa urbemque ipsam, si qua fortuna daret, temptandam. [3]L. Valerius ad praesidium urbis relictus, consul Postumius ad arcendas populationes finium missus. [4]Nihil remissum ab illa parte curae aut laboris : uigiliae in urbe, stationes ante portas praesidiaque in muris disposita, et, quod necesse erat in tanto tumultu, iustitium per aliquot dies seruatum. [5]Interim in castris Furius consul, cum primo quietus obsidionem passus esset, in incautum hostem decumana porta erupit et, cum persequi posset, metu substitit ne qua ex parte altera in castra uis fieret. [6]Furium legatum — frater idem consulis erat — longius extulit cursus ; nec suos ille redeuntes persequendi studio neque hostium ab tergo incursum uidit : ita exclusus, multis saepe frustra conatibus captis ut uiam sibi ad castra faceret, acriter dimicans cecidit. [7]Et consul nuntio circumuenti fratris conuersus ad pugnam, dum se temere magis quam satis caute in mediam dimicationem infert, uolnere accepto aegre ab circumstantibus ereptus et suorum animos turbauit et ferociores hostes fecit ; [8]qui caede legati et consulis uolnere accensi nulla deinde ui sustineri potuere : compulsi in castra Romani rursus obsidentur nec spe nec uiribus pares ; uenissetque in periculum summa rerum, ni T. Quinctius peregrinis copiis [cum Latino Hernicoque exercitu] subuenisset.

Des. *V. E. T. A.*

V, **2** urbemque : urbem *M* || **5** in incautum *U.O.H.*R^2D^3 : incautum *F* incautum *Mv.PS.LRD* incatū *B* || **6** ab tergo ω : a tergo *PFBS.U* || **7** pugnam, dum *dett. aliq. Ed. Rom. 1470* : pugnandum *codd.* || mediam : medio *M* || dimicationem infert *M?* (dimicationeem *scribens*). *PFBS.U.O* : dimicationem fert *H.LRD* dimicationis infert M^3 || **8** Compulsi ... obsidentur *S* : cum compulsi ... obsiderentur *cett.* ut compulsi ... obsiderentur *Conway* || [cum Latino Hernicoque exercitu] (*Conway*) : [cum] Latino Hernicoque exercitu *Madv.*

que le camp et promenaient fièrement la tête du légat, il les prit à revers tout en faisant signe de loin à ceux du camp de faire une sortie et cerna une grande partie des ennemis. Les pertes des Èques furent plus faibles, mais leur déroute plus complète sur le territoire de Rome. Ils étaient disséminés et chargés de butin, quand, de certains points judicieusement choisis, où il avait posté des détachements, Postumius fondit sur eux. Comme ils s'enfuyaient au hasard et en désordre, ils tombèrent sur Quinctius qui revenait vainqueur, ramenant le consul blessé. Alors l'armée consulaire vengea par une victoire éclatante la blessure du consul et le massacre du légat et de ses cohortes.

Il y eut d'un côté comme de l'autre de grandes pertes infligées et subies en ces jours-là. Il est difficile de fixer en toute certitude, dans un fait si ancien, le nombre exact des combattants et des morts. Toutefois, Valérius d'Antium n'hésite pas à donner des chiffres : les Romains auraient perdu en territoire hernique 5,800 hommes ; les pillards èques qui ravageaient le territoire de Rome, 2,400 tués par le consul Postumius ; quant à l'autre troupe chargée de butin qui tomba sur Quinctius, elle aurait subi des pertes autrement élevées : on en tua, dit-il, quatre mille, ou, pour être plus précis[1], 4,230.

Après le retour des troupes et la réouverture des tribunaux, on vit brûler dans le ciel une quantité de feux, et il y eut d'autres prodiges, les uns réellement observés, les autres, pures illusions, créés par la terreur[2]. Pour détourner ces présages effrayants, on fit un triduum, pendant lequel, remplissant en foule tous les temples[3], hommes et femmes imploraient la bienveillance des dieux. Après quoi les cohortes latines et herniques reçurent les remer-

1. L'ironie de Tite-Live est déjà marquée à l'égard des fausses précisions de cet annaliste (cf. Introduction, p. xlviii et n. 1).

2. Noter l'attitude religieuse, à la fois prudente et sceptique.

3. Beaucoup de sanctuaires n'étaient ouverts au public qu'aux jours chômés en l'honneur des dieux (*feriae*).

[9]Is intentos in castra Romana Aequos legatique caput ferociter ostentantes ab tergo adortus, simul ad signum a se procul editum ex castris eruptione facta, magnam uim hostium circumuenit. [10]Minor caedis, fuga effusior Aequorum in agro fuit Romano, in quos palatos praedam agentes Postumius aliquot locis, quibus opportuna imposuerat praesidia, impetum dedit. Hi uagi dissipato agmine fugientes in Quinctium uictorem cum saucio consule reuertentem incidere; [11]tum consularis exercitus egregia pugna consulis uolnus, legati et cohortium ultus est caedem.

Magnae clades ultro citroque illis diebus et inlatae et acceptae. [12]Difficile ad fidem est in tam antiqua re quot pugnauerint ceciderintue exacto adfirmare numero. Audet tamen Antias Valerius concipere summas : [13]Romanos cecidisse in Hernico agro quinque milia octingentos ; ex praedatoribus Aequorum qui populabundi in finibus Romanis uagabantur ab A. Postumio consule duo milia et quadringentos caesos ; ceteram multitudinem praedam agentem quae inciderit in Quinctium nequaquam pari defunctam esse caede : interfecta inde quattuor milia et, exsequendo subtiliter numerum, ducentos ait et triginta.

[14]Vt Romam reditum est et iustitium remissum [est], caelum uisum est ardere plurimo igni, portentaque alia aut obuersata oculis aut uanas exterritis ostentauere species. His auertendis terroribus in tri-

Des. *V. E. T. A.*

Om. V, **10** : Minor ... dedít *H.* ; — V, **14** : caelum uisum est *M.*

V, **10** cum saucio *D*². *dett. aliq. Ald.* : cum a saucio *M.PFB.H.LD* cum ausatio *R* tum a saucio *U* a saucio *S.O* || **11** egregia : egregiae *M* **13** octingentos *M.O.H.L* : accc ω.*D* ccc *RD*³ || duo milia *M.P.H.LR*² $\overline{\text{cxcx}}$ *FBS* $\overline{\text{cxc}}$ *U* tria milia *D* ; *om. O* || quadringentos ω : trecentos *FB* || **14** Vt Romam ω.*D*³ : in romam *LRD?* inde romam *R*² || reditum est et *R, Conway* : reditum est *cett.* || remissum [est] *Gruter.*

ciements du sénat pour leur belle conduite et furent renvoyées dans leurs foyers. Mille Antiates, venus en renfort trop tard après la bataille, furent congédiés presque honteusement.

Épidémies ; redressement de Rome et victoire sur les Èques.

VI. Puis les comices eurent lieu. Lucius Aebutius et Publius Servilius furent élus consuls. Ils entrent en charge le 1er août, qui était alors le commencement de l'année (politique)[1]. C'est une saison accablante qui fut particulièrement malsaine en ville et dans les campagnes cette année-là, tant pour les hommes que pour le bétail ; et ce qui redoubla la violence des épidémies, c'est que la crainte des pillages poussa les paysans à se réfugier à Rome avec leurs troupeaux. Dans cette promiscuité d'êtres de toute espèce entassés pêle-mêle, les citadins souffraient d'odeurs inaccoutumées et les paysans, dans les étroits logements où ils s'étaient entassés, étaient malades de chaleur et d'insomnies. Leurs simples contacts même en se soignant mutuellement répandaient la contagion.

A peine capables de supporter les attaques de ce fléau, brusquement ils apprennent par des émissaires des Herniques que les forces réunies des Èques et des Volsques campent sur leur territoire et que des troupes nombreuses ravagent le pays. Il suffisait du petit nombre des sénateurs en séance pour faire deviner aux alliés que la peste avait abattu l'État romain ; de plus, ils ne reçurent que cette triste réponse : « Que les Herniques par eux-mêmes et avec le secours des Latins défendent leurs possessions. Quant à Rome, par une soudaine colère des Dieux, elle est en proie à la maladie. S'il survient une accalmie dans

1. La date d'entrée en charge des magistrats a beaucoup varié jusqu'à 154 av. J.-Chr., où elle fut arrêtée au 1er janvier. Tite-Live indique le 1er août (III, 6, 1 ; 8, 3 ; cf. Denys d'Hal., IX, 25) ; le 15 mai (III, 36, 2-3 ; 38, 1) ; le 13 décembre (IV, 37, 3 ; V, 9, 3). Le 1er mars paraît avoir été plus habituel.

duum feriae indictae, per quas omnia delubra pacem deum exposcentium uirorum mulierumque turba implebantur. [15]Cohortes inde Latinae Hernicaeque ab senatu gratiis ob impigram militiam actis remissae domos. Antiates mille milites, quia serum auxilium post proelium uenerant, prope cum ignominia dimissi.

VI. [1]Comitia inde habita ; creati consules L. Aebutius P. Seruilius. Kalendis Sextilibus, ut tunc principium anni agebatur, consulatum ineunt. [2]Graue tempus et forte annus pestilens erat urbi agrisque, nec hominibus magis quam pecori, et auxere uim morbi terrore populationis pecoribus agrestibusque in urbem acceptis. [3]Ea conluuio mixtorum omnis generis animantium et odore insolito urbanos et agrestem confertum in arta tecta aestu ac uigiliis angebat, ministeriaque in uicem ac contagio ipsa uolgabant morbos.

[4]Vix instantes sustinentibus clades repente legati Hernici nuntiant 'in agro suo Aequos Volscosque coniunctis copiis castra posuisse, inde exercitu ingenti fines suos depopulari'. [5]Praeterquam quod infrequens senatus indicio erat sociis adflictam ciuitatem pestilentia esse, maestum etiam responsum tulere, 'ut per se ipsi Hernici cum Latinis res suas tutarentur : urbem Romanam subita deum ira morbo populari ; si

Des. *V. E. T. A.*

V, **15** domos ω : domus *U.LRD* || quia serum ω.*D*[3] : quia seru *D?* qui ad serum *O.H* quia ser̃ *L* || prœlium ω (*sed* prae- *B*) : praedam *LRD*.

VI, **2** populationis *M.F*[3]*.O.LRD*.ϱ : populationes *PF?BS.U* populationibusque *H* || **3** conluuio *Ed. Mogunt. 1518* : conluuione (*uel* coll-) *codd.* || angebat ω : angebant *U. det. unus* || contagio ω : contagia *PFBS.U*.

le fléau, comme l'année précédente et en toute autre circonstance, ils porteront secours à leurs alliés ». Les alliés se retirèrent, emportant chez eux une nouvelle encore plus triste que celle qu'ils avaient apportée : car ils ne devaient compter que sur eux pour soutenir une guerre qu'ils auraient eu de la peine à soutenir avec l'appui des forces romaines. Mais l'ennemi ne s'attarda pas chez les Herniques : il porta les hostilités sur le territoire de Rome, déjà dévasté même sans les horreurs de la guerre. Là, ne trouvant même pas de civils devant lui et traversant des régions non seulement privées de défenseurs, mais même vides de toute activité rurale, il s'avança jusqu'à trois milles de Rome sur la route de Gabies. La mort avait frappé Aebutius, consul romain ; son collègue Servilius ne laissait plus d'espoir et n'avait plus que le souffle : la maladie avait atteint la plupart des dirigeants, la majorité des sénateurs et presque tous les hommes mobilisables. Loin de pouvoir entreprendre les campagnes nécessaires dans une situation aussi troublée, on avait à peine les forces suffisantes pour assurer un service de place. Pour faire l'office de sentinelles, les sénateurs, à qui leur âge et leur santé le permettaient, se présentaient comme volontaires. Les rondes et l'organisation du service étaient assurées par les édiles plébéiens[1]. Ce sont eux qui avaient recueilli l'autorité suprême et la majesté du pouvoir consulaire.

VII. L'État, désorganisé, sans chef et sans forces, fut sauvé grâce à la protection des dieux et à la Fortune de Rome, qui donnèrent aux Volsques et aux Èques des instincts de pillards plutôt que de guerriers. Loin de concevoir l'espérance de prendre Rome, ni même d'arriver jusqu'à ses murailles, à peine aperçurent-ils à l'horizon ses maisons et les collines qui la dominent, que leurs idées changèrent et qu'à travers tout le camp s'élevèrent des

1. Peut-être, à l'origine, les deux administrateurs du temple de

qua eius mali quies ueniat, ut anno ante, ut semper alias, sociis opem laturos'. [6]Discessere socii, pro tristi nuntio tristiorem domum referentes, quippe quibus per se sustinendum bellum erat quod uix Romanis fulti uiribus sustinuissent. [7]Non diutius se in Hernico hostis continuit; pergit inde infestus in agros Romanos, etiam sine belli iniuria uastatos. Vbi cum obuius nemo ne inermis quidem fieret, perque omnia non praesidiis modo deserta sed etiam cultu agresti transirent, peruenere ad tertium lapidem Gabina uia. [8]Mortuus Aebutius erat Romanus consul; collega eius Seruilius exigua in spe trahebat animam; adfecti plerique principum, patrum maior pars, militaris fere aetas omnis, ut non modo ad expeditiones quas in tanto tumultu res poscebat, sed uix ad quietas stationes uiribus sufficerent. [9]Munus uigiliarum senatores, qui per aetatem ac ualetudinem poterant, per se ipsi obibant; circumitio ac cura aedilium plebi erat: ad eos summa rerum ac maiestas consularis imperii uenerat.

VII. [1]Deserta omnia, sine capite, sine uiribus, di praesides ac Fortuna Vrbis tutata est, quae Volscis Aequisque praedonum potius mentem quam hostium dedit. [2]Adeo enim nullam spem non potiundi modo sed ne adeundi quidem Romana moenia animus eorum cepit tectaque procul uisa atque imminentes tumuli auertere mentes eorum [3]ut, totis pas-

Des. *V* (*usque ad* VI, **5** : mali quies] *et denuo, nonnullis litteris exceptis, inde ab* VI, **8** : [-scebat, sed, *usque ad* VII, **2** : tumuli auer-]). *E. T. A.*

VI, **5** opem Σ : opes *V* ‖ **6** referentes Σ : reportantes *V* ‖ **7** se in *M.P²Fˣ S.U.O.H.Dˣ* : sed in *PFB.LRD* se ... *V*.

VII, **2** nullam spem *V.ω* : nulla spem *S* nulla spes *U.R²* ‖ animus *dett. aliq.* : animos *codd. n.* (*deest V*).

murmures : « A quoi bon, dans un pays ruiné et désert, entourés de cadavres, bêtes et hommes, en putréfaction, perdre son temps dans l'oisiveté et sans profit, tandis qu'une contrée intacte, le pays de Tusculum avec toutes ses richesses, était à leur portée ». Ils se mirent immédiatement en marche et, coupant au plus court par la plaine de Labicum[1], ils atteignirent les coteaux de Tusculum : c'est là que se portèrent tout l'effort et l'ouragan de la guerre. Cependant, les Herniques et les Latins, trouvant que ce serait à la fois honteux et lamentable de ne pas résister à l'ennemi commun dont les colonnes menaçantes marchaient sur Rome et de ne donner aucun secours à leurs alliés assiégés, unissent leurs armées et prennent la direction de Rome. N'y trouvant pas l'ennemi et guidés par des renseignements et des traces, ils le rencontrent juste comme il débouchait du territoire de Tusculum dans la vallée d'Albe. La lutte n'était pas égale, et la loyauté de nos alliés ne fut guère heureuse en cette occasion. Cependant, la maladie ne faisait pas moins de ravages à Rome que le fer parmi nos alliés : le consul, qui vivait encore, meurt, comme moururent aussi d'autres grands personnages : Marcus Valérius et Titus Verginius Rutilus, augures ; Servius Sulpicius, chef des curions[2] ; parmi les citoyens obscurs, la violence du mal faisait également d'immenses progrès. N'espérant plus rien des hommes, le sénat dirigea vers les dieux les prières du peuple : il décréta que les citoyens iraient, avec leurs femmes et leurs enfants, adresser aux dieux des supplications et, à force d'instances, faire leur paix avec eux. Obéissant à la fois à leurs souffrances personnelles et à l'ordre officiel, ils se pressent dans tous les lieux saints ; partout, les femmes, prosternées, balayant les temples

Cérès, reconnus officiellement par les patriciens comme adjoints des tribuns, mais non encore magistrats à cette date.

1. Entre Compatri et Colonna, au nord-est de Tusculum.

2. Les curies, qui sont parmi les groupes sociaux les plus archaïques

sim castris fremitu orto 'quid in uasto ac deserto agro inter tabem pecorum hominumque desides sine praeda tempus tererent, cum integra loca, Tusculanum agrum opimum copiis, petere possent', signa repente conuellerent transuersisque itineribus per Labicanos agros in Tusculanos colles transirent. Eo uis omnis tempestasque belli conuersa est. [4]Interim Hernici Latinique pudore etiam, non misericordia solum, moti, si nec obstitissent communibus hostibus infesto agmine Romanam urbem petentibus nec opem ullam obsessis sociis ferrent, coniuncto exercitu Romam pergunt. [5]Vbi cum hostis non inuenissent, secuti famam ac uestigia obuii fiunt descendentibus ab Tusculano in Albanam uallem. Ibi haudquaquam aequo proelio pugnatum est, fidesque sua sociis parum felix in praesentia fuit. [6]Haud minor Romae fit morbo strages quam quanta ferro sociorum facta erat. Consul qui unus supererat moritur; mortui et alii clari uiri, M. Valerius, T. Verginius Rutulus augures, Ser. Sulpicius curio maximus; [7]et per ignota capita late uagata est uis morbi; inopsque senatus auxilii humani ad deos populum ac uota uertit : iussi cum coniugibus ac liberis supplicatum ire pacemque exposcere deum. [8]Ad id quod sua quemque mala cogebant auctoritate publica euocati omnia delubra implent; stratae passim matres, crinibus templa uerren-

Des. *E. T. A.*

VII, **3** Labicanos *V* : lauicanos Σ || **4** moti, si nec ω.*M^3D?* : moti si net *M* motis nec *LD?* moti nec *H* moti quod nec *$R^2$$D^4$* || **5** Tusculano *PFBS.U.O.D^3* : tusculana *D*: *cett.* || sociis : socii *V* || **6** quam quanta Σ : quamquam tam *V* || clari Σ : circa *V* || Rutulus *Conway* : rutulius *S* rutilius *cett.* Rutilus *Sigonius* || Ser. Σ : Seruilius *V* || **7** late : lete *V* || humani Σ : romani *V* || Iussi ω.*D^{1-2}* : iussis *H.LRD* iussos *V* || **8** publica euocati ω : publicae uocati *FB.H* publice uocati *M.L* publiceuocat *V* || implent Σ : impleant *V*.

de leur chevelure, implorent le pardon du ciel irrité et la fin de la peste.

VIII. Peu à peu, soit que les dieux eussent consenti à faire la paix, soit que la saison malsaine[1] fût, enfin, passée, ceux qui avaient payé leur tribut à la maladie commencèrent à se rétablir ; et dès lors les esprits se tournèrent vers une activité politique. Après plusieurs interrègnes, Publius Valérius Publicola, interroi de l'avant-veille, fait élire[2] consuls : Lucius Lucrétius Tricipitinus et Titus Véturius (ou, si l'on veut, Vétusius) Géminus. Le 11 août[3], ils entrent en fonctions. La ville était déjà en état non seulement de faire une guerre défensive, mais de même prendre l'offensive. Aussi, en apprenant des Herniques que l'ennemi avait envahi leur territoire, elle n'hésita plus à leur promettre du secours. Deux armées consulaires furent levées. Véturius fut chargé de prendre l'offensive contre les Volsques ; Tricipitinus, qui devait arrêter le pillage du territoire allié, ne dépassa pas le pays des Herniques. Véturius, dès la première rencontre, met l'ennemi en déroute et en fuite. Lucrétius, lui, posté chez les Herniques, manqua l'armée des pillards : elle franchit les monts de Préneste, descendit dans la plaine, ravagea les campagnes de Préneste et de Gabies et, de là, fit un crochet vers les collines de Tusculum. La ville de Rome elle-même éprouva une vive frayeur, mais plutôt par la soudaineté de la menace qu'à cause de l'insuffisance de sa défense. Quintus Fabius était gouverneur militaire[4] : ar-

de Rome (cf. I, 13, 6-7), ont chacune son lieu cultuel propre et sa religion particulière, gérée par un « curion » : le *curio maximus*, toujours patricien jusqu'en 209, présidait le collège de ces prêtres.

1. Mois d'août-septembre (cf. 6, 1-2). Il faut donc supposer ou de nombreux interrègnes, ou « quelques-uns » de beaucoup plus de cinq jours (voir I, 17), pour atteindre le mois d'août de l'année suivante.

2. En fait « crée », par la proclamation, qui seule valide le vote.

3. Voir note à II, 19, 1, et, plus haut, chap. 4, 1.

4. En tant que « préfet de la Ville » (voir 9, 6 ; et Appendice, I).

tes, ueniam irarum caelestium finemque pesti exposcunt.

VIII. [1]Inde paulatim, seu pace deum impetrata seu grauiore tempore anni iam circumacto, defuncta morbis corpora salubriora esse incipere ; [2]uersisque animis iam ad publicam curam, cum aliquot interregna exissent, P. Valerius Publicola tertio die quam interregnum inierat consules creat L. Lucretium Tricipitinum et T. Veturium Geminum, siue ille Vetusius fuit. [3]Ante diem tertium idus Sextiles consulatum ineunt, iam satis ualida ciuitate ut non solum arcere bellum sed ultro etiam inferre posset. [4]Igitur nuntiantibus Hernicis in finis suos transcendisse hostis impigre promissum auxilium. Duo consulares exercitus scripti. Veturius missus in Volscos ad bellum ultro inferendum ; [5]Tricipitinus populationibus arcendis sociorum agro oppositus non ultra quam in Hernicos procedit. Veturius primo proelio hostes fundit fugatque ; [6]Lucretium, dum in Hernicis sedet, praedonum agmen fefellit supra montis Praenestinos ductum, inde demissum in campos. Vastauere agros Praenestinum Gabinumque ; ex Gabino in Tusculanos flexere colles. [7]Vrbi quoque Romae ingens praebitus terror, magis in re subita quam quod ad arcendam uim parum uirium esset. Q. Fabius praeerat urbi ; is armata iuuentute dispositisque praesidiis tuta omnia

Des. *E. T. A.*

VIII, **2** : Tricipitinum ω.F^{1-2} : tricipitinu D^3 triciptinū *FB* tricipitini *H.LRD* tricipitrinum *U* || **5** agro Σ : agros *V* (*uel fortasse* agris) || procedit Σ : prodit *V* || **6** inde demissum *U*, *Gron.* : inde missum *V.H* inde dimissum *cett.* || Gabinumque *V.FBS.D* : gabiniumque *cett.* || **6** Gabino ω : gabinos *P* sabinos (*uel* lab-) *V* gabinis P^2*FBS.U* || **7** in re Σ : res *V* || praeerat urbi ; is ω : praeerat urbis *PFB* praeerat urbi P^2F^2*S.U* praefectus erat urbis *V*.

mant la jeunesse et organisant un système de postes, il ramena partout la sécurité et le calme[1]. Aussi l'ennemi, après s'être contenté de piller la région avoisinante sans oser approcher de la ville, avait fait demi-tour et se retirait, devenant de moins en moins vigilant à mesure qu'il s'éloignait de la ville ennemie, quand il tomba sur le consul Lucrétius, qui, par un itinéraire approprié et longuement étudié[2], arrivait en bon ordre et prêt au combat. Armés de tout leur courage et tombant sur l'ennemi frappé d'une frayeur soudaine, les Romains, malgré leur infériorité numérique, battent et mettent en fuite une multitude immense, la refoulent dans des vallées profondes et sans issues praticables et la cernent. La race des Volsques faillit y être exterminée : ils eurent 13,470 tués dans le combat et la poursuite, 1,750 prisonniers et laissèrent 27 enseignes militaires entre nos mains, si j'en crois certains annalistes. Même s'il y a quelque exagération dans ces chiffres, le carnage n'en fut pas moins considérable. Le consul, vainqueur, chargé de butin, regagna ses positions. Puis les deux consuls firent leur jonction ; de leur côté, les Volsques et les Èques unirent les débris de leurs forces. Ce fut la troisième bataille de l'année. La fortune continua à nous donner la victoire : l'ennemi fut mis en déroute et son camp fut même pris.

Agitation tribunicienne ; la proposition « Terentilia ».

IX. Ainsi les affaires de Rome étaient remises en état et les succès militaires firent naître immédiatement des troubles intérieurs. Gaius Térentilius[3] Harsa était cette année tribun de la plèbe. Pensant que l'absence des consuls laissait le champ libre aux entreprises des tribuns,

1. La « source fabienne », qui se décelait dès le début du livre III, va devenir toujours plus sensible.

2. En contraste voulu avec les soudaines improvisations des « pillards » volsques (8, 6).

3. Τερέντιος (dont Terentilius est le diminutif) chez Denys.

ac tranquilla fecit. [8]Itaque hostes praeda ex proximis locis rapta adpropinquare urbi non ausi, cum circumacto agmine redirent quanto longius ab urbe hostium abscederent eo solutiore cura, in Lucretium incidunt consulem iam ante exploratis itineribus suis instructum et ad certamen intentum. [9]Igitur praeparatis animis repentino pauore perculsos adorti aliquanto pauciores multitudinem ingentem fundunt fugantque et compulsos in cauas ualles, cum exitus haud in facili essent, circumueniunt. [10]Ibi Volscum nomen prope deletum est : tredecim milia quadringentos septuaginta cecidisse in acie ac fuga, mille septingentos quinquaginta uiuos captos, signa uiginti septem militaria relata in quibusdam annalibus inuenio, ubi etsi adiectum aliquid numero sit, magna certe caedes fuit. [11]Victor consul ingenti praeda potitus eodem in statiua rediit. Tum consules castra coniungunt, et Volsci Aequique adflictas uires suas in unum contulere. Tertia illa pugna eo anno fuit. Eadem fortuna uictoriam dedit ; fusis hostibus, etiam castra capta.

IX. [1]Sic res Romana in antiquum statum rediit, secundaeque belli res extemplo urbanos motus excitauerunt. [2]C. Terentilius Harsa tribunus plebis eo anno fuit. Is consulibus absentibus ratus locum tri-

Des. *E. T. A.*

Def. *inde ab* VIII, 8 : [-bi non ausi *usque ad* VIII, 10 : annalibus] *V.*

Om. VIII, 8 : ex proximis ... redirent *R* (*rest marg. R*[2]).

VIII, 7 tranquilla : -illia *V* || 8 [suis] instructum *J. Müller, Madv.* || 10 septingentos *Madv.* : dcc *M?H?* acc *PFB.U.L* ac c *P*[2]*S* cccc *O* cc *RD*[3] || 11 pugna eo Σ : pugna ea *V.*

IX, 1 belli res Σ : belli uires *V* || 2 Harsa *M.O* : arsa *H.LRD?* hrasa *PFBS.U* ; *deest V* || fuit. is Σ : fuistis *V.*

pendant plusieurs jours il s'éleva devant la plèbe contre l'orgueil des patriciens ; il s'en prenait surtout au pouvoir des consuls qu'il trouvait excessif et intolérable dans une république : « Son nom seul était moins odieux ; mais, en fait, il était presque plus dur que le pouvoir royal. On avait deux maîtres au lieu d'un et leur pouvoir était démesuré et sans limites. N'ayant eux-mêmes ni règle ni frein, ils faisaient retomber les rigueurs et les châtiments de la loi exclusivement sur la plèbe. Pour mettre un terme à leur arbitraire, il allait proposer une loi instituant une commission de cinq membres chargée de réglementer le pouvoir consulaire. Le peuple fixerait les droits du consul sur lui-même, le consul se bornerait à en user, au lieu de n'avoir pour loi que son bon plaisir et sa fantaisie »[1]. Devant cette proposition, les patriciens, craignant qu'on ne profitât de l'absence des consuls pour les mettre sous le joug, font convoquer le sénat par le gouverneur de Rome, Quintus Fabius. Fabius fit contre le projet et son auteur une attaque si violente que rien, pas même la présence des deux consuls déchaînés à la fois contre lui, n'aurait été plus menaçant ni plus effrayant : « Le tribun, disait-il, avait dressé une embuscade et déclenché au bon moment une attaque brusquée contre la république. Si un pareil tribun avait été envoyé par la colère des dieux l'année d'avant, pendant la peste et la guerre, toute résistance aurait été impossible : à la faveur de la mort des deux consuls, de la maladie qui accablait la cité et de la confusion générale, il aurait supprimé de la constitution le pouvoir des consuls par ses projets de loi, chef tout indiqué pour mener les Volsques et les Èques à l'assaut de Rome. Car, enfin, n'avait-il pas le droit, si les consuls

1. Préambule rhétorique aux essais de réforme constitutionnelle dont le récit va suivre (Décemvirat législatif ; Tribunat à pouvoir consulaire) ; le consulat apparaît seul visé, comme héritier de la puissance royale et instrument de l'oppression patricienne ; l'arbitraire juridique est dénoncé, non expliqué (en l'absence de lois écrites, le droit était aux mains des seuls patriciens). — Voir Appendice, I.

buniciis actionibus datum, per aliquot dies patrum superbiam ad plebem criminatus, maxime in consulare imperium tamquam nimium nec tolerabile liberae ciuitati inuehebatur : [3]'nomine enim tantum minus inuidiosum, re ipsa prope atrocius quam regium esse : [4]quippe duos pro uno dominos acceptos, immoderata, infinita potestate, qui soluti atque effrenati ipsi omnes metus legum omniaque supplicia uerterent in plebem. [5]Quae ne aeterna illis licentia sit, legem se promulgaturum ut quinque uiri creentur legibus de imperio consulari scribendis ; quod populus in se ius dederit, eo consulem usurum, non ipsos libidinem ac licentiam suam pro lege habituros'. [6]Qua promulgata lege cum timerent patres ne absentibus consulibus iugum acciperet*ur*, senatus a praefecto urbis Q. Fabio uocatur, qui adeo atrociter in rogationem latoremque ipsum est inuectus ut nihil, si ambo consules infesti circumstarent tribunum, relictum minarum atque terroris sit : [7]'Insidiatum eum et tempore capto adortum rem publicam. [8]Si quem similem eius priore anno inter morbum bellumque irati di tribunum dedissent, non potuisse sisti : mortuis duobus consulibus, iacente aegra ciuitate, in conluuione omnium rerum, ad tollendum rei publicae consulare imperium laturum leges fuisse, ducem Volscis Aequisque ad oppugnandam Vrbem futurum. [9]Quid tandem ? illi

Des. *E. T. A.*

Def. *post* IX, **3** : quam regium] *V*.

IX, **3** inuidiosum ω : in ui odiosum *R* inuidioso *H* ; *deest V* || **4** dominos ω.*M?* : domino *M (uel M*[1]*). H.LD* || **5** creentur ω. crearentur *H.LRD* || ipsos ... habituros ω : ipso ... habituros *P* ipse ... habiturus *P*[2]*FBS.U* || **6** acciperetur *Drak.* : accipe' *O* acciperet ω.*M* acciperent *M*[3]*.S* || circumstarent *U.H* : circum instarent *M* circuminstarent *cett.* || **8** rei publicae ω : reimp. (*uel* -p̃) *M* rep̃ *U* e re publica *Sobius*.

étaient coupables d'abus de pouvoir ou de cruauté envers un simple citoyen, de les assigner et de les faire juger par cette même plèbe[1] dont la victime faisait partie? Ce n'est pas l'autorité des consuls, c'est le pouvoir des tribuns qu'il rendait odieux et insupportable. Ils se tenaient tranquilles depuis leur accord avec les patriciens : voilà qu'on les ramenait à leurs anciens errements. D'ailleurs il ne le suppliait pas de ne pas poursuivre son entreprise. Mais, vous, dit Fabius, vous, les autres tribuns, nous vous prions de vous rappeler avant tout que votre pouvoir a pour objet la protection des individus et non la ruine de la communauté ; que l'élection fait de vous les tribuns de la plèbe et non les ennemis de la noblesse[2]. C'est un malheur pour nous, mais c'est un déshonneur pour vous que cette attaque contre la république sans défense. Vous pourriez, sans amoindrir vos droits, amoindrir votre honte. Entendez-vous avec votre collègue pour laisser la question entière jusqu'à l'arrivée des consuls. Les Èques eux-mêmes et les Volsques, quand la maladie nous avait enlevé nos consuls l'année dernière, nous ont épargné les horreurs d'une guerre impitoyable. » Les tribuns s'entendent avec Térentilius ; la discussion fut ajournée théoriquement, mais en fait supprimée, et l'on rappela immédiatement les consuls.

X. Lucrétius rentra avec un immense butin et une gloire encore plus grande, et ce qui mit le comble à sa gloire, c'est que, dès son arrivée, il exposa tout son butin dans le Champ de Mars, et pendant trois jours chacun put reconnaître et reprendre son bien. On mit en vente ce qui resta sans propriétaire. De l'avis de tous, le triomphe s'imposait pour le consul ; mais il fut ajourné, à cause du projet de loi que soutenait le tribun : « délibération plus impor-

1. Par citation devant les comices tributes.
2. Théorie des deux populations juxtaposées.

non licere, si quid consules superbe in aliquem ciuium aut crudeliter fecerint, diem dicere, accusare iis ipsis iudicibus quorum in aliquem saeuitum sit? [10]Non illu*m* consulare imperium, sed tribuniciam potestatem inuisam intolerandamque facere ; quam pacatam reconciliatamque patribus de integro in antiqua redigi mala. Neque illum se deprecari quo minus pergat ut coeperit' ; [11]« Vos, inquit Fabius, ceteri tribuni, oramus, ut primum omnium cogitetis potestatem istam ad singulorum auxilium, non ad perniciem universorum comparatam esse ; tribunos plebis uos creatos, non hostes patribus. [12]Nobis miserum, inuidiosum uobis est, desertam rem publicam inuadi. Non ius uestrum, sed inuidiam minueritis. Agite cum collega ut rem integram in aduentum consulum differat. Ne Aequi quidem ac Volsci, morbo absumptis priore anno consulibus, crudeli superboque nobis bello institere. » [13]Agunt cum Terentilio tribuni, dilataque in speciem actione, re ipsa sublata, consules extemplo arcessiti.

X. [1]Lucretius cum ingenti praeda, maiore multo gloria rediit. Et auget gloriam adueniens exposita omni in campo Martio praeda, ut suum quisque per triduum cognitum abduceret. Reliqua uendita, quibus domini non exstitere. [2]Debebatur omnium consensu consuli triumphus ; sed dilata res est, tribuno de lege agente : 'id antiquius consuli' [fuit]. [3]Iactata

Des. *V. E. T. A.*

IX, **9** licere ω : liceret. ět *F* liceret *PBS.U* || iis *om. P (rest. P*[2]*) F* || **10** Non illum *Ed. Frob. 1531* : non illud *codd.* || pacatam ω : placatam *M.*

X, **2** fuit *expello, quod uocabulum ab aliquo adiunctum suspicor qui falso* consuli *ut datiuum* consulis *casum interpretatus sit, dum eum fugit quantum ab ipsius interpretatione subsequens Liuii sententia discrepet.*

tante », disait-il. La discussion dura plusieurs jours, tant au sénat qu'à l'assemblée du peuple : le tribun finit par céder à la dignité consulaire et retira son projet. Alors on rendit au général et à son armée les honneurs qui leur étaient dus. Il triompha des Volsques et des Èques ; derrière lui défilèrent ses légions. L'autre consul obtint l'ovation et entra à Rome sans ses troupes[1].

Et puis, l'année suivante, la loi Terentilia, reprise par tout le corps des tribuns, fondit sur les nouveaux consuls : c'étaient Publius Volumnius et Servius Sulpicius. Cette année-là, on vit le ciel en feu ; il y eut une violente secousse de tremblement de terre ; une vache parla et le fait auquel on n'avait pas cru l'année précédente parut digne de foi. Entre autres prodiges, il y eut une pluie de chair, et sous cette pluie volaient, dit-on, une foule d'oiseaux qui s'en saisissaient : ce qui tomba à terre resta sur le sol plusieurs jours sans changer d'odeur[2]. Les livres sibyllins, consultés par les duumvirs[3] qui en avaient la garde, annoncèrent un danger venant d'un groupe d'étrangers, une attaque contre les hauteurs de Rome et du sang versé ; avant tout, il était recommandé d'éviter les séditions. Les tribuns prétendaient que c'était un coup monté pour faire obstacle à la loi ; un grave conflit s'annonçait. Mais, pour que chaque année on tournât dans le même cercle, voici que les Herniques annoncent que « les Volsques et les Èques, malgré les mutilations qu'ils avaient subies, reconstituent leurs armées : Antium est le centre de l'entreprise ; à Écétra, les habitants d'Antium tiennent publiquement des réunions ; là était la tête, là les forces de cette guerre ». A cette nouvelle le sénat décrète une levée de troupes, invite les consuls à se partager la conduite des opérations et à se charger, l'un des Volsques, l'autre des Èques. Les tribuns ne se cachaient pas pour crier sur le forum que « cette guerre des Volsques n'était qu'une comé-

1. Et à cheval ou à pied, non en char, comme dans le triomphe.
2. Voir Pline, *Hist. nat.*, II, 56, 147 (cf. Denys, X, 2).
3. Plus tard décemvirs, puis quindécemvirs *sacris faciundis*.

per aliquot dies cum in senatu res tum apud populum est ; cessit ad ultimum maiestati consulis tribunus et destitit. Tum imperatori exercituique honos suus redditus. [4]Triumphauit de Volscis Aequisque ; triumphantem secutae suae legiones. Alteri consuli datum ut ouans sine militibus Vrbem iniret.

[5]Anno deinde insequenti lex Terentilia ab toto relata collegio nouos adgressa consules est ; erant consules P. Volumnius Ser. Sulpicius. [6]Eo anno caelum ardere uisum, terra ingenti concussa motu est. Bouem locutam, cui rei priore anno fides non fuerat, creditum. Inter alia prodigia et carne pluit, quem imbrem ingens numerus auium interuolitando rapuisse fertur ; quod intercidit, sparsum ita iacuisse per aliquot dies ut nihil odor mutaret. [7]Libri per duumuiros sacrorum aditi ; pericula a conuentu alienigenarum praedicta, ne qui in loca summa Vrbis impetus caedesque inde fierent ; inter cetera monitum ut seditionibus abstineretur. Id factum ad impediendam legem tribuni criminabantur, ingensque aderat certamen. [8]Ecce, ut idem in singulos annos orbis uolueretur, Hernici nuntiant 'Volscos et Aequos, etsi abscisae res sint, reficere exercitus : Antii summam rei positam ; Ecetrae Antiates colonos palam concilia facere ; id caput, eas uires belli esse'. [9]Vt haec dicta in senatu sunt, dilectus edicitur ; consules belli administrationem inter se dispertiri iussi, alteri ut Volsci, alteri ut Aequi prouincia esset. [10]Tribuni coram in foro personare 'fabulam compositam Volsci belli, Hernicos ad

Des. *V. E. T. A.*

X, **6** carne *M*υ*?.O.H* : carnem *cett.* || **8** abscisae res sint $\omega.\upsilon D^2$: abscisse res sint *P* abscesserint $P^2F^3S.U$ abscesae sint .... *D* abcesserint $FB.U^2$ || Ecetrae ρ : eceterae *M* ecetere *LRD?* ecetera D^3 aeceterae *H* ceteras *PFBS* caeteros *U* ceteros F^2O eceteranos D^4.

die, et les Herniques des acteurs complaisants. On n'attaquait plus de front les libertés du peuple romain, on les tournait par la ruse. Comme on ne pouvait plus faire croire qu'après une destruction presque totale les Èques et les Volsques fussent en état de reprendre les hostilités, on cherchait un nouvel ennemi : on attaquait la réputation d'une colonie fidèle et proche. Cette guerre qu'on déclarait sans motif à Antium, c'est à la plèbe romaine qu'on la faisait, oui, à la plèbe qu'on chargeait de ses armes et qu'on allait éloigner de Rome à marches forcées pour se venger des tribuns en exilant, en reléguant au loin les citoyens. Et ainsi — car il n'y fallait pas voir autre chose — on faisait échec au projet de loi, s'ils ne s'arrangeaient pas, tandis que rien n'était fait encore, tandis qu'ils étaient encore dans leurs foyers, encore civils, pour n'être pas dépossédés, de leur ville, et mis sous le joug. S'ils avaient du courage, ils ne manqueraient pas de secours : l'accord régnait entre tous les tribuns ; aucune menace, aucun péril au dehors : les dieux avaient tout fait l'année précédente pour qu'on pût sans danger défendre la liberté ». Ainsi parlaient les tribuns.

XI. Cependant leurs adversaires, les consuls, installaient sous leurs yeux leur chaise curule et procédaient à l'enrôlement. Les tribuns y courent, entraînant la foule. On fit l'appel de quelques noms, comme pour tâter le terrain, et aussitôt la violence éclata. Dès que le consul faisait saisir quelqu'un par le licteur, le tribun le faisait relâcher. Au lieu de rester chacun dans les limites de ses droits[1], on ne comptait que sur la violence, et il fallait la force pour arriver à ses fins.

La résistance patricienne. Procès et exil de Céson. Les manœuvres d'obstruction employées par les tribuns contre l'enrôlement, les patriciens, de leur côté, les employaient contre la loi qu'on

1. Il ne semble pas qu'à cette date les tribuns aient pu légalement s'opposer aux levées.

partes paratos. Iam ne uirtute quidem premi libertatem populi Romani, sed arte eludi. [11]Quia occidione prope occisos Volscos et Aequos mouere sua sponte arma posse iam fides abierit, nouos hostes quaeri : coloniam fidam propinquam infamem fieri. Bellum innoxiis Antiatibus indici, geri cum plebe Romana, [12]quam oneratam armis ex urbe praecipiti agmine acturi essent, exsilio et relegatione ciuium ulciscentes tribunos. [13]Sic, ne quid aliud actum putent, uictam legem esse, nisi dum in integro res sit, dum domi, dum togati sint, caueant ne possessione urbis pellantur, ne iugum accipiant. [14]Si animus sit, non defore auxilium : consentire omnes tribunos ; nullum terrorem externum, nullum periculum esse : cauisse deos priore anno ut tuto libertas defendi posset'. Haec tribuni.

XI. [1]At ex parte altera consules, in conspectu eorum positis sellis, dilectum habebant. Eo decurrunt tribuni contionemque secum trahunt. Citati pauci uelut rei experiundae causa, et statim uis coorta. [2]Quemcumque lictor iussu consulis prendisset, tribunus mitti iubebat. Neque suum cuique ius modum faciebat, sed uirium spes ; et manu obtinendum erat quod intenderes.

[3]Quemadmodum se tribuni gessissent in prohibendo dilectu, sic patres *se* in lege, quae per omnes comitialis dies ferebatur, impedienda gerebant. [4]Initium erat rixae cum discedere populum iussissent tribuni,

Des. *V. E. T. A.*

X, **10** arte eludi *D?*, *Ed. Frob. 1535* : arte ludi D^1. *cett.* || **13** dum domi ω : dum domit *M* dum dormit M^2 || togati ω.P^2 : dogati *P* ogati *M* togae *O.*

XI, **2** spes et *PFB.U* : spe et *Mυ*.P^2*S.H.LRD* spe sed *O* || **3** sic patres se *Luterbacher* : sic patress *D* sic patres D^x. *cett.*

présentait tous les jours de comices. Le désordre commençait au moment où les tribuns invitaient le peuple à se répartir [par tribus], parce que les patriciens refusaient de se déranger ; d'ailleurs, les plus âgés ne se mêlaient guère à ces menées, où rien ne pouvait être concerté, où tout était livré à une audace irréfléchie. Les consuls mêmes avaient soin de se tenir à l'écart pour ne pas exposer, dans ces désordres, leur dignité à quelque outrage.

Il y avait là un jeune homme, Céson Quinctius[1], fier de sa naissance, ainsi que de sa taille et de sa force ; à ces dons du ciel, il avait su joindre plusieurs hauts faits de guerre et une grande facilité de parole au forum. Bref, nul Romain n'avait, disait-on, ni la langue ni le bras plus vifs. Debout au milieu du groupe des patriciens qu'il dominait tous, ayant, en quelque sorte, toute l'autorité des dictatures et des consulats dans sa voix et dans sa force, à lui seul il tenait tête aux violences des tribuns et aux orages populaires. Souvent sa troupe chassa les tribuns du forum, dispersa la plèbe et la mit en fuite. Quiconque lui résistait s'en allait meurtri et sans vêtements ; bref, il était évident que, si on le laissait faire, le projet de loi succombait. Alors, au milieu de la consternation de presque tous ses collègues, Aulus Verginius, seul de tous les tribuns, assigne Céson pour crime capital. Cette âme indomptable en fut plus enflammée qu'effrayée et n'en montra que plus d'ardeur à s'opposer au projet de loi, à harceler la plèbe, à faire aux tribuns une sorte de guerre en règle. L'accusateur laissa l'accusé causer sa propre ruine, attiser les haines et donner matière à ses accusations. Entre temps, il présentait le projet de loi, moins dans l'espoir de le faire aboutir que pour surexciter la témérité de Céson. Dès lors, quantité de paroles et d'actions que leur étourderie inspirait souvent aux jeunes

1. La chronique familiale des Quinctius (chap. 11-14 ; 19-21 ; 26-29) émerge ici, mais portée à un haut degré d'élaboration littéraire et de signification ethnique : rapports de la force et du droit, solidarité et rigueur patriciennes, simplicité et dignité rustiques, dons du comman-

quod patres se summoueri haud sinebant. Nec fere seniores rei intererant, quippe quae non consilio regenda, sed permissa temeritati audaciaeque esset. [5]Multum et consules se abstinebant, ne cui in conluuione rerum maiestatem suam contumeliae offerrent.

[6]Caeso erat Quinctius, ferox iuuenis qua nobilitate gentis qua corporis magnitudine et uiribus ; ad ea munera data a dis et ipse addiderat multa belli decora facundiamque in foro, ut nemo, non lingua, non manu, promptior in ciuitate haberetur. [7]Hic cum in medio patrum agmine constitisset, eminens inter alios, uelut omnes dictaturas consulatusque gerens in uoce ac uiribus suis, unus impetus tribunicios popularesque procellas sustinebat. [8]Hoc duce saepe pulsi foro tribuni, fusa ac fugata plebes est ; qui obuius fuerat, mulcatus nudatusque abibat, ut satis appareret, si sic agi liceret, uictam legem esse. [9]Tum, prope iam perculsis aliis tribunis, A. Verginius, ex collegio unus, Caesoni capitis diem dicit. Atrox ingenium accenderat eo facto magis quam conterruerat : eo acrius obstare legi, agitare plebem, tribunos uelut iusto persequi bello. [10]Accusator pati reum ruere inuidiaeque flammam ac materiam criminibus suis suggerere ; legem interim non tam ad spem perferendi quam ad lacessendam Caesonis temeritatem ferre. [11]Ibi multa saepe ab iuuentute inconsulte dicta factaque in

Des. *V* (*usque ad* XI, **5** : contumeliae]). *E. T. A.*

Om. XI, **10-11** : Caesonis temeritatem ... in unius *P* (*restit.* P^2).

XI, **4** esset F^3.R^2 : essent FB^1 *(in ras.)* *R. cett.* || **7** popularesque ω.P^2 : populares *P* ; *def. V* || **8** abibat ω.F^3D^3 : habitabat *F?* hibat *LD* ibat *R* ; *def. V* || uictam ω.F^3 : uotam *PF?BS* ; *def. V* || **9** perculsis ω.D^3 : perpulsis *LRD* || ex *om. V* || unus : Onus *V* || acrius ω.D^3 : carius *LRD* ; *def. V* || **10** ruere ω.$M^{1\text{-}2}F^3$: ruerem *M?* reuere *PFBS* (*qui* rerum *pro* reum *ante scribit*) re uera *U* ; *def. V* || **11** Ibi multa Σ : multa ibi *V*.

gens sont imputées au seul Céson et à son caractère inquiétant. Il ne s'en opposait pas moins à la loi qui était tenue en échec. Et Aulus Verginius ne cessait de répéter à la plèbe : « Ne voyez-vous pas, enfin, Quirites, que la présence de Céson à Rome est incompatible avec la loi que vous désirez ? D'ailleurs, pourquoi parler de la loi ? C'est la liberté qu'il combat. Les Tarquins avaient moins d'orgueil. Attendez qu'il soit consul ou dictateur, ce simple citoyen qui s'entoure des forces et montre l'audace d'un roi[1] ! » C'était aussi l'avis de beaucoup d'auditeurs, qui se plaignaient d'avoir reçu des coups et engageaient le tribun à pousser à fond son accusation.

XII. Le jour du jugement allait arriver. Il était clair que, pour l'opinion publique, de la condamnation de Céson dépendait la liberté. Cédant enfin à la nécessité, Céson s'abaissait jusqu'à solliciter humblement tel ou tel, traînant à sa suite ses parents, l'élite de la cité[2]. Titus Quinctius Capitolinus, trois fois consul, rappelait tous ses exploits et ceux des siens et déclarait ensuite que « ni chez les Quinctii ni à Rome n'avait jamais paru un courage si grand et si précoce. C'est sous lui que Céson avait fait ses premières armes et souvent il avait été témoin de ses combats ». Spurius Furius disait que, « sur l'ordre de Quinctius Capitolinus, Céson s'était porté à son secours dans une circonstance critique et que nul, à son avis, n'avait plus fait pour rétablir la situation[3] ». Lucius Lucrétius, consul sortant, dans l'éclat de sa jeune gloire, attribuait

dement, ces récits dramatiques idéalisent avec force l'ancienne « morale » de l'aristocratie romaine (bien que les Quinctius soient d'origine *latine* : A. Piganiol, *Mél. de l'Éc. de Rome*, 1920, p. 285).

1. Le thème du roi-tyran, épouvantail sénatorial au Ier siècle, est utilisé ici, sans réalité historique, pour émouvoir la plèbe.

2. Le tribun a intenté, non une action privée « pour violences » (*iniuriarum*), mais un procès capital « de majesté » devant le peuple (Denys, X, 5) assemblé par tribus (il s'agit d'une atteinte aux tribuns inviolables : 11, 8-9). Il s'engage comme une campagne électorale. — Cf. II, p. 53, n. 1.

3. Voir 5, 8. Mais Céson n'y est pas nommé : là se trahit le procédé de rattachement d'une « geste » littéraire à une mention historique.

unius Caesonis suspectum incidunt ingenium. Tamen legi resistebat. [12]Et A. Verginius identidem plebi : « Ecquid sentitis iam, uos, Quirites, Caesonem simul ciuem et legem quam cupitis habere non posse? [13]Quamquam quid ego legem loquor? Libertati obstat ; omnes Tarquinios superbia exsuperat. Exspectate dum consul aut dictator fiat, quem priuatum uiribus et audacia regnantem uidetis ! » Adsentiebantur multi, pulsatos se querentes, et tribunum ad rem peragendam ultro incitabant

XII. [1]Iam aderat iudicio dies apparebatque uolgo homines in damnatione Caesonis libertatem agi credere. Tum demum coactus cum multa indignitate prensabat singulos. Sequebantur necessarii, principes ciuitatis. [2]T. Quinctius Capitolinus, qui ter consul fuerat, cum multa referret sua familiaeque decora, adfirmabat [3]'neque in Quinctia gente neque in ciuitate Romana tantam indolem tam maturae uirtutis unquam exstitisse ; suum primum militem fuisse, se saepe uidente pugnasse in hostem' ; [4]Sp. Furius, 'missum ab Quinctio Capitolino sibi eum in dubiis suis rebus uenisse subsidio ; neminem unum esse cuius magis opera putet rem restitutam' ; [5]L. Lucretius, consul anni prioris, recenti gloria nitens, suas

Des. *E. T. A.*

XI, **11** suspectum incidunt ω : suspectum .. adunt *F* (cadunt *F*[3]) suscept ...... dunt *V* ‖ **12** resistebat. Et A. Verginius *Karsten* : resisteb .... ginius *V* resistebatur. Et A. Verginius Σ ‖ **13** quid ego ω : quidem ego *D*[3] ego *PFBS*.

XII, **3** uidente Σ : uident *V* ‖ **4** Sp. Furius *V.U.R*[2] : sp. furium *cett.* (*sed def. F*) ‖ missum *V.O* : ipsum missum *cett.* ‖ neminem unum esse cuius *M.O.H.R* : neminum esse cum eius *V* nem in em in unum esse cuius *L* nec inem inunum esse cuius *D* neminem unum cuius *PF*[3]*BS.U* neminem unum cum *F?* neminem *R*[2] ‖ **5** L. Lucretius *V* : p. lucretius Σ (*sed* p. f. lucretius *M* rē p̄ lucretius *F*[3]).

une part de ses mérites à Céson, rappelait ses combats, racontait ses hauts faits, soit comme chef d'expédition, soit dans la mêlée ; aussi leur donnait-il ce conseil et cet avis : « Ce jeune homme hors pair, que la nature et la fortune avaient comblé de tous leurs dons, ferait fortement pencher la balance en faveur de tout État où il irait ; mieux valait donc qu'il fût Romain qu'étranger[1]. Ce qu'il avait d'excessif, la fougue, l'audace, s'atténuait chaque jour avec l'âge ; ce qu'il avait d'insuffisant, la sagesse, grandissait petit à petit. Puisque ses défauts étaient sur le déclin et ses qualités en pleine croissance, qu'on laissât cet homme, de si haute valeur, vieillir dans sa patrie ». Au milieu d'eux, son père, Lucius Quinctius, surnommé Cincinnatus[2], se gardait d'insister sur les éloges pour ne pas grossir la haine, mais réclamait l'indulgence pour une inconséquence de jeunesse et demandait, « lui à qui nul ne pouvait reprocher un mot ou un geste blessants, qu'on lui laissât son fils ». Mais les uns restaient sourds aux prières par respect humain ou par crainte ; les autres, se plaignant d'avoir été frappés, eux et les leurs, répondaient avec une dureté qui laissait prévoir leur sentence.

XIII. Outre son impopularité, il y avait une charge, et une seule, accablante pour l'accusé. Marcus Volscius Fictor, tribun de la plèbe quelques années auparavant, était venu déposer que, « peu de temps après la peste de Rome, il avait rencontré une bande de jeunes gens en goguette rue de Subure[3] ; une rixe avait éclaté, et son frère aîné, qui relevait à peine de maladie, avait reçu de Céson un coup de poing qui l'avait abattu ; on l'avait transporté

1. Moins un rappel du drame de Coriolan (II, 33 et suiv.) que le souvenir d'anciennes habitudes de « migration » individuelle ou d'échanges entre cités, étrangers à la conception de patrie.

2. « Le Bouclé. » Denys le présente (X, 6, 1) comme bien vu de la plèbe ; Tite-Live ne fait que le suggérer.

3. Quartier bas, et mal famé au temps de Tite-Live, entre les sommets du Quirinal, du Viminal et de l'Esquilin.

laudes participare cum Caesone, memorare pugnas, referre egregia facinora nunc in expeditionibus, nunc in acie, [6]suadere et monere 'iuuenem egregium, instructum naturae fortunaeque omnibus bonis, maximum momentum rerum eius ciuitatis in quamcumque uenisset, suum quam alienum mallent ciuem esse. [7]Quod offendat in eo, feruorem et audaciam, aetatem cottidie auferre ; quod desideretur, consilium, id in dies crescere : senescentibus uitiis, maturescente uirtute, sinerent tantum uirum senem in ciuitate fieri'. [8]Pater inter hos L. Quinctius, cui Cincinnato cognomen erat, non iterando laudes, ne cumularet inuidiam, sed ueniam errori atque adulescentiae petendo, 'sibi, qui non dicto, non facto quemquam offendisset, ut condonarent filium' orabat. [9]Sed alii auersabantur preces aut uerecundia aut metu, alii se suosque mulcatos querentes atroci responso iudicium suum praeferebant.

XIII. [1]Premebat reum praeter uolgatam inuidiam crimen unum, quod M. Volscius Fictor, qui ante aliquot annos tribunus plebis fuerat, testis exstiterat [2]'se, haud multo post quam pestilentia in urbe fuerat, in iuuentutem grassantem in Subura incidisse. Ibi rixam natam esse fratremque suum maiorem natu, necdum ex morbo satis ualidum, pugno ictum ab Caesone cecidisse ; [3]semianimem inter manus domum

Des. *E. T. A.*

XII, **6** fortunaeque *ω.R^2D^3* : portunaeque *M* .... tunaequae *V* oportunaequae *M^3* formaeque *LRD* || mallent Σ : malet *V* || **7** offendat : offen *V* || auferre *M.F^3.U^2.O.H.R^2* : offerre *PF?BS.U.LRD* magi. auferre *V* (*litt.* m *et* i *dubiis*).

XIII, **1** M. Volscius *M.S.U.O.H* : m. uolcius *P^1FB* m. uolcios *P* m. uulscius *LRD* c. uiscius *V* (*sed* Volscius *infra*) || **2** se haud Σ : haud *V* || in iuuentutem *V* : iuuentutem Σ || incidisse Σ : incidisset *V*.

chez lui inanimé, et il était mort sans doute des suites du coup. Mais il avait été impossible de poursuivre ce crime affreux sous les consuls des années précédentes ». Les cris de Volscius causèrent une émotion si vive que Céson, assailli par la foule, fut bien près d'être tué. Verginius donne l'ordre d'arrêter l'accusé et de le mettre en prison[1]. Les patriciens opposent la force à la force. Titus Quinctius s'écrie que, « quand un homme était sous le coup d'une accusation capitale, et à la veille d'être jugé, on n'avait pas le droit, avant de l'entendre et de le condamner, d'user de violence envers lui ». Le tribun déclare qu' « il n'a pas l'intention de l'exécuter sans jugement, mais bien de le garder en prison jusqu'au jour du procès. Un meurtre a été commis ; il faut que le peuple romain soit à même de punir le meurtrier ». On a recours aux tribuns[2] et ils trouvent un moyen terme qui ne compromettait pas leur droit d'intervention. Ils s'opposent à l'arrestation ; mais ils décident que l'accusé comparaîtra et donnera caution au peuple pour le cas où il ferait défaut. Sur le chiffre de la caution, on était indécis : la question est renvoyée au sénat ; pendant la délibération, l'accusé est gardé à vue sur place. Il fut décidé qu'il fournirait des répondants ; chaque répondant s'engagerait pour 3,000 as ; quant à leur nombre, on s'en remit aux tribuns ; ils le fixèrent à dix : tel fut donc le nombre de répondants qu'exigea l'accusation[3]. C'était la première fois qu'on donnait des répondants en cause publique. Laissé libre de quitter le forum, Céson, la nuit suivante, s'expatria en Étrurie[4]. Le jour du procès, comme on le mettait hors de cause, puisqu'il avait

1. Cette initiative brutale (cf. II, 56, 11-12) pose un problème de droit dont la solution s'offre sous forme dramatique : point de prison préventive à Rome à l'époque classique pour les gens d'un certain rang ; l'inculpé en cause privée (même homicide) peut fournir caution, en cause publique est confié à un particulier qui répond de lui.

2. Autres que Verginius, en vertu de leur droit d'*auxilium* (exercé en faveur d'un patricien : cf. XXVIII, 52-53).

3. Comme en cause privée (n. 1) : mais la caution est énorme.

4. C'est cet exil, toujours permis à l'accusé, même en cause capitale (cf. II, 35, 6), qu'entendait empêcher Verginius (§ 4). Selon Aurélius

ablatum, mortuumque inde arbitrari, nec sibi rem exsequi tam atrocem per consules superiorum annorum licuisse'. Haec Volscio clamitante, adeo concitati homines sunt ut haud multum afuerit quin impetu populi Caeso interiret. [4]Verginius arripi iubet hominem et in uincula duci. Patricii ui contra uim resistunt. T. Quinctius clamitat, 'cui rei capitalis dies dicta sit et de quo futurum propediem iudicium, eum indemnatum indicta causa non debere uiolari'. [5]Tribunus 'supplicium' negat 'sumpturum se de indemnato; seruaturum tamen in uinculis esse ad iudicii diem, ut, qui hominem necauerit, de eo supplicii sumendi copia populo Romano fiat'. [6]Appellati tribuni medio decreto ius auxilii sui expediunt : in uincla conici uetant; sisti reum pecuniamque ni sistatur populo promitti placere pronuntiant. [7]Summam pecuniae quantam aequum esset promitti, ueniebat in dubium : id ad senatum reicitur; reus, dum consulerentur patres, retentus in publico est. [8]Vades dar*i* placuit; unum uadem tribus milibus aeris obligarunt; quot darentur permissum tribunis est. Decem finierunt; tot uadibus accusator uadatus est reum. Hic primus uades publicos dedit. Dimissus e foro nocte proxima in Tuscos in exsilium abiit. [9]Iudicii die cum excusaretur solum uertisse exsilii causa, nihilo minus

Des. *E. T. A.*

XIII, **3** rem exsequi Σ : exequi rem *V* ‖ afuerit ω : abfuerit *H* affuerit *L* fuerit *M*; *def.* *V* ‖ **4** patricii ui ω.*F*³ : patricii uis *M* patri cuius *LRD* ‖ T. *ante* Quinctius *om.* *V* ‖ rei ω.*v*? : reo *O.H.R*² ‖ **6** ni sistatur *V.U* : nisi sistatur *cett.* ‖ **8** dari *Madv.* : dare Σ; *def.* *V* ‖ tribus milibus *Gruter* : ∞∞∞ (*uel* MMM) Σ .ria milia *V* ‖ obligarunt *V* (*ut uid. ex numero litt. eras. ante* unt). *O.H.LRD* : obligare *F*³ obligarent *PF*?*BS.U* obligauerunt *M* ‖ quot *M.O.H.R*²*D*³ : quod *V.LRD* quae (*uel* que) *PFBS.U* ‖ publicos Σ : public. *V* publico *Gron* ‖ in Tuscos *V.M*³*.P*²*.U.O* : intuscōs *M.PFBS.H* intus consules *LRD*.

quitté le territoire pour l'exil et que Verginius persistait à réunir l'assemblée, ses collègues intervinrent pour faire lever la séance. Mais la caution fut réclamée au père, avec la dernière rigueur, si bien qu'après avoir vendu l'un après l'autre tous ses biens, il vécut quelque temps sur la rive droite du Tibre, relégué, en quelque sorte, dans une masure isolée.

XIV. Ces poursuites et la promulgation du projet de loi causèrent de l'agitation à l'intérieur ; au dehors, la paix régna. Les tribuns s'imaginaient être vainqueurs et croyaient que, les patriciens une fois abattus par l'exil de Céson, leur loi était à la veille d'être votée. Mais, si les plus âgés des patriciens avaient pour leur part renoncé au pouvoir, les plus jeunes, et surtout la bande de Céson, ne perdirent rien de leur courage ; mais ce qui leur fut très utile, ils mirent une certaine discipline dans leurs emportements. Quand, pour la première fois après le départ de Céson, on présenta le projet de loi, rangés et tout prêts, eux et l'immense armée de leurs clients, ils saisirent le premier prétexte, l'ordre de circuler, pour tomber sur les tribuns avec tant d'ensemble qu'aucun d'eux n'était particulièrement glorieux ou détesté en rentrant chez lui et que la plèbe se plaignait d'avoir trouvé mille Césons pour un. Entre temps, les jours où il n'était plus question de la loi, il n'y avait pas plus calme et plus tranquille qu'eux : ils saluaient amicalement les plébéiens, les abordaient, les invitaient chez eux, s'occupaient de leurs affaires au forum, laissaient même les tribuns tenir toute autre assemblée sans la troubler. Jamais de violences envers personne, ni en public ni en particulier, sauf dès qu'il était question de la loi : en toute autre circonstance, le peuple ne trouvait que des amis en cette jeunesse. Ils laissèrent les tribuns en toute tranquillité exercer toutes

Victor (17), Céson s'enfuit « chez les Volsques et les Sabins », sur sentence de « reniement » de son père.

Verginio comitia habente, collegae appellati dimisere concilium. [10]Pecunia a patre exacta crudeliter, ut diuenditis omnibus bonis aliquamdiu trans Tiberim ueluti relegatus deuio quodam tugurio uiueret.

XIV. [1]Hoc iudicium et promulgata lex exercuit ciuitatem ; ab externis armis otium fuit. [2]Cum uelut uictores tribuni perculsis patribus Caesonis exsilio prope perlatam esse crederent legem et, quod ad seniores patrum pertineret, cessissent possessione rei publicae, [3]iuniores, id maxime quod Caesonis sodalium fuit, [auxere iras in plebem] non minuerunt animos ; sed ibi plurimum profectum est quod modo quodam temperauere impetus suos. [4]Cum primo post Caesonis exsilium lex coepta ferri est, instructi paratique cum ingenti clientium exercitu sic tribunos, ubi primum summouentes praebuere causam, adorti sunt ut nemo unus inde praecipuum quicquam gloriae domum inuidiaeue ferret, mille pro uno Caesones exstitisse plebes quereretur. [5]Mediis diebus quibus tribuni de lege non agerent, nihil eisdem illis placidius aut quietius erat : benigne salutare, adloqui plebis homines, domum inuitare, adesse in foro, tribunos ipsos cetera pati sine interpellatione concilia habere ; nunquam ulli neque publice neque priuatim truces esse, nisi cum de lege agi coeptum esset : [6]alibi popularis iuuentus erat. Nec cetera modo tribuni tranquillo

Des. *E. T. A.*

Def. *post* **XIV, 3** : impetus suos] *V*.

XIII, **10** ueluti Σ : uelut *V* || deuio *V* : deuo *Mv* de ullo *cett.*

XIV, **1** iudicium et Σ (*sed* iudicioque *S*) : iudicium *V* || **2** perlatam *M.O.H.LRD* : prolatam *PFBS.U* ... lat .. *V* || cessissent ω : cessisse *H* || **3** sodalium Σ : .. dalicium *V* || [auxere iras in plebem] (*Conway*) || **4** cum ingenti ω : ingenti *H* || **5** agerent ω.D^3 : haberent *LRD* || **6** Nec cetera ... insequentem annum *in finem capituli transtulit Conway* (*cf. Class. Quart., 1901, p. 1*).

leurs fonctions, et même se faire réélire pour l'année suivante, sans un mot blessant, à plus forte raison sans la moindre violence. Peu à peu, à force de la bien traiter et de la travailler, ils avaient apprivoisé la plèbe. En manœuvrant ainsi toute l'année, ils éludèrent le projet de loi.

XV. C'est dans l'apaisement que prennent le pouvoir les consuls Gaius Claudius, fils d'Appius, et Publius Valérius Publicola. Rien de nouveau au nouvel an : proposer ou adopter la loi tenait en souci toute la cité. Plus les jeunes patriciens cherchaient à s'insinuer dans la faveur de la plèbe, plus les tribuns s'acharnaient à les contrecarrer et à les rendre suspects au peuple par leurs accusations : « Un complot était formé ; — Céson était à Rome ; — l'assassinat des tribuns et le massacre de la plèbe étaient décidés ; — mission avait été donnée par les vieux patriciens aux plus jeunes d'extirper le tribunat de la république et de rétablir la forme de constitution antérieure à la retraite sur le mont Sacré. »

Des esclaves révoltés s'emparent du Capitole.

On avait aussi à craindre, du côté des Volsques et des Èques : la guerre, maintenant presque normale, périodique et annuelle, était menaçante. Mais, plus près encore, un autre fléau sans exemple surgit à l'improviste. Des exilés et des esclaves, au nombre de 2,500 hommes, sous le commandement d'un Sabin, Appius Herdonius, occupèrent, la nuit, le Capitole et la citadelle[1]. Là, ils exécutèrent sommairement les hommes qui ne voulurent pas entrer dans leur complot et prendre les armes ; à la faveur du tumulte, quelques-uns, auxquels la frayeur donne des ailes, dévalent jusqu'au forum ; on entendait tour à tour ces deux cris : « Aux armes ! », et « L'ennemi est dans la ville ».

1. Denys décrit (X, 14) l'entreprise d'une *gens* sabine, 4,000 clients ou esclaves, descendant le Tibre et entrée de nuit par la porte Carmen-

peregere, sed refecti quoque in insequentem annum, ne uoce quidem incommoda, nedum ut ulla uis fieret. Paulatim permulcendo tractandoque mansuefecerant plebem. His per totum annum artibus lex elusa est.

XV. [1]Accipiunt ciuitatem placidiorem consules C. Claudius Appi filius et P. Valerius Publicola. Nihil noui nouus annus attulerat ; legis ferendae aut accipiendae cura ciuitatem tenebat. [2]Quantum iuniores patrum plebi se magis insinuabant, eo acrius contra tribuni tendebant ut plebi suspectos eos criminando facerent : [3]'Coniurationem factam ; Caesonem Romae esse ; interficiendorum tribunorum, trucidandae plebis consilia inita ; id negotii datum ab senioribus patrum ut iuuentus tribuniciam potestatem e re publica tolleret formaque eadem ciuitatis esset quae ante Sacrum montem occupatum fuerat'.

[4]Et ab Volscis et Aequis statum iam ac prope sollemne in singulos annos bellum timebatur, propiusque aliud nouum malum necopinato exortum : [5]exsules seruique, ad duo milia hominum et quingenti, duce Appio Herdonio Sabino, nocte Capitolium atque arcem occupauere. [6]Confestim in arce facta caedes eorum qui coniurare et simul capere arma noluerant ; alii inter tumultum praecipites pauore in forum deuolant : alternae uoces « Ad arma » et « Hostes in urbe » audiebantur.

Des. *V. E. T. A.*

XIV, **6** peregere *F^3S.U.O.LR* : peregre *M.PB.H* (*in quo* perae-).*D* || uoce ω.*R^2D^1* : uocem *LRD* || incommoda ω.*R^2D?* : incommodam *RD?* incommodi *Siesebye* || ulla *U^2.O.R^2* : illa *UR. cett.*

XV, **4** ab Volscis *P^2FBS.U.O* : ad Volscis *P* a Volscis *M.H.LRD* || **5** duo milia *υ?*, *Edd. uet.* ∞∞ milia *M.H.LRD* co co milia *P.D?* cc cc milia *P^2FBS.U.D^3* quattuor milia *dett.* (*quod et* Dion. Hal., *X*, *14*, *1*) ccc milia *O* || occupauere *M.H.LRD* : occupauerunt *cett.* || **6** « Ad arma » et *M.LRD* : ad arma ad *PF?BS.U.O* ad arma *F^3* et arma et *H* || in urbe *O* : in urbe sunt ω sunt in urbe *U*.

Les consuls n'osaient ni armer la plèbe ni la laisser désarmée, ne sachant quel fléau soudain s'abattait sur la ville, s'il venait du dehors ou du dedans, de la haine de la plèbe ou de la perfidie des esclaves. Ils tâchaient de calmer le désordre, mais, en voulant le calmer, quelquefois ils l'excitaient : car, dans son effroi et son trouble, la foule échappait à toute autorité. Cependant, ils donnent des armes, mais pas à tout le monde ; en l'absence de tout renseignement sur l'ennemi, un simple service de sûreté semblait suffire à tout événement. Au milieu de l'inquiétude et sans connaître la nature ni le nombre des ennemis, on passa le reste de la nuit à placer des petits postes aux points stratégiques de la ville. Enfin, le jour dévoila l'ennemi et son chef. Il s'agissait des esclaves : Appius Herdonius les appelait à la liberté du haut du Capitole : « Il avait pris en main la cause de tous les misérables. Son but? Rendre leur patrie aux exilés injustement bannis ; enlever aux esclaves leur joug accablant[1]. Il voulait bien laisser le peuple romain s'en charger. Mais, si de ce côté il n'y avait pas d'espoir, Volsques, Èques, tout lui serait bon à mettre en jeu et à soulever ».

XVI. Tout devenait plus clair pour les Pères et les consuls. Toutefois, l'idée que les faits qu'on leur apprenait pouvaient cacher une machination des Véiens ou des Sabins les effrayait : « un gros d'ennemis était en ville ; bientôt les légions sabines et étrusques arriveraient au rendez-vous, puis nos éternels ennemis les Volsques et les Èques, et non plus pour piller, cette fois, le pays, mais pour marcher sur Rome, déjà prise en partie ». Que de craintes de toute nature! Au premier rang, la crainte des esclaves : chacun redoutait d'avoir un ennemi chez lui. Se fier à

tale, qu'un oracle obligeait à laisser ouverte : on comparera l'arrivée des Claudius à Rome (II, 16, 4).

1. Parti d'un état fort trouble de la tradition (qui brouillait attaque ennemie et soulèvement civil), Tite-Live l'aggrave encore d'une rhétorique anachronique, qui évoque guerres serviles, préoccupations so-

[7]Consules et armare plebem et inermem pati timebant, incerti quod malum repentinum, externum an intestinum, ab odio plebis an ab seruili fraude, urbem inuasisset; sedabant tumultus, sedando interdum mouebant : nec enim poterat pauida et consternata multitudo regi imperio. [8]Dant tamen arma, non uolgo, tantum ut incerto hoste praesidium satis fidum ad omnia esset. Solliciti reliquum noctis incertique qui homines, quantus numerus hostium esset, in stationibus disponendis ad opportuna omnis urbis loca agere. [9]Lux deinde aperuit bellum ducemque belli. Seruos ad libertatem Appius Herdonius ex Capitolio uocabat : 'Se miserrimi cuiusque suscepisse causam, ut exsules iniuria pulsos in patriam reduceret et seruitiis graue iugum demeret; id malle populo Romano auctore fieri : si ibi spes non sit, se Volscos et Aequos et omnia extrema temptaturum et concitaturum'.

XVI. [1]Dilucere res magis patribus atque consulibus. Praeter ea tamen quae denuntiabantur, ne Veientium neu Sabinorum id consilium esset timere [2]et, cum tantum in urbe hostium esset, mox Sabinae Etruscaeque legiones ex composito adessent, tum aeterni hostes, Volsci et Aequi, non ad populandos, ut ante, fines, sed ad urbem ut ex parte captam uenirent. [3]Multi et uarii timores; inter ceteros eminebat terror seruilis ne suus cuique domi hostis esset, cui nec credere nec non credendo, ne infestior fieret, fidem abrogare satis erat tutum; [4]uixque concordia sisti uide-

Des. *V. E. T. A.*

XVI, 3 non credendo : credendo *O* || ne infestior ω.P^2 : nec infestior *P.*

lui? ou s'en méfier et lui retirer sa confiance au risque de l'irriter davantage? les deux partis étaient aussi peu sûrs. A grand'peine, l'union permettrait peut-être de résister. Si grands étaient les autres maux dont l'affluence submergeait Rome que personne ne craignait plus les tribuns ou la plèbe; c'était, pensait-on, un mal familier, toujours prêt à renaître lorsque les autres reposaient, et qui, aujourd'hui, était entré en repos, assoupi par la terreur du dehors. Pourtant ce fut lui qui faillit peser le plus lourdement sur la situation chancelante. Dans l'excès de leur folie, les tribuns prétendirent que ce n'était pas une guerre, mais un simulacre de guerre qu'on avait installé au Capitole pour détourner de la loi l'attention de la plèbe : « Ce n'étaient que les hôtes et les clients des patriciens; et, si le vote de la loi leur montrait l'inutilité de leur échauffourée, ils s'en iraient plus doucement encore qu'ils n'étaient venus ». Ils convoquent donc le peuple pour faire voter la loi et lui font déposer les armes. Les consuls réunissent alors le sénat en voyant, par la faute des tribuns, apparaître un nouveau danger plus grave que l'intrusion nocturne de l'ennemi.

XVII. En apprenant que les hommes déposaient les armes et abandonnaient leur poste, Publius Valérius laisse son collègue présider le sénat, s'élance hors de la curie et vient au lieu consacré de l'assemblée trouver les tribuns. « Qu'est-ce que cela signifie, tribuns, dit-il? Vous suivez les ordres et les auspices d'un Appius Herdonius pour faire une révolution? Il a été assez heureux pour vous séduire, lui qui n'a pas été capable de soulever les esclaves? L'ennemi est sur nos têtes et vous faites déposer les armes pour proposer des lois? » S'adressant alors à la foule : « Citoyens, si vous n'avez souci ni de Rome ni de vous-mêmes, gardez du moins le respect de vos Dieux prisonniers de l'ennemi. Jupiter, très bon, très grand,

ciales et proscriptions (des IIe et Ier siècles). On ne sait de quels exilés il entend parler.

batur posse. Tantum, superantibus aliis ac mergentibus malis, nemo tribunos aut plebem timebat : mansuetum id malum et, per aliorum quietem malorum semper exoriens, tum qu*i*esse peregrino terrore sopitum uidebatur. [5]At id prope unum maxime inclinatis rebus incubuit. Tantus enim tribunos furor tenuit ut non bellum, sed uanam imaginem belli ad auertendos ab legis cura plebis animos Capitolium insedisse contenderent : 'patriciorum hospites clientesque, si perlata lege frustra tumultuatos esse se sentiant, maiore quam uenerint silentio abituros'. [6]Concilium inde legis perferendae habere, auocato populo ab armis. Senatum interim consules habent, alio se maiore ab tribunis metu ostendente quam quem nocturnus hostis intulerat.

XVII. [1]Postquam arma poni et discedere homines ab stationibus nuntiatum est, P. Valerius, collega senatum retinente, se ex curia proripit, inde in templum ad tribunos uenit. [2]« Quid hoc rei est, inquit, tribuni? Appi Herdoni ductu et auspicio rem publicam euersuri estis? Tam felix uobis corrumpendis fuit qui seruitia non commouit auctor? Cum hostes supra caput sint, discedi ab armis legesque ferri placet? » [3]Inde ad multitudinem oratione uersa : « Si uos Vrbis, Qu*irit*es, si uestri nulla cura tangit, at uos ueremini deos uestros ab hostibus captos. Iuppiter opti-

Des. *V. E. T. A.*

XVI, **4** tum quiesse *Scheller* : tum quī esse *D?* tumque esse *cett.* || **5** At id *U*, *Ald.* : ad id *cett.* || auertendos *ω* : uertendos *B.H.LRD* || **6** legis *S.O* : legi *M.U.LRD* lege *PFB* || auocato F^3.U^2, *Ald.* : aduocato *v?FU. cett.*

XVII, **1** retinente, se ex *ω*.D^4 : retinentes et ex *M* retinentes ex *LRD* retinente ex M^{2-1}.*H*.R^2 || **3** urbis, Quirites *Sabellicus* : urbisq : s *D* urbisque D^{2-1}. *cett.*

Junon, reine du ciel, Minerve, les autres dieux et déesses sont assiégés ; des esclaves tiennent dans leur camp les saints patrons de votre ville[1] : et voici la politique qui vous semble raisonnable? L'ennemi en nombre est non seulement dans nos murs, mais dans la citadelle ; il domine le forum et la curie, et le peuple tient séance au forum, le sénat dans la curie ; comme en pleine paix, les sénateurs discutent, les électeurs votent ! Notre devoir à tous, tant que nous sommes, patriciens et plébéiens, consuls et tribuns, dieux et hommes, n'était-il pas de nous armer tous, de venir à la rescousse, de courir au Capitole, de reconquérir et de purger d'ennemis la tout auguste demeure de Jupiter très bon, très grand? O Romulus, notre père, donne à tes fils ce moral qui te fit jadis reconquérir la citadelle occupée à prix d'or par ces mêmes Sabins[2] ; fais-leur prendre la route que vous avez prise, toi et tes soldats. Moi le premier, moi consul, autant qu'un mortel peut suivre un dieu, je marcherai sur tes traces. » En terminant son discours, il déclare que « lui-même prend les armes et qu'il appelle aux armes tous les citoyens ; et si quelqu'un fait de l'opposition, alors, lui, conscient de ses pouvoirs de consul[3], et sans plus tenir compte des droits du tribunat, ni des lois sacrées, quel que soit l'homme et le lieu au Capitole ou au forum, il le traitera en ennemi. Les tribuns défendent de prendre les armes contre Appius Herdonius? Qu'ils les fassent prendre contre le consul Publius Valérius, et il montrera autant d'énergie contre les tribuns que son premier ancêtre contre les rois ». Une bagarre extrêmement violente semblait inévitable ; on allait donner à l'ennemi le spectacle d'une émeute à Rome. Cependant, la loi ne put passer, ni

1. Les « Pénates », dit le texte : suggérant que la triade capitoline (en fait étrusque, et qui ne prédomina qu'après l'invasion gauloise) représente « le plus intime » de la religion nationale.

2. Cf. I, 12. Le mot évoque la version de Denys (p. 24, n. 1).

3. Le texte, avant correction, donne : « sans tenir compte des pou-

mus maximus, Iuno regina et Minerua, alii di deaeque obsidentur ; castra seruorum publicos uestros penates tenent : [4]haec uobis forma sanae ciuitatis uidetur? Tantum hostium non solum intra muros est, sed in arce supra forum curiamque : comitia interim in foro sunt, senatus in curia est ; uelut cum otium superat, senator sententiam dicit, alii Quirites suffragium ineunt! [5]Non quidquid patrum plebisque est, consules, tribunos, deos hominesque omnes armatos opem ferre, in Capitolium currere, liberare ac pacare augustissimam illam domum Iouis optimi maximi decuit? [6]Romule pater, tu mentem tuam, qua quondam arcem ab his iisdem Sabinis auro captam recepisti, da stirpi tuae ; iube hanc ingredi uiam, quam tu dux, quam tuus ingressus exercitus est. Primus en ego consul, quantum mortalis deum possum, te ac tua uestigia sequar. » [7]Vltimum orationis fuit 'se arma capere, uocare omnes Quirites ad arma ; si qui impediat, iam se consularis imperii *conscium*, tribuniciae potestatis sacratarumque legum oblitum, quisquis ille sit, ubicumque sit, in Capitolio, in foro, pro hoste habiturum. [8]Iuberent tribuni, quoniam in Appium Herdonium uetarent, in P. Valerium consulem sumi arma : ausurum se in tribunis, quod princeps familiae suae ausus in regibus esset'. [9]Vim ultimam apparebat futuram spectaculoque seditionem Romanam hostibus fore. Nec lex tamen ferri nec ire in Capitolium consul potuit : nox certamina coepta oppressit ; tribuni cessere nocti, timentes consulum arma. [10]Amotis inde seditionis auctoribus, patres circumire plebem inserentesque se in circulos sermones tempori aptos

Des. *V. E. T. A.*

Om. XVII, **10-11** : plebem ... simul patres *R* (*restit. marg.* R^2).

XVII, **7** conscium (*i. e.* Ycium) *ego* : iam *codd.* (*quod, ut oratorie, ita consulis dignitati* [*cf.* § **6**, *s. f.*] *non satis conuenienter dici uidetur*).

le consul monter au Capitole : la nuit étouffa la bagarre à son début ; les tribuns cédèrent à la nuit, redoutant les armes des consuls. Débarrassés des meneurs, les patriciens tâchent d'amadouer les plébéiens, se mêlent à leurs groupes, leur glissent des arguments de circonstance, leur font remarquer le péril dans lequel ils jettent l'État : « Ce n'est pas entre patriciens et plébéiens une question de rivalité : patriciens comme plébéiens, citadelle, temples, dieux protecteurs de la cité et des familles, tout est livré à l'ennemi ». Pendant qu'au forum on travaille ainsi à l'apaisement, les consuls, craignant un mouvement des ennemis, Sabins et Véiens, s'étaient rendus aux portes et aux remparts.

XVIII. La même nuit, Tusculum aussi apprend la prise de la citadelle, l'occupation du Capitole et l'état d'agitation de la ville. Lucius Mamilius[1] était alors dictateur à Tusculum. Il se hâte de rassembler le sénat, introduit les messagers et insiste pour qu'on n'attende pas que Rome envoie demander du secours : « le danger, le péril pressant, les dieux de l'alliance et le respect des traités parlent assez d'eux-mêmes. Jamais les dieux ne nous offriront semblable occasion de rendre un service signalé à un État si puissant et si proche ». Le secours est voté : la jeunesse s'enrôle, reçoit des armes. Ils arrivent à Rome dès l'aube, et de loin on les prit pour des ennemis : on crut voir arriver les Èques ou les Volsques. Puis, une fois cette vaine crainte dissipée, on les reçoit dans la ville et la colonne descend au forum. Là, Publius Valérius, ayant laissé à son collègue la garde des portes, prenait déjà les formations de combat. Avec un ascendant irrésistible, il avait affirmé « qu'une fois le Capitole repris et la ville dé-

voirs du consul » ; c'est-à-dire des restrictions qui leur sont imposées à l'intérieur de la Ville et par les tribuns. Mais une antithèse nous semble nécessaire (cf. 9, 2-5).

1. Les Mamilius (cf. I, 49, 9 ; II, 15, 7 ; 18-20) sont la famille la plus en vue de Tusculum. — Voir Appendice, p. 118 ; cf. p. 46, et n. 1.

serere ; admonere 'ut uiderent in quod discrimen rem publicam adducerent : [11]non inter patres ac plebem certamen esse, sed simul patres plebemque, arcem Vrbis, templa deorum, penates publicos priuatosque hostibus dedi'. [12]Dum haec in foro sedandae discordiae causa aguntur, consules interim, ne Sabini neue Veiens hostis moueretur, circa portas murosque discesserant.

XVIII. [1]Eadem nocte et Tusculum de arce capta Capitolioque occupato et alio turbatae urbis statu nuntii ueniunt. [2]L. Mamilius Tusculi tum dictator erat. Is, confestim conuocato senatu atque introductis nuntiis, magnopere censet [3]'ne exspectent dum ab Roma legati auxilium petentes ueniant ; periculum ipsum discrimenque ac sociales deos fidemque foederum id poscere ; demerend*i* beneficio tam potentem, tam propinquam ciuitatem nunquam parem occasionem daturos deos'. [4]Placet ferri auxilium ; iuuentus conscribitur, arma dantur. Romam prima luce uenientes procul speciem hostium praebuere : Aequi aut Volsci uenire uisi sunt ; deinde, ubi uanus terror abiit, accepti in urbem agmine in forum descendunt. [5]Ibi iam P. Valerius, relicto ad portarum praesidia collega, instruebat aciem. [6]Auctoritas uiri mouerat, adfirmantis 'Capitolio reciperato et urbe pacata, *a* se si doceri se sissent quae fraus ab tribunis occulta in

Des. *V. E. T. A.*

Om. XVIII, 3 : id poscere ... ciuitatem *H.*

XVII, 12 neue Veiens *M.H* : ne ueiens *PF¹S.U.O.LRD* ne ueniens *F?B.*

XVIII, 1 et Tusculum ω : in tusculum *O* Tusculum *Madv.* || 3 demerendi *Ed. Rom. 1470* : demerendo ω de merendo *U.O* demorendo *B* deuintiendam *F³* (*in ras.*) || 6 ⟨a⟩ se si doceri se sissent *ego* : se si doceri sensissent *S* si se doceri sensissent *vU. cett.* si se doceri siuissent *U²* si edoceri se sissent *Rhenan. Edd.*

livrée, si on le laissait montrer le piège caché par les tribuns dans leur projet de loi, alors, fidèle à ses ancêtres, fidèle à son surnom [1], symbole en quelque sorte du patrimoine d'idées démocratiques légué par ses aïeux, il ne mettrait aucun obstacle à la réunion de l'assemblée de la plèbe ». Obéissant à ses ordres, malgré les protestations des tribuns, les troupes gravissent la montée du Capitole ; avec elles marche aussi le contingent de Tusculum. Alliés et citoyens se disputent l'honneur de reprendre la citadelle ; les deux généraux encouragent leurs hommes. Le trouble s'empare alors des ennemis : leur position seule leur donne une certaine confiance ; au milieu de ce trouble, Romains et alliés les attaquent ; déjà ils les avaient enfoncés jusqu'au vestibule du temple, quand Publius Valérius, qui, au premier rang, entraînait les assaillants, est tué. Publius Volumnius, ancien consul, le voit tomber. Il donne mission à ses hommes de cacher le corps, et lui-même bondit en tête aux lieu et place du consul. Dans le feu de l'action, ce grave événement passa inaperçu : le soldat remporta la victoire sans se douter qu'il combattait sans général [2]. Un grand nombre d'exilés souillèrent le temple de leur mort ; beaucoup d'autres furent faits prisonniers ; Herdonius fut tué. Voilà comment le Capitole fut repris. Les prisonniers, selon qu'ils étaient libres ou esclaves, furent châtiés chacun d'après sa condition [3]. On remercia Tusculum ; le Capitole fut nettoyé et purifié. Les plébéiens vinrent, dit-on, à la maison du consul déposer [chacun] un quart d'as, pour contribuer à la pompe des funérailles.

L. Quinctius Cincinnatus et sa politique.

XIX. Le calme rétabli, les tribuns pressent les patriciens d'acquitter la promesse de Publius Valérius ; ils pressent Gaius Claudius d'épargner un

1. « Publicola ». Cf. II, 7-8.
2. Le caractère sacré du chef faisait de sa mort une catastrophe.
3. Les premiers, décapités ; les autres, crucifiés.

lege ferretur, memorem se maiorum suorum, memorem cognominis quo populi colendi uelut hereditaria cura sibi a maioribus tradita esset, concilium plebis non impediturum'. 7Hunc ducem secuti, nequiquam reclamantibus tribunis, in cliuum Capitolinum erigunt aciem ; adiungitur et Tusculana legio. Certare socii ciuesque utri reciperatae arcis suum decus facerent ; dux uterque suos adhortatur. 8Trepidare tum hostes, nec ulli satis rei praeterquam loco fidere ; trepidantibus inferunt signa Romani sociique. Iam in uestibulum perruperant templi, cum P. Valerius inter primores pugnam ciens interficitur. 9P. Volumnius consularis uidit cadentem. Is, dato negotio suis ut corpus obtegerent, ipse in locum uicemque consulis prouolat. Prae ardore impetuque tantae rei sensus non peruenit ad militem : prius uicit quam se pugnare sine duce sentiret. 10Multi exsulum caede sua foedauere templum, multi uiui capti, Herdonius interfectus. Ita Capitolium reciperatum. De captiuis, ut quisque liber aut seruus esset, suae fortunae a quoque sumptum supplicium est. Tusculanis gratiae actae, Capitolium purgatum atque lustratum. 11In consulis domum plebes quadrantes ut funere ampliore efferretur iactasse fertur.

XIX. 1Pace parta, instare tum tribuni patribus 'ut

Des. *V* (*usque ad* XVIII, **9** : ad militem]). *E. T. A.*

Iter. XVIII, **11** : iactasse fertur *V* (*neque aliae litt. quam* cta *punctis deletae hodie uidentur*).

XVIII, **6** quo populi *Gron.* : quod populi *codd.* || **10** templum *ω.D*³ : templa *V* templi *LD* || atque : aque *V* || **11** efferretur *F*³ (*in* *s.*) : referretur *LRD* ferretur *cett.*

XIX, **1** Pace parta *V.υ.O.H.LRD* parta pace *M.P*²*F*³*S.U* partea pace *F?B* parte pace *P̣*.

parjure aux mânes de son collègue et de laisser discuter la loi. Le consul déclara qu'avant d'avoir donné un remplaçant à son collègue, il n'autoriserait pas la discussion [1]. Cette polémique se soutint jusqu'à l'élection du remplaçant. Au mois de décembre, grâce à une campagne acharnée des patriciens, Lucius Quinctius Cincinnatus, père de Céson, est fait consul pour entrer en fonctions immédiatement [2]. C'était un coup pour la plèbe qui allait avoir un consul plein de rancune, fort de l'appui des patriciens, de son mérite personnel et de ses trois fils, dont aucun n'avait moins de cœur que Céson, avec plus de prudence que lui, quand il le fallait. Dès son entrée en charge, il ne cessa de prendre la parole du haut de son tribunal, montrant une égale énergie pour refréner la plèbe et pour blâmer le sénat [3] : c'est cette assemblée dont l'apathie laissait les tribuns, toujours les mêmes, faire de la république romaine une maison dépravée où ils régnaient par leur faconde et leurs calomnies ; avec son fils Céson, le courage, la force de caractère, toutes les vertus civiques et militaires de la jeunesse avaient été chassées de Rome et exilées ; des bavards, des factieux, vraie graine de discorde, deux et trois fois réélus tribuns, par de honteuses manœuvres, vivaient dans un sans-gêne royal [4]. « Ce fameux Aulus Verginius, disait-il, s'il n'a pas occupé le Capitole, mérite-t-il moins la mort qu'Appius Herdonius? Ah! certes, il la mérite beaucoup plus, à bien examiner les choses. N'y eût-il que cela, Herdonius, en se déclarant votre ennemi, vous avertissait en somme d'avoir à prendre les armes ; l'autre, en affirmant qu'il n'y avait pas de guerre, vous les enlevait

1. Denys insiste davantage (X, 17, 1-2) sur l'attitude dilatoire du consul, qui aurait utilisé tous les procédés classiques, purifications, actions de grâces, jeux et spectacles, pour ajourner la *rogatio Terentilia*.

2. Cf. III, 8, 2-3.

3. Cette prise de position politique, puissante, mais singulière en son étalage d'éloquence, n'est pas mentionnée par Denys.

4. L'accusation-cliché (p. 20, n. 1) qui perdit les Gracques et César.

P. Valeri fidem exsoluerent', instare *C.* Claudio, 'ut collegae deos manes fraude liberaret, agi de lege sineret'. Consul 'antequam collegam sibi subrogasset' negare 'passurum agi de lege'. 2 Hae tenuere contentiones usque ad comitia consulis subrogandi. Decembri mense summo patrum studio L. Quinctius Cincinnatus, pater Caesonis, consul creatur qui magistratum statim occiperet. 3 Perculsa erat plebes, consulem habitura iratum, potentem fauore patrum, uirtute sua, tribus liberis, quorum nemo Caesoni cedebat magnitudine animi, consilium [et modum] adhibendo ubi res posceret priores erant. 4 Is ut magistratum iniit, adsiduis contionibus pro tribunali non in plebe coercenda quam senatu castigando uehementior fuit, 'cuius ordinis languore perpetui iam tribuni plebis, non ut in re publica populi Romani, sed ut in perdita domo lingua criminibusque regnarent : 5 cum Caesone filio suo uirtutem, constantiam, omnia iuuentutis belli domique decora pulsa ex urbe Romana et fugata esse ; loquaces, seditiosos, semina discordiarum, iterum ac tertium tribunos, pessimis artibus, regia licentia uiuere'. 6 « Aulus, inquit, ille Verginius, quia in Capitolio non fuit, minus supplicii quam Appius Herdonius meruit? Plus hercule aliquanto, qui uere rem aestimare uelit. Herdonius, si nihil aliud, hostem se fatendo prope denuntiauit ut arma caperetis ; hic, negando bella esse, arma uobis

Des. *E. T. A.*

Om. XIX, 6 : meruit? Plus ... uelit. Herdonius *R* (*restit. marg.* R^2).

XIX, 1 P. Valeri Σ : ualeri *V* || C. Claudio *H. J. Mueller* : claudio ω claudiio *F?* claudi *B* || 2 Hae : haec *V* || 3 [et modum] *Mommsen* (*ex Veronensis lacuna coniciendo*) || 4 perpetui ω.ρ : perpetu *V* perpetuo F^3.*O.H* || domo *V.B.*D^3 : modo *D?* *cett.* || 6 bella Σ : *def.* *V* bellum *Madv.* || uobis ω.P^1 : uouis *P* nouis *M* nobis M^3 ; *deest* *V.*

des mains et vous livrait sans défense à vos esclaves et à vos bannis. Et vous (n'en déplaise à Gaius Claudius et aux mânes de Publius Valérius), vous avez chargé dans la montée du Capitole avant de chasser ces ennemis du forum ? Et quelle honte devant les dieux et les hommes ! Quand l'ennemi était dans la citadelle, dans le Capitole, quand un chef de bannis et d'esclaves, profanant tous ces lieux, logeait dans le sanctuaire de Jupiter, très bon, très grand, Tusculum prenait les armes avant Rome ! On ne savait pas si ce serait Lucius Mamilius, un général tusculan, ou Publius Valérius et Gaius Claudius, nos consuls, qui délivreraient la citadelle de Rome ! Jadis, même quand les Latins voulaient défendre leur propre pays contre l'invasion, nous ne leur avons pas permis de prendre les armes[1], et maintenant, si les Latins n'avaient pas pris les armes d'eux-mêmes, nous étions soumis et anéantis ! Est-ce donc être les défenseurs de la plèbe, tribuns, que de l'offrir sans armes au massacre de l'ennemi ? Alors, si le dernier de vos chers plébéiens, de cette plèbe que vous avez séparée du reste de la nation pour en faire votre patrie à vous et votre fief, si, donc, l'un d'eux venait vous dire que sa maison est assiégée par des esclaves en armes, vous vous croiriez obligés de lui porter secours ; et Jupiter, très bon, très grand, entouré de bannis et d'esclaves en armes, ne valait pas qu'un seul homme le secourût ? Et ils veulent être tenus pour sacrés et inviolables, eux pour qui les dieux mêmes ne sont ni sacrés ni inviolables[2] ? Mais il paraît, scélérats accablés de sacrilèges et de crimes, que vous vous vantez de faire passer votre loi cette année ! Ah ! dans ce cas, mon élection a été un jour de malheur pour l'État, mille fois plus que la mort du consul Publius Valérius, — si vous la proposez... Pour le moment, citoyens, dit-il, nous voulons avant tout, mon collègue et

1. Allusion à II, 30.

2. Effet oratoire tiré de la qualité d' « intouchables » ou *sacrosancti* garantie aux tribuns de la plèbe par les *leges sacratae* (cf. 17, 7). Tite-

ademit nudosque seruis uestris et exsulibus obiecit. [7]Et uos (C. Claudi pace et P. Valeri mortui loquar) prius in cliuum Capitolinum signa intulistis quam hos hostis de foro tolleretis? Pudet deorum hominumque. Cum hostes in arce, in Capitolio essent, exsulum et seruorum dux profanatis omnibus in cella Iouis optimi maximi habitaret, Tusculi ante quam Romae sumpta sunt arma ; [8]in dubio fuit utrum L. Mamilius, Tusculanus dux, an P. Valerius et C. Claudius consules Romanam arcem liberarent ; et, qui ante Latinos ne pro se quidem ipsis, cum in finibus hostem haberent, attingere arma passi sumus, nunc, nisi Latini sua sponte arma sumpsissent, capti et deleti eramus ! [9]Hoc est, tribuni, auxilium plebi ferre, inermem eam hosti trucidandam obicere? Scilicet si quis uobis humillimus homo de uestra plebe, quam partem uelut abruptam a cetero populo uestram patriam peculiaremque rem publicam fecistis, si quis ex his domum suam obsessam a familia armata nuntiaret, ferendum auxilium putaretis ; [10]Iuppiter optimus maximus exsulum atque seruorum saeptus armis nulla humana ope dignus erat? Et hi postulant, ut sacrosancti habeantur, quibus ipsi di neque sacri neque sancti sunt? [11]At enim, diuinis humanisque obruti sceleribus, legem uos hoc anno perlaturos dictitatis. Tum hercule, illo die quo ego consul sum creatus, male gesta res publica est, peius multo quam cum P. Valerius consul periit, — si tuleritis... [12]Iam primum omnium,

Des. *E. T. A.*

Def. XIX, 7-9 : -mpta sunt ... quam partem *V.*

XIX, **9** obsessam Σ : oppressam *V* || **10** humana ope Σ : ope humana *V* || neque sacri neque ω : neque sac..... *V* sacri neque *H* neque *LRD* || **11** At enim ω.$M^{2.1}$: atqnim *M* etenim *LRD* || die quo Σ : die cum *V* || periit Σ : perit *V.*

moi, marcher contre les Volsques et les Èques à la tête des légions. Par une fatalité inexplicable, les dieux nous sont plus favorables en guerre qu'en paix. Ce que nous avions à redouter de ces deux peuples s'ils avaient su le Capitole aux mains des exilés, mieux vaut le supposer après coup, que de l'éprouver réellement. »

XX. La plèbe avait été sensible au discours du consul; reprenant courage, les patriciens croyaient l'ordre rétabli. L'autre consul, plus prompt à suivre qu'à proposer, avait volontiers laissé son collègue prendre l'initiative de mesures aussi graves; mais, dans l'exécution, il réclamait sa part des fonctions consulaires. Alors, les tribuns, ne voyant là que matière à raillerie et paroles en l'air, reprennent leurs attaques et demandent « avec quelles troupes les consuls entreraient en campagne, puisqu'on ne les laisserait pas procéder au recrutement? » — « Nous? », répliqua Quinctius, « mais nous n'avons pas de recrutement à faire. Quand Publius Valérius a mis la plèbe sous les armes pour reprendre le Capitole, tous ont fait serment de se rassembler à l'appel du consul et de ne pas rompre les rangs sans son ordre[1]. Nous vous ordonnons donc, à vous tous qui avez prêté serment, de vous trouver demain en armes au lac Régille[2]. » Les tribuns alors d'ergoter pour délier le peuple de son engagement : « Quinctius n'était pas magistrat à la date où ils avaient prêté serment[3] ». Mais l'impiété qui règne à notre époque n'avait pas encore fait son apparition; on n'usait pas de subtilités pour trouver des accommodements personnels avec le

Live décompose le mot comme s'il représentait la juxtaposition *sacri-sancti* (ce qui est erroné), et le rapporte aux dieux (alors que *sacri*, qui représente une consécration, ne saurait les qualifier), de façon à mieux faire jouer l'injure antithétique. — Voir APPENDICE, V.

1. Le serment militaire, sous cette forme, peut être un anachronisme (cf. XXII, 38, 1), et Tite-Live n'en a parlé ni en 15, 8, ni en 18, 7.

2. Voir II, p. 29, n. 2.

3. Cf. II, p. 47, n. 1. Mais Quinctius tient le serment pour une obligation contractée à l'égard non d'un individu, mais de la magistrature consulaire (*iussu consulis* : § 3).

inquit, Quirites, in Volscos et Aequos mihi atque collegae legiones ducere in animo est. Nescio quo fato magis bellantes quam pacati propitios habemus deos. Quantum periculum ab illis populis fuerit si Capitolium ab exsulibus obsessum scissent, suspicari de praeterito quam re ipsa experiri est melius. »

XX. [1]Mouerat plebem oratio consulis ; erecti patres restitutam credebant rem publicam. Consul alter, comes animosior quam auctor, suscepisse collegam priorem actiones tam grauis facile passus, in peragendis consularis offici partem ad se uindicabat. [2]Tum tribuni, eludentes uelut uana dicta, persequi quaerendo 'quonam modo exercitum educturi consules essent quos dilectum habere nemo passurus sit'. [3]« Nobis uero, inquit Quinctius, nihil dilectu opus est, cum, quo tempore P. Valerius ad recipiundum Capitolium arma plebi dedit, omnes in uerba iurauerint conuenturos se iussu consulis nec iniussu abituros. [4]Edicimus itaque, omnes qui in uerba iurastis crastina die armati ad lacum Regillum adsitis. » Cauillari tum tribuni et populum exsoluere religione uelle : 'priuatum eo tempore Quinctium fuisse cum sacramento adacti sint'. [5]Sed nondum haec quae nunc tenet saeculum neglegentia deum uenerat, nec interpretando sibi quisque ius iurandum et leges aptas fa-

Des. *E. T. A.*

Om. XX, 2 : habere nemo passurus esset *R* (*rest. marg.* R^1).

XIX, 12 fato *V.ϑf.*P^2*BS.U.O* : facto *PF. cett.* pacto F^3 || bellantes : bellantis *V* || obsessum : obsessu *V*.

XX, 1 actiones *dett. unus* : actio... *V* actionem *cett.* || in peragendis consularis *ϑ.O.H.LRD* : in peragentis consularis *M* in peragendis c......... *V* in peragendis consularis consularem *PFBS* in peragendis consularibus consularem F^3*.U* || 2 passurus sit *PFBS.U.O* : passurus esset *M.H.L*R^2*D necnon, ut uid., V* (*in quo* passur .... *nunc legitur*).

serment ou la loi ; on préférait y conformer ses actions. Aussi les tribuns, désespérant d'empêcher l'expédition, proposent de l'ajourner, d'autant plus que le bruit courait qu' « on avait fait partir les augures pour le lac Régille, afin d'y consacrer un emplacement[1] où pourrait se tenir dans les formes rituelles l'assemblée du peuple[2]; tout ce que la violence des tribuns avait fait voter à Rome, on le ferait abroger là-bas par les électeurs : ils adopteraient à l'unanimité ce que voudraient les consuls ; en effet, le recours aux tribuns n'existait que dans un rayon d'un mille autour de Rome, et si les tribuns allaient là-bas, ils seraient des citoyens comme tant d'autres soumis à l'autorité des consuls ». Ces bruits les effrayaient déjà ; mais ce qui achevait de jeter la terreur dans leur esprit, c'est que Quinctius ne cessait d'affirmer son intention de ne pas faire d'élections consulaires : « la nation souffrait d'une crise telle que les remèdes ordinaires étaient incapables de l'arrêter ; la situation politique exigeait un dictateur ; ainsi quiconque entreprendrait de troubler l'État apprendrait que la dictature est sans appel ».

XXI. Le sénat était au Capitole ; les tribuns s'y rendent suivis de la plèbe bouleversée. La foule implore à grands cris la bienveillance, tantôt des consuls, tantôt des sénateurs. Mais le consul demeura inflexible, jusqu'à ce que les tribuns eussent promis d'accepter la décision du sénat. Alors, après un rapport du consul sur les mesures réclamées par les tribuns et par la plèbe, le sénat décrète que « les tribuns renonceront à proposer la loi cette année et les consuls à partir en campagne ; que désormais toute

1. Tout lieu de vote doit être consacré (*templum*). Les *templa* comitiaux de Rome l'ont été une fois pour toutes ; mais le choix d'un nouvel emplacement exige l'intervention des augures patriciens, pour que puissent régulièrement se prendre les auspices le matin de l'assemblée.

2. C'est l'assemblée centuriate, d'origine militaire (cf. I, p. 71, n. 4), et qui, comme telle, se tient d'ordinaire au Champ de Mars, hors ville, mais pourtant dans le rayon d'action de la puissance tribunicienne.

ciebat, sed suos potius mores ad ea accommodabat. [6]Igitur tribuni, ut impediendae rei nulla spes erat, de proferendo exerc*itus ex*itu agere, eo magis quod 'et augures iussos adesse ad Regillum lacum' fama exierat, 'locumque inaugurari ubi auspicato cum populo agi posset, ut, quidquid Romae ui tribunicia rogatum esset, id comitiis ibi abrogaretur : [7]omnis id iussuros quod consules uelint ; neque enim prouocationem esse longius ab urbe mille passuum, et tribunos, si eo ueniant, in alia turba Quiritium subiectos fore consulari imperio'. [8]Terrebant haec ; sed ille maximus terror animos agitabat, quod saepius Quinctius dictitabat 'se consulum comitia non habiturum : non ita ciuitatem aegram esse ut consuetis remediis sisti posset ; dictatore opus esse rei publicae, ut, qui se mouerit ad sollicitandum statum ciuitatis, sentiat sine prouocatione dictaturam esse'.

XXI. [1]Senatus in Capitolio erat ; eo tribuni cum perturbata plebe ueniunt. Multitudo clamore ingenti nunc consulum, nunc patrum fidem implorant ; nec ante mouerunt de sententia consulem quam tribuni se in auctoritate patrum futuros esse polliciti sunt. [2]Tunc, referente consule de tribunorum et plebis postulatis, senatus consultum fit 'ut neque tribuni legem eo anno ferrent neque consules ab urbe exercitum

Des. *E. T. A.*

XX, **6** de proferendo exercitus exitu *ego* : de proferendo exercitu Σ de proferendo .... u *V* de proferendo exitu *Perizonius*, *Conway* de proferenda *Lipsius*, *Crevier* (*optime*) || augures : augeres *V* || **7** uelint *V* : uellent Σ || ueniant *ω.v?* : adueniant *H.D* aueniant *LR* ; *def. V* || **8** posset Σ : *def. V* possit *Ed. Frob. 1535.*

XXI, **2** senatus consultum fit ut *cod. Sigonii* : s. c. fuit *S* senatus consulta fiunt *ω.v* senatus consulta fiunt ut *V* || ferrent : ferre *V*.

prorogation d'une magistrature et la réélection des mêmes tribuns[1] sont déclarées par le sénat contraires à la constitution ». Les consuls se soumirent à l'autorité du sénat ; les tribuns furent réélus, malgré les protestations des consuls. Les patriciens, de leur côté, pour ne céder en rien à la plèbe, voulaient, eux aussi, réélire Lucius Quinctius consul. Mais jamais dans toute l'année il n'avait fait un discours plus violent : « Faut-il s'étonner, sénateurs, dit-il, si vous n'avez sur la plèbe qu'une ombre d'autorité? C'est vous qui l'affaiblissez. Et la preuve : sous prétexte que la plèbe a violé votre décret sur la prorogation des magistrats, vous voulez le violer, vous aussi, pour ne pas montrer moins d'audace que la foule, comme si la puissance politique croissait avec l'inconséquence et le sans-gêne ! Car il y a plus d'inconséquence et de folie, croyez-le, à supprimer ses propres décisions et ses propres décrets que ceux d'autrui. Vous imitez, sénateurs, la foule irréfléchie... Soit ! Vous qui devez servir de modèles aux autres, suivez[2] le mauvais exemple d'autrui au lieu de donner à autrui le bon exemple ; mais, moi, ne me demandez pas d'imiter les tribuns, et malgré le décret du sénat, de me laisser proclamer consul[3]. Et toi, Gaius Claudius, je t'invite instamment à détourner toi aussi le peuple romain de cette illégalité et à compter sur moi pour comprendre que tu ne fais pas campagne contre mon élection, mais que tu rehausses la gloire de mon refus et m'épargnes le déshonneur d'une prorogation. » D'un commun accord, ils publient qu' « il ne faut pas nommer consul Lucius Quinctius ; les voix qu'il obtiendra seront considérées comme nulles et non avenues ».

1. Opposition des deux « cités » : les tribuns figurent en contrepartie des magistrats patriciens, mais manifestent aussitôt leur indépendance à l'égard des prescriptions sénatoriales. — Cf. Appendice, V.

2. Les manuscrits disent : « vous suivez... », ce qui ne s'accorde pas avec l'opposition restrictive *dum ego*...

3. Sur la *renuntiatio*, voir p. 13, n. 2.

educerent ; in reliquum magistratus continuari et eosdem tribunos refici iudicare senatum contra rem publicam esse'. [3]Consules fuere in patrum potestate ; tribuni reclamantibus consulibus refecti. Patres quoque, ne quid cederent plebi, et ipsi L. Quinctium consulem reficiebant. Nulla toto anno uehementior actio consulis fuit : [4]« Mirer, inquit, si uana uestra, patres conscripti, auctoritas ad plebem est ? Vos eleuatis eam : quippe, quia plebs senatus consultum continuandis magistratibus soluit, ipsi quoque solutum uoltis, ne temeritati multitudinis cedatis. [5]Tamquam id sit plus posse in ciuitate, plus leuitatis ac licentiae habere ! Leuius enim uaniusque profecto est sua decreta et consulta tollere quam aliorum. [6]Imitamini, patres conscripti, turbam inconsultam... *At*, qui exemplo aliis esse debetis, aliorum exemplo pecc*e*tis potius quam alii uestro recte faciant, dum ego ne imiter tribunos nec me contra senatus consultum consulem renuntiari patiar. [7]Te uero, C. Claudi, adhortor ut et ipse populum Romanum hac licentia arceas, et de me hoc tibi persuadeas me ita accepturum ut non honorem meum a te impeditum, sed gloriam spreti honoris auctam, inuidiam quae ex continuato eo impenderet leuatam putem. » [8]Communiter inde edicunt 'ne quis L. Quinctium consulem faceret ; si quis fecisset, se id suffragium non obseruaturos'.

Des. *E. T. A.*

XXI, **2** eosdem *V* : eos Σ || **4** quia Σ : quia quia *V* qui quia *Madv.* || senatus consultum continuandis *Madv.* : s. c̄m. in continuandis *O* senatum consultum in continuandis *V* s. m. (*uel* sm̃.) c. in continuandis *cett.* || cedatis Σ : ceditis *V* || **6** At *ego* (*quae correctio cum subsequenti mihi iuncta uidetur, litteris* a *et* e *ex loco suo in alterius a librario translatis*) : et *codd.* || peccetis *Grut.* : peccatis *codd.* peccate *Klock* || **7** et ipse *V.M.H.LRD* : ipse *cett.* || auctam : aut iam *V* || inuidiam quae *V.H* : inuidiamque quae *M.PFBS* (*in quo* -que que). *U.O.D*[3] inuidiam quaeque *LRD?* || impenderet (*uel* inp-) Σ : inpenderit *V* || **8** se : sed *V*.

Victoires sur les Èques et les Volsques; troubles intérieurs.

XXII. Furent élus consuls Quintus Fabius Vibulanus pour la troisième fois et Lucius Cornélius Maluginensis. Le recensement eut lieu cette année-là ; mais, à cause de la prise du Capitole et de la mort du consul, la religion ne permit pas la purification qui le termine[1].

Sous le consulat de Quintus Fabius et Lucius Cornélius, et dès le début de l'année, la situation devint inquiétante : les tribuns excitaient la plèbe ; une guerre terrible avec les Volsques et les Èques était annoncée par les Latins et les Herniques; déjà, d'après eux, « les Volsques étaient à Antium[2] »; cette colonie elle-même était très suspecte de vouloir passer à l'ennemi. A grand'peine, les tribuns consentirent à laisser la guerre passer avant tout. Alors les consuls se partagèrent la tâche : Fabius fut chargé de conduire les légions à Antium, Cornélius, de couvrir Rome contre les groupes ennemis qui viendraient piller, tactique chère aux Èques. Herniques et Latins durent fournir les contingents fixés par le traité ; l'armée comptait deux tiers d'alliés, un tiers de citoyens. Les alliés arrivèrent au jour fixé. Le consul va camper hors la porte Capène. Là, il passa en revue ses troupes, partit pour Antium et s'établit à proximité de la place et des positions de l'ennemi. Comme les Volsques, en attendant l'arrivée des Èques, n'osaient livrer bataille et prenaient leurs dispositions pour assurer leur sécurité par des retranchements, dès le lendemain, Fabius, au lieu de former une seule armée mixte avec les alliés et les citoyens, rangea les soldats des trois nations en trois corps d'armée distincts[3] autour du retranchement ennemi ; lui-même se tenait au centre avec les légions romaines. Il ordonna aux alliés d'observer les signaux et de se régler sur lui, soit pour at-

1. Ainsi plus tard (V, 31, 6), à cause de la mort d'un censeur.
2. Exagération de couleur psychologique.
3. Tite-Live conserve seul ici des traces de l'alliance militaire sur pied d'égalité entre Romains, Herniques et Latins (cf. II, p. 81, n.).

XXII. [1]Consules creati Q. Fabius Vibulanus tertium et L. Cornelius Maluginensis. Census actus eo anno : lustrum propter Capitolium captum, consulem occisum condi religiosum fuit.

[2]Q. Fabio L. Cornelio consulibus principio anni statim res turbulentae. Instigabant plebem tribuni; bellum ingens a Volscis et Aequis Latini atque Hernici nuntiabant : 'iam Antii Volscorum legiones esse'. Et ipsam coloniam ingens metus erat defecturam; aegreque impetratum a tribunis ut bellum praeuerti sinerent. [3]Consules inde partiti prouincias : Fabio ut legiones Antium duceret datum, Cornelius ut Romae praesidio esset, ne qua pars hostium, qui Aequis mos erat, ad populandum ueniret. [4]Hernici et Latini iussi milites dare ex foedere, duaeque partes sociorum in exercitu, tertia ciuium fuit. Postquam ad diem praestitutum uenerunt socii, consul extra portam Capenam castra locat. Inde, lustrato exercitu, Antium profectus haud procul oppido statiuisque hostium consedit. [5]Vbi cum Volsci, quia nondum ab Aequis uenisset exercitus dimicare non ausi, quemadmodum quieti uallo se tutarentur pararent, postero die Fabius non permixtam unam sociorum ciuiumque, sed trium populorum tres separatim acies circa uallum hostium instruxit : [6]ipse erat medius cum legionibus Romanis. Inde signum obseruari iussit, ut pariter et socii rem inciperent referrentque pedem, si receptui cecinisset. Equites item suae cuique parti post principia conlocat. [7]Ita trifariam adortus castra circum-

Des. *E. T. A.*

Def. *post* XXII, **5** : ab Aequis] *V.*

XXII, **1** actus *V.S.LRD* : auctos *P* auctus *P*². *cett.* || **3** legiones : leges *V* || Cornelius *codd.* : Cornelio *Ed. Paris. 1510, Sigon.* || **6** obseruari *dett. duo, Madv.* : obseruare *codd.*

taquer, soit pour se replier s'il faisait sonner la retraite. De même il laisse à chaque corps sa cavalerie et la place en seconde ligne. Ainsi il attaque le camp de trois côtés, l'enveloppe, le presse de toutes parts ; dans un assaut irrésistible, déloge les Volsques du retranchement, puis le franchit, pousse la troupe en déroute vers un même point et la jette hors du camp. Ils s'enfuyaient en désordre, quand la cavalerie, qui n'avait guère pu franchir le retranchement et restait jusque-là spectatrice du combat, les rattrape en terrain libre et prend sa part de la victoire en massacrant ces gens épouvantés. Grand fut le carnage, tant à l'intérieur qu'à l'extérieur du camp ; plus grand encore le butin, car l'ennemi ne put emporter avec lui tout au plus que ses armes ; son armée aurait été anéantie si les bois n'avaient couvert sa fuite.

XXIII. Voilà ce qui se passait à Antium. Pendant ce temps, les Èques détachent l'élite de leurs jeunes troupes et surprennent de nuit la citadelle de Tusculum[1] ; le reste de l'armée prend position devant les murs de la place pour diviser l'ennemi. A cette nouvelle vite portée à Rome et de Rome au camp d'Antium, les Romains furent aussi émus que s'ils apprenaient la prise du Capitole : ne venaient-ils pas de recevoir un service des Tusculans, et la similitude même du danger ne semblait-elle pas exiger qu'on les payât de retour? Fabius, toute affaire cessante, se hâte de transporter le butin du camp à Antium, y laisse une petite garnison ; à marches forcées, il se porte vers Tusculum : à part leurs armes et ce qu'on avait sous la main d'aliments cuits, ses hommes ne devaient rien porter ; ils sont ravitaillés de Rome par le consul Cornélius. La guerre dura plusieurs mois à Tusculum. Avec une moitié de son armée, le consul assiégeait le camp des Èques ; l'autre moitié était à la disposition des

1. A 670 mètres d'altitude, et dominant de 50 mètres la ville, qui, selon Denys (X, 20), aurait été prise aussi, femmes et enfants réduits en esclavage, les hommes ayant réussi à s'échapper.

uenit et, cum undique instaret, non sustinentes impetum Volscos uallo deturbat. Transgressus inde munitiones pauidam turbam inclinatamque in partem unam castris expellit. [8]Inde effuse fugientes eques, cui superare uallum haud facile fuerat, cum ad id spectator pugnae adstitisset, libero campo adeptus parte uictoriae fruitur territos caedendo. [9]Magna et in castris et extra munimenta caedis fugientium fuit, sed praeda maior, quia uix arma secum efferre hostis potuit; deletusque exercitus foret, ni fugientis siluae texissent.

XXIII. [1]Dum ad Antium haec geruntur, interim Aequi robore iuuentutis praemisso arcem Tusculanam improuiso nocte capiunt, reliquo exercitu haud procul moenibus Tusculi considunt ut distenderent hostium copias. [2]Haec celeriter Romam, ab Roma in castra Antium perlata mouent Romanos haud secus quam si Capitolium captum nuntiaretur : adeo et recens erat Tusculanorum meritum et similitudo ipsa periculi reposcere datum auxilium uidebatur. [3]Fabius, omissis omnibus, praedam ex castris raptim Antium conuehit ; ibi modico praesidio relicto, citatum agmen Tusculum rapit. Nihil praeter arma et quod cocti ad manum fuit cibi ferre militi licuit ; commeatum ab Roma consul Cornelius subuehit. [4]Aliquot menses Tusculi bellatum. Parte exercitus consul castra Aequorum

Des. *V* (*usque ad* XXII, 8 : expellit. In-]). *E. T. A.*

Def. *post* XXIII, 3 : Tusculum rapit] *V.*

XXII, 8 ad id : ad *V* || 9 caedis *PF*$^{1-2}$*S.L* : caedi *FB* caedes *M*^{2}.*F*^{3}.*U.O.H.R* caede *M* ; *def.* *V* || foret ni ω.*M*^{2} : foret nisi *B.U* fore nisi *M* || siluae texissent ω : silue et exissent *R* silue excepissent *R*^{2} .... set *V.*

XXIII, 2 reposcere : s. poscere *V* || 3 cocti *R*$^{1-2}$*D*$^{1-2}$: coacti *RD. cett.*

Tusculans pour ressaisir la citadelle. Jamais on ne put la prendre d'assaut : la famine finit par en faire sortir les ennemis. Réduits à cette extrémité, tous, sans armes ni équipement, passèrent sous le joug. Ils s'enfuyaient honteusement pour rentrer dans leurs foyers quand le consul romain[1], les rejoignant sur l'Algide[2], les massacra jusqu'au dernier. Après cette victoire de Columen (c'est le nom de l'endroit), il ramena ses troupes en arrière pour camper. De son côté, l'autre consul, voyant que la place de Rome, depuis la défaite de l'ennemi, ne courait plus de danger, sortit également de la ville : ainsi, dans deux directions à la fois, les consuls, pénétrant en territoire ennemi, s'évertuent à ravager ici les Volsques, là les Èques.

Cette même année, Antium serait passée à l'ennemi, d'après la plupart de mes sources ; c'est le consul Lucius Cornélius qui aurait fait cette campagne et pris la ville[3]. Donner comme certain un fait qu'aucun des plus anciens chroniqueurs ne mentionne, je n'oserais le faire.

XXIV. Cette guerre une fois terminée, les tribuns provoquent une guerre intérieure inquiétante pour le sénat. Ils s'écrient « qu'on maintient abusivement les troupes en campagne ; on veut par cette duperie escamoter la loi ; mais on ne les empêchera pas de pousser leur entreprise jusqu'au bout ». Pourtant, à la demande de Publius Lucrétius, gouverneur de Rome, l'action des tribuns fut ajournée jusqu'au retour des consuls. Mais il s'était produit, en outre, une nouvelle cause de trouble. Les questeurs[4] Au-

1. Le consul n'est pas lié par la capitulation faite avec les Tusculans.
2. Citadelle naturelle des Èques (cf. 2, 6 ; 25, 6 et suiv.). Cet arc montagneux, forestier, culmine à 891 mètres, entre Velletri et Tusculum. On y adorait Diane et Fortuna. Il devait s'y trouver un camp de refuge (*Columen* = sommet) plutôt qu'une ville.
3. C'est la version des Fastes Triomphaux et de Denys (X, 21). Tite-Live paraît suivre une source fabienne.
4. Les *quaestores parricidii* (cf. II, p. 63, n. 1), dont Tite-Live semble, peut-être par confusion avec les questeurs (magistrats financiers) de l'âge classique, considérer la charge comme ordinaire et annuelle

oppugnabat; partem Tusculanis dederat ad arcem reciperandam. Vi nunquam eo subiri potuit; fames postremo inde detraxit hostem. 5Qu*a* postquam uentum ad extremum est, inermes nudique omnes sub iugum ab Tusculanis missi. Hos ignominiosa fuga domum se recipientis Romanus consul in Algido consecutus ad unum omnes occidit. 6Victor ad Columen — id loco nomen est — exercitu reducto castra locat. Et alter consul, postquam moenibus iam Romanis pulso hoste periculum esse desierat, et ipse ab Roma profectus. 7Ita bifariam consules ingressi hostium fines ingenti certamine hinc Volscos, hinc Aequos populantur.

Eodem anno descisse Antiates apud plerosque auctores inuenio; L. Cornelium consulem id bellum gessisse oppidumque cepisse. Certum adfirmare, quia nulla apud uetustiores scriptores eius rei mentio est, non ausim.

XXIV. 1Hoc bello perfecto, tribunicium domi bellum patres territat. Clamant 'fraude fieri quod foris teneatur exercitus; frustrationem eam legis tollendae esse; se nihilo minus rem susceptam peracturos'. 2Obtinuit tamen L. Lucretius praefectus urbis ut actiones tribuniciae in aduentum consulum differrentur. 3Erat et noua exorta causa motus. A. Cornelius et Q. Seruilius quaestores M. Volscio, quod falsus

Des. *V* (*usque ad* XXIII, **5** : domum se]). *E. T. A.*

XXIII, **4** subiri *U*, *Gron.* : subire *cett.* || detraxit ω : traxit *U.H* || **5** Qua *Gron.*, *M?* : quo M^1. *cett.* || **6** ad Columen ω.P^2 : ad columem *F* ad colume *V* Incolumen *P* || reducto *V* : relicto Σ || **7** id bellum ω : hic bellum *LRD*.

XXIV, **1** esse ; se : Σ esse *V* || **2** L. Lucretius : lucius lucretius *V* p. l. lucretius *M* p (i *uel* l *suprascr.*) lucretius *D* p. lucretius *cett.* || **3** Volscio : uoluscio (*ex* uolscio, *ut uid.*, *fingens*) *V* (*qui postea eum* Voluscium *semper nominat ; cf. sis, cap. 13, 1*).

lus Cornélius et Quintus Servilius poursuivaient Marcus Volscius pour faux témoignage manifeste contre Céson. Il ressortait, en effet, de toute une série de preuves que, d'une part, le frère de Volscius, depuis le jour où il était tombé malade, n'avait jamais reparu en public, ne s'était même jamais relevé, mais était mort après de longs mois de consomption ; que, d'autre part, à la date du crime dont le témoin l'accusait, Céson n'avait pas été vu à Rome, mais que, d'après le témoignage de ses compagnons d'armes, il était alors avec eux présent sous les drapeaux sans jamais avoir eu de permission ; si Volscius le contestait, beaucoup lui proposaient, à titre privé, de venir devant un juge[1]. Comme il n'osait aller en justice, cet ensemble de faits rendait aussi indubitable la condamnation de Volscius que le témoignage de Volscius, autrefois, celle de Céson. Le retard venait des tribuns qui ne voulaient pas laisser les questeurs réunir l'assemblée pour le procès[2], tant qu'on ne l'aurait pas réunie pour la loi. Ainsi les deux affaires traînèrent jusqu'au retour des consuls. Après leur entrée en triomphe à la tête des troupes victorieuses, on n'entendit plus parler de la loi, et le public croyait les tribuns découragés. Au contraire, comme la fin de l'année approchait[3], ils se présentèrent pour la quatrième fois au tribunat, transformant ainsi le débat sur la loi en question électorale. Et, malgré les consuls, qui ne firent pas moins d'opposition à la continuité du tribunat que s'il s'agissait de faire passer le texte de loi destiné à restreindre leur puissance, l'avantage fut du côté des tribuns.

(cf. 25, 2), étaient peut-être au contraire des délégués judiciaires des consuls, comme les *duumuiri* l'avaient été du roi (I, 26, 5).

1. A Rome, l'initiative d'une poursuite, même criminelle, appartient non à l'État, mais à un particulier. Ici la procédure est celle de la *sponsio* : les amis de Céson mettent Volscius « au défi » de contester leur affirmation ; les deux adversaires déposent « en jeu » chacun une somme ; le *iudex*, en attribuant la mise à l'un d'eux, tranche aussi par là la question de fait.

2. Non les tribus qui avaient jugé Céson (voir p. 20, n. 2), mais les centuries. — Première « intercession » des tribuns en matière judiciaire.

3. Les Fastes Triomphaux (*C. I. L.*, I, p. 454) rapportent les deux

haud dubie testis in Caesonem exstitisset, diem dixerant. [4]Multis enim emanabat indiciis neque fratrem Volsci ex quo semel fuerit aeger unquam non modo uisum in publico, sed ne adsurrexisse quidem ex morbo, multorumque tabe mensum mortuum; [5]nec îs temporibus in quae testis crimen coniecisset Caesonem Romae uisum, adfirmantibus qui una meruerant secum eum tum frequentem ad signa sine ullo commeatu fuisse. Nisi ita esset, multi priuatim ferebant Volscio iudicem. [6]Cum ad iudicium ire non auderet, omnes eae res in unum congruentes haud magis dubiam damnationem Volsci quam Caesonis Volscio teste fuerat faciebant. [7]In mora tribuni erant, qui comitia quaestores habere de reo, nisi prius habita de lege essent, passuros negabant. Ita extracta utraque res in consulum aduentum est. [8]Qui ubi triumphantes uictore cum exercitu urbem inierunt, quia silentium de lege erat, perculsos magna pars credebant tribunos; [9]at illi — etenim extremum anni iam erat — quartum adfectantes tribunatum, in comitiorum disceptationem ab lege certamen auerterant. Et cum consules nihilo minus aduersus continuationem tribunatus quam si lex minuendae suae maiestatis causa promulgata ferretur tetendissent, uictoria certaminis penes tribunos fuit.

Des. *E. T. A.*

Def. *post* XXIV, **5** : ullo commea-] *V*.

XXIV, **3** exstitisset : extitisse *V* || diem dixerant $M^3.F^3.S.O.H.R^2D^4$: diem dixerat *M.PFB.U.LRD* dicens dixerat *V* || **5** nec îs *ego* (nec iis *Madv.*) : nec his ω ne his *H* || coniecisset : confecisset *V* || una : unam *V* || meruerant $V.M.H.LR^2D$: eruerant *R* meruerunt *PFBS.U.O* || frequentem F^x. *dett. duo* : frequente *V* frequentemque *cett.* || multi priuatim *v?.O.H.LRD* : *addunt uariis modis* multis priuatis *cett.* || **6** eae res F^3R^2 (*sed* hee) D^3 (*in ras.*) : ease res *M* eas res $M^{2\text{-}1}$*v?*. *cett.* || fuerat $F^3.O.R^{1\text{-}2}D^3$: fuerant *F?RD. cett.* || **9** tetendissent $U.H.R^2D^4$: tetedissent *O* tetendisset $M.PFBS.D^3$ tetendisse *LRD*.

La même année, on accepta les ouvertures de paix des Èques. Les opérations du recensement commencées[1] l'année précédente furent achevées : ce fut, paraît-il, le dixième sacrifice de clôture depuis la fondation de Rome[2]. On compta 117,319 citoyens. Les consuls s'acquirent cette année-là une grande réputation militaire et politique pour avoir obtenu, au dehors, la paix et, au dedans, sinon la concorde, du moins un apaisement relatif des haines sociales.

Campagne désastreuse contre les Èques.

XXV. Les consuls suivants, Lucius Minucius et Lucius[3] Nautius, prirent la suite des deux débats qui restaient de l'année précédente. Par les mêmes moyens, les consuls faisaient obstacle au projet de loi et les tribuns au jugement de Volscius. Mais les nouveaux questeurs avaient plus d'énergie et plus d'influence : c'était, outre Marcus Valérius, fils de Manius et petit-fils de Volésus, Titus Quinctius Capitolinus qui avait été trois fois consul ; ne pouvant plus rendre Céson à la famille Quinctia et un jeune homme hors pair à l'État[4], il faisait au faux témoin, qui avait mis un innocent dans l'impossibilité de présenter sa défense, une guerre continuelle au nom de la justice et des liens du sang. Parmi les tribuns, c'était Verginius qui s'occupait spécialement du projet de loi ; un délai de deux mois fut octroyé aux consuls pour

triomphes à l'an de Rome 294, celui de Fabius aux nones, celui de Cornélius aux ides de mai, et l'année consulaire se clôt apparemment fin juillet (6, 1 ; 8, 3). Est-ce de parti pris que l'historien, ou sa source, reporte à la même date élections tribuniciennes et consulaires? Ou bien est-ce inadvertance (aux temps classiques, les tribuns entrent en charge le 10 décembre, les consuls le 1er janvier)?

1. Impropre : elles devaient au contraire s'y clore.

2. Difficulté de comput : le cens tendant à se fixer tous les cinq ans (cf. 3, 9), un espace de cinquante ans reporte au début (Varronien) de la République ; mais le premier *lustrum conditum* est signalé sous Servius Tullius (I, 44, 2), années 176-219 de Rome, et déjà rattaché à un recensement.

3. Nommé Gaius par Diodore de Sicile et Denys.

4. Il était donc mort à cette date (à la reprise du Capitole, chap. 18, 10?). Au contraire : Cicéron, *Sur sa maison*, 86.

[10]Eodem anno Aequis pax est petentibus data. Census, res priore anno incohata, perficitur, idque lustrum ab origine urbis decimum conditum ferunt. Censa ciuium capita centum septendecim milia trecenta undeuiginti. [11]Consulum magna domi bellique eo anno gloria fuit, quod et foris pacem peperere, et domi, etsi non concors, minus tamen quam alias infesta ciuitas fuit.

XXV. [1]L. Minucius inde et L. Nautius consules facti duas residuas anni prioris causas exceperunt. [2]Eodem modo consules legem, tribuni iudicium de Volscio impediebant. Sed in quaestoribus nouis maior uis, maior auctoritas erat : [3]cum M. Valerio, *Mani* filio Volesi nepote, quaestor erat T. Quinctius Capitolinus, qui ter consul fuerat ; is, quoniam neque Quinctiae familiae Caeso neque rei publicae maximus iuuenum restitui posset, falsum testem 'qui dicendae causae innoxio potestatem ademisset' iusto ac pio bello persequebatur. [4]Cum Verginius maxime ex tribunis de lege ageret, duum mensum spatium consulibus datum est ad inspiciendam legem, ut, cum edocuissent populum quid fraudis occultae ferretur, sinerent deinde

Des. *V. E. T. A.*

XXIV, **10** idque ω : atque *PFBS.U* || ferunt. Censa *dett. aliq.* : fuerunt censa ω fuerant censa *D* || centum septendecim milia trecenta undeuiginti (*i. e.*$\overline{\mathrm{CXVII}}$. CCCXVIIII) *M* : $\overline{\mathrm{CXIIII}}$. CCCXVIIII *O* $\overline{\mathrm{CXVII}}$. CCCXVIII *PFB.U* $\overline{\mathrm{CXVIII}}$. CCCXVIII *S* CXXXII . CCCXVIII . CXVII . CCCXVIIII . *RD* CXXXII CCCXVIII CXVII CCCXIIII *L* $\overline{\mathrm{CXXXII}}$. CCCXVIII *H*.

XXV, **1** L. Nautius *codd.* (*et ita* Cassiod.) : C. Nautius *Glarean. Sigon.* (*ex* Diod., *XI*, *88*, *1* ; Dion. Hal., *X*, *22*, *1* ; Fastis Capit.) || **2** maior uis *om. M* || Mani *Sigonius* : ualeri *M.B.O* (*in quo* -rii). *H.LRD* ueleri *PFS* uoleri *U* || **4** ex tribunis *M.O* : et tribunis *H* et tribuni ex tribunis *PFS.U* et tribunis ex tribunis *B* et tribuni *LRD* || ageret ω : agerent *U.R*.

étudier le texte et en montrer au peuple les pièges cachés ; après quoi ils devaient permettre de passer au vote. A la faveur de ce délai, la tranquillité régna à Rome.

Mais les Èques ne la laissèrent pas se prolonger : rompant le traité conclu l'année d'avant avec les Romains, ils donnent le commandement à Gracchus Cloelius, qui était alors de beaucoup le premier de la nation. Sous ses ordres, ils portent le ravage sur les territoires de Labici, puis de Tusculum et, chargés de butin, s'établissent sur le mont Algide. C'est là qu'une délégation, composée de Quintus Fabius, Publius Volumnius, Aulus Postumius, vint au nom de Rome se plaindre du dommage et en demander réparation en vertu du traité. Le général des Èques leur dit que « les mandataires du sénat romain n'ont qu'à s'adresser à [ce] chêne ; lui a autre chose à faire ». Le chêne était un arbre immense, qui dominait son poste de commandement et obscurcissait le lieu de son ombre. Alors l'un des délégués dit en s'en allant : « Que ce chêne sacré [1] et que tous les dieux apprennent donc que le traité a été rompu par vous ; qu'ils soutiennent aujourd'hui nos réclamations, demain nos armes, quand nous punirons à la fois le sacrilège et l'injustice. » Dès leur retour à Rome, le sénat chargea l'un des consuls de marcher contre Gracchus sur l'Algide et donna pour mission à l'autre de ravager le pays des Èques. Les tribuns, à leur ordinaire, s'opposèrent au recrutement et s'y seraient peut-être opposés jusqu'au bout quand survint brusquement une nouvelle menace.

XXVI. Les Sabins vinrent en masse presque jusqu'à l'enceinte de Rome exercer de violents ravages, dévastant les campagnes et jetant l'effroi dans la ville. Alors la plèbe s'empressa de prendre les armes ; malgré l'opposition des tribuns, deux grandes armées furent enrôlées.

1. Le chêne de l'Algide (cf. Horace, *Odes*, IV, 4, 58 : *ilex... nigrae feraci frondis in Algido*), traité dérisoirement par Clœlius Gracchus —

suffragium inire. Hoc interualli datum res tranquillas in Vrbe fecit.

[5]Nec diuturnam quietem Aequi dederunt, qui, rupto foedere quod ictum erat priore anno cum Romanis, imperium ad Gracchum Cloelium deferunt : is tum longe princeps in Aequis erat. [6]Graccho duce in La*bica*num agrum, inde in Tusculanum hostili populatione ueniunt, plenique praedae in Algido castra locant. In ea castra Q. Fabius, P. Volumnius, A. Postumius legati ab Roma uenerunt questum iniurias et ex eo foedere res repetitum. [7]Eos Aequorum imperator, 'quae mandata habeant ab senatu Romano, ad quercum' iubet 'dicere; se alia interim acturum'. Quercus ingens arbor praetorio imminebat, cuius umbra opaca sedes erat. [8]Tum ex legatis unus abiens « Et haec, inquit, sacrata quercus et quidquid deorum est audiant foedus a uobis ruptum, nostrisque et nunc querellis adsint et mox armis, cum deorum hominumque simul uiolata iura exsequemur. » [9]Romam ut rediere legati, senatus iussit alterum consulem contra Gracchum in Algidum exercitum ducere, alteri populationem finium Aequorum prouinciam dedit. Tribuni suo more impedire dilectum ; et forsitan ad ultimum impedissent, sed nouus subito additus terror est.

XXVI. [1]Vis Sabinorum ingens prope ad moenia Vrbis infesta populatione uenit ; foedati agri, terror iniectus urbi est. Tum plebs benigne arma cepit ; reclamantibus frustra tribunis magni duo exercitus

Des. *V. E. T. A.*

XXV, 6 Labicanum *Cluv. et Grut.* **: latinum** *S* **lanuuinum** *cett.* **(***sed* **lanumuinum** *P***) || 9 Romam ut** *M.ρ* **: romam** *cett.* **|| rediere** *ω* **: redigere** *LR* **redire** *Mυ***.**

Avec l'une, Nautius marcha contre les Sabins, s'établit à Érétum[1] et, par une série de coups de main limités, exécutés surtout de nuit, il fit à son tour tant de ravages en Sabine que par comparaison le territoire de Rome semblait n'avoir presque pas souffert de la guerre. Minucius n'eut ni le même succès ni la même énergie dans son expédition : il s'établit non loin de l'ennemi ; après quoi, sans avoir éprouvé de graves revers, il se tenait peureusement dans son camp. Quand les ennemis s'en aperçurent, l'effroi de l'adversaire accrut naturellement leur audace, et, après avoir fait une attaque de nuit contre notre camp et donné l'assaut sans grand succès, le lendemain ils établissent leurs lignes tout autour. Avant que le rempart fût partout entouré et toute issue fermée, cinq cavaliers sortant entre les avant-postes ennemis portèrent à Rome la nouvelle que le consul et son armée étaient cernés. On pensait, on s'attendait à tout, sauf à un tel malheur. Aussi l'effroi, le trouble furent aussi grands que si Rome même, et non le camp, était assiégée par l'ennemi. On rappelle le consul Nautius. Mais, comme on ne lui trouvait pas assez de capacité, on décide de nommer un dictateur pour rétablir la situation compromise, et Lucius Quinctius est désigné, du consentement universel.

L. Quinctius Cincinnatus dictateur.

Ils peuvent faire leur profit de cet exemple, ceux qui méprisent tout au monde, sauf l'argent, et croient que la grandeur et le mérite ne se trouvent que là où coulent à flots les richesses. L'unique espoir de l'empire romain, Lucius Quinctius, sur la rive

qui semble utiliser une locution populaire — est appelé par les Romains à venger sa dignité divine : trace d'un culte très archaïque, mais d'ailleurs obstiné, des arbres.

1. A environ 5 km. de Rome, à la jonction de la *Via Salaria* et de la *Via Nomentana* (Grotta Marozza?), au nord du confluent de l'Anio avec le Tibre.

scripti. [2]Alterum Nautius contra Sabinos duxit, castrisque ad Eretum positis, per expeditiones paruas, plerumque nocturnis incursionibus, tantam uastitatem in Sabino agro reddidit ut comparati ad eam prope intacti bello fines Romani uiderentur. [3]Minucio neque fortuna nec uis animi eadem in gerendo negotio fuit ; nam, cum haud procul ab hoste castra posuisset, nulla magnopere clade accepta castris se pauidus tenebat. [4]Quod ubi senserant hostes, creuit ex metu alieno, ut fit, audacia, et nocte adorti castra, postquam parum uis aperta profecerat, munitiones postero die circumdant. Quae priusquam undique uallo obiectae clauderent exitus, quinque equites inter stationes hostium emissi Romam pertulere consule exercitumque obsideri. [5]Nihil tam necopinatum nec tam insperatum accidere potuit. Itaque tantus pauor, tanta trepidatio fuit quanta si Vrbem, non castra hostes obsiderent. [6]Nautium consulem arcessunt. In quo cum parum praesidii uideretur dictatoremque dici placeret qui rem perculsam restitueret, L. Quinctius Cincinnatus consensu omnium dicitur.

[7]Operae pretium est audire qui omnia prae diuitiis humana spernunt neque honori magno locum neque uirtuti putant esse, nisi ubi effusae affluant opes. [8]Spes unica imperii populi Romani, L. Quinctius trans Tiberim, contra eum ipsum locum ubi nunc naualia sunt, quattuor iugerum colebat agrum, quae prata Quinctia uocantur. [9]Ibi ab legatis — seu fossam fo-

Des. *V* (*usque ad* XXVI, 8 : sunt, quattuor]). *E. T. A.*

XXVI, 4 senserant *ω.υ* : senserat *B.H* senserunt *D* || 5 tam necopinatum *Rhenan.* : tam neo inopinatum *Mυ.O.H.LRD* tam inopinatum *P²FBS.U* tam inopinạtam *P* || nec tam insperatum *ω.M¹⁻²* : nec tamen insperatum *M* || 7 effusae *ω* : effuse *υ.FBS* || affluant *υ.F³.O.H.LRD³* *uel* afluant *Ṁ* : affluent *P²F?BS.U* afluent *P* effluant *D?*

droite du Tibre, juste en face de l'endroit où se trouvent aujourd'hui les chantiers navals[1], cultivait quatre arpents de terre, qu'on nomme « pré de Quinctius ». Là, soit qu'il creusât vigoureusement un fossé à la bêche[2], soit qu'il fût à sa charrue, toujours est-il qu'il était en train de travailler la terre[3], quand une délégation, après un échange de saluts, le prie « de mettre sa toge[4], afin de recevoir, pour son bien, il fallait l'espérer, et celui de l'État, une communication du sénat ». Il s'étonne, demande : « Rien de trop grave? », et dit à sa femme Racilia d'aller bien vite chercher sa toge dans sa chaumière, essuie la poussière et la sueur, s'habille et s'avance ; aussitôt, la délégation le proclame dictateur, le félicite, le prie de venir à Rome et le met au courant de la panique qui règne dans l'armée. Par ordre du sénat, une barque attendait Quinctius ; sur la rive gauche, ses trois fils viennent à sa rencontre pour le recevoir, puis d'autres parents et amis, enfin une grande partie des sénateurs. Tout ce monde qui l'entourait et les licteurs qui le précédaient l'escortèrent jusque chez lui. La plèbe aussi se rassembla en foule : mais elle était loin de montrer autant de joie à la vue de Quinctius, car elle trouvait l'autorité dictatoriale excessive et le personnage plus rigoureux encore que sa fonction[5]. Cette nuit-là il y eut simplement un service de garde en ville.

XXVII. Le lendemain, le dictateur, arrivant au forum avant le jour, désigne comme maître de la cavalerie Lucius Tarquitius, patricien d'origine, qui avait fait son ser-

1. Dans la région vaticane, près du château Saint-Ange. Cette notation du bien familial des *Quinctii* rattache l'épisode au chap. 13, 10.

2. Ou bien : « soit qu'il s'appuyât sur le manche de sa bêche ».

3. L'anecdote, devenue dès lors typique de l'antique simplicité romaine, est mise en rapport avec la dictature de Cincinnatus par Cicéron aussi (*De Finibus*, II, 12 ; *Caton l'Ancien*, 56). Denys (X, 16) paraît suivre une tradition plus récente en la rapportant au consulat, douteux, du même personnage, deux ans plus tôt (Liv., III, 19, 2). Voir : Pline, *Hist. nat.*, XVIII, 3, 20.

4. Le vêtement officiel. Cincinnatus labourait soit en tunique, soit en pagne (*nudus*) : cf. Virgile, *Géorg.*, I, 299 (*Nudus ara, sere nudus*).

5. Le texte des manuscrits : *imperii nimium et uirum in ipso impe-*

diens palae innixus, seu cum araret, operi certe, id quod constat, agresti intentus — salute data in uicem redditaque rogatus 'ut, quod bene uerteret ipsi reique publicae, togatus mandata senatus audiret', admiratus rogitansque « Satin salue? », togam propere e tugurio proferre uxorem Raciliam iubet. [10]Qua simul absterso puluere ac sudore uelatus processit, dictatorem eum legati gratulantes consalutant, in urbem uocant; qui terror sit in exercitu exponunt. [11]Nauis Quinctio publice parata fuit, transuectumque tres obuiam egressi filii excipiunt, inde alii propinqui atque amici, tum patrum maior pars. Ea frequentia stipatus, antecedentibus lictoribus, deductus est domum. [12]Et plebis concursus ingens fuit; sed ea nequaquam tam laeta Quinctium uidit, et imperi*um* nimium et uirum [in] ipso imperio uehementiorem rata. Et illa quidem nocte nihil praeterquam uigilatum est in Vrbe.

XXVII. [1]Postero die dictator cum ante lucem in forum uenisset, magistrum equitum dicit L. Tarquitium, patriciae gentis et qui, cum stipendia pedibus

Des. *E. T. A.*

Def. *post* XXVII, **1** : magistrum equitum] *M* (*nulla lacunae nota*).

Om. XXVI, **11** : tres obuiam *R*; — **12** : et imperi ... rata *H*.

XXVI, **9** palae *Sabellicus* : paleae *V* palo Σ (*sed* paulo *O*) || id quod constat *libenter ut glossema expulerim* || uerteret *V.F*[3]*.U.O.H.D*[3] : uerterat *M.PFBS.L* euerterat *L*[1]*RD* || Satin salue *V.P* : sat iam satisne salua essent omnia in saluem *M* sat iam satisne salua essent omnia *υ* satine salua essent omnia *H.LR* satisne salua essent omnia *P*[2]*FBS.U.O.D* || propere e : propere *V* || **10** in exercitu : in exercitui *V* || **11** amici, tum Σ : amici tui et tum *V* || **12** imperium *Walters* : imperi (*uel* -rii) *codd.* || uirum ipso *J. Doujat, et denuo I. F. Christ, det. un.* : uirum in ipso *codd.* (*sed* uirium — *U*).

XXVII, **1** Tarquitium *Sigonius* (*ex* Fast. Capit.) : tarquinium *codd.* || gentis et *dett. duo* : gentis sed *codd.* || qui, cum *V.R.ρ* : qui tum *ω* tum qui *H* qui *Conway* (*dum* gentis, sed *scribit*).

vice dans l'infanterie, à cause de sa pauvreté, mais qui passait pour être de beaucoup le meilleur homme de guerre de l'armée. Avec son maître de la cavalerie, il vient à l'assemblée, prononce la clôture des tribunaux, fait fermer les boutiques dans toute la ville et interdit toute affaire privée ; tous les hommes mobilisables devaient se rassembler en armes avec cinq jours de vivres tout cuits et douze pieux [1], avant le coucher du soleil, au Champ de Mars ; ceux qui n'étaient plus en âge de combattre devaient faire cuire les vivres de leur voisin mobilisable pendant qu'il préparait ses armes et allait chercher des pieux. Les hommes se dispersent en hâte pour chercher des pieux : ils les prirent au plus près ; on ne les en empêcha pas. Tous eurent à cœur de se trouver au rendez-vous du dictateur. Alors, formant l'armée en ordre de combat plutôt que de route, pour faire face à tout événement, le dictateur prend en personne la tête des légions, le maître de la cavalerie celle de ses cavaliers. Tous deux adressaient à leurs hommes les exhortations qu'exigeaient les circonstances : « Allongez le pas ; il faut se hâter si l'on veut arriver de nuit à l'ennemi ; un consul et des soldats romains sont assiégés ; il y a déjà deux jours qu'ils sont cernés ; on ne sait ce que peuvent amener une nuit ou un jour ; une seconde suffit à changer le cours de grands événements. » « Plus vite, porte-enseigne », « Suivez, soldats », se criaient-ils les uns aux autres, allant ainsi au cœur de leurs généraux. A minuit, ils arrivent sur l'Algide [2] et, se sachant à proximité de l'ennemi, ils font halte.

XXVIII. Alors, le dictateur fit une reconnaissance à cheval autant que la nuit le permettait, et, après avoir

rio uehementiorem rata, donne un sens moins satisfaisant et d'expression tourmentée : « elle trouvait [qu'il y avait] excès en ce pouvoir [dictatorial] et qu'en la dictature même [Quinctius était] un homme trop rigoureux ».

1. Beaucoup plus que pour dresser la palissade du camp (il est question de sept pieux par soldat dans la *Periocha* LVII). — Sur l'ensemble de l'équipement militaire romain, cf. Cicéron, *Tusculanes*, II, 37.

2. Ayant couvert de 30 à 35 km. en six heures au plus.

propter paupertatem fecisset, bello tamen primus longe Romanae iuuentutis habitus esset. [2]Cum magistro equitum in contionem uenit, iustitium edicit, claudi tabernas tota urbe iubet, uetat quemquam priuatae quicquam rei agere ; [3]tum 'quicumque aetate militari essent, armati cum cibariis in dies quinque coctis uallisque duodenis ante solis occasum Martio in campo adessent ; [4]quibus aetas ad militandum grauior esset, uicino militi, dum is arma pararet uallumque peteret, cibaria coquere' iussit. [5]Sic iuuentus discurrit ad uallum petendum : sumpsere unde cuique proximum fuit ; prohibitus nemo est ; impigreque omnes ad edictum dictatoris praesto fuere. [6]Inde composito agmine non itineri magis apti quam proelio si res ita tulisset, legiones ipse dictator, magister equitum suos equites ducit. In utroque agmine quas tempus ipsum poscebat adhortationes erant : [7]'Adderent gradum : maturato opus esse, ut nocte ad hostem perueniri posset ; consulem exercitumque Romanum obsideri, tertium diem iam clausos esse ; quid quaeque nox aut dies ferat incertum esse ; puncto saepe temporis maximarum rerum momenta uerti'. [8]« Adcelera, signifer », « Sequere, miles » inter se quoque, gratificantes ducibus, clamabant. Media nocte in Algidum perueniunt et, ut sensere se iam prope hostes esse, signa constituunt.

XXVIII. [1]Ibi dictator, quantum nocte prospici poterat, equo circumuectus contemplatusque qui tractus castrorum quaeque forma esset, tribunis militum

Des. *M. E. T. A.*

Def. *post* XXVII, **7** : quaeque nox aut⌋ *V.*

XXVII, **5** Sic : si *V* ‖ **6** apti ω : acti *O* apto *U* apte *Madv.* ; *def. V* ‖ **7** perueniri F^3. *det. unus* : peruenire *F. cett.* (*sed* peruenere *B*) ; *def. V* ‖ obsideri ω : obsederit *LR.*

observé les dimensions du camp et sa forme, il donna l'ordre aux tribuns militaires de faire déposer les sacs en tas en ne laissant aux hommes que leurs armes et leurs pieux et de faire reformer les rangs. L'ordre fut exécuté. Alors, conservant la disposition même de la marche, il déploie toutes ses troupes en ligne autour du camp ennemi ; à son signal, tous ensemble devront pousser un cri[1] ; après quoi, chaque homme creusera devant lui une tranchée et fera un parapet. Ces ordres une fois transmis, le signal survint aussitôt. Les soldats suivent la consigne : leur cri retentissant enveloppe l'ennemi et, passant pardessus les lignes adverses, parvient au camp du consul, portant d'un côté la peur, de l'autre une joie immense. Les Romains se félicitent : « c'était le cri de leurs concitoyens, c'était le secours » ; les hommes de garde et les sentinelles deviennent menaçants pour l'ennemi ; le consul s'écrie qu'il n'y a pas un instant à perdre : « Ce cri indique que les leurs sont là et ont même engagé l'action ; il est probable qu'en ce moment ils tombent sur les derrières de l'ennemi. Qu'on prenne les armes et qu'on le suive ». En pleine nuit, les légions attaquent. Leur cri annonce au dictateur que de ce côté-là aussi l'affaire est engagée. Quant aux Èques, ils se préparaient à s'opposer aux travaux d'encerclement quand les assiégés déclenchèrent leur attaque ; pour les empêcher de percer leurs lignes, ils négligèrent les travailleurs pour faire face aux assaillants de l'intérieur, laissant la nuit libre aux travaux, et combattirent contre le consul jusqu'au jour. A l'aube, ils étaient bloqués par la circonvallation du dictateur et avaient peine à soutenir le combat contre une seule armée. A ce moment, celle de Quinctius, sitôt ses travaux terminés, reprend les armes et attaque leur retranchement. D'un côté, ils étaient menacés d'un second combat ; de l'autre, le premier ne s'apaisait nullement. Alors, pris entre deux maux, ils passent des armes aux prières et

1. Le cri de guerre servira ici de signal aux assiégés.

imperauit ut sarcinas in unum conici iubeant, militem cum armis ualloque redire in ordines suos. Facta quae imperauit. [2]Tum quo fuerant ordine in uia, exercitum omnem longo agmine circumdat hostium castris et, ubi signum datum sit, clamorem omnes tollere iubet; clamore sublato, ante se quemque ducere fossam et iacere uallum. [3]Edito imperio, signum secutum est. Iussa miles exsequitur; clamor hostes circumsonat. Superat inde castra hostium et in castra consulis uenit; alibi pauorem, alibi gaudium ingens facit. [4]Romani 'ciuilem esse clamorem atque auxilium adesse' inter se gratulantes, ultro ex stationibus ac uigiliis territant hostem. [5]Consul differendum negat : 'illo clamore non aduentum modo significari, sed rem ab suis coeptam; mirumque esse ni iam exteriore parte castra hostium oppugnentur'. Itaque arma suos capere et se subsequi iubet. [6]Nocte initum proelium est; legionibus dictatoris clamore significant ab ea quoque parte rem in discrimine esse. [7]Iam se ad prohibenda circumdari opera Aequi parabant cum, ab interiore hoste proelio coepto, ne per media sua castra fieret eruptio, a munientibus ad pugnantes introrsum uersi uacuam noctem operi dedere, pugnatumque cum consule ad lucem est. [8]Luce prima iam circumuallati ab dictatore erant et uix aduersus unum exercitum pugnam sustinebant. Tum a Quinctiano exercitu, qui confestim a perfecto opere ad arma rediit, inuaditur uallum. Hic instabat noua pugna; illa nihil remiserat prior. [9]Tum, ancipiti malo urgente, a proe-

Des. *V. M* (*usque ad* XXVIII, 7 : coepto, ne]). *E. T. A.*

XXVIII, 2 iacere *H.LRD* : facere *PFBS.U.O* || 6 legionibus *PFB* (*in quo* lig-) *S.O.H* : legiones *U* a legionibus *LRD.ρ* || dictatoris *ω.F*[3] : dictatori *F* || significant : significantibus *O* || 7 circumdari *ω.Dρ* : circumdare *PFBS.D*[3] || 8 qui confestim *ω* : quia confestim *PFB.U*.

conjurent aussi bien le dictateur que le consul de ne pas faire de sa victoire un massacre, mais de les désarmer et de les laisser partir. Le consul les renvoya au dictateur, qui, dans sa colère, voulut, en outre, les déshonorer. Il leur dit de lui amener leur général Gracchus Cloelius et les autres officiers supérieurs enchaînés et de lui livrer la place de Corbion : « Le sang des Èques, il n'en avait pas besoin ; ils pouvaient partir. Mais, pour leur arracher enfin l'aveu de leur défaite et de leur soumission, ils ne partiraient qu'en passant sous le joug ». On fait un joug avec trois lances, deux plantées en terre et une attachée dessus transversalement[1]. C'est sous ce joug que le dictateur fit passer les Èques.

XXIX. Maître de leurs positions, où abondait toute espèce de matériel — car il les avait renvoyés sans armes ni bagages —, il donna tout le butin à son armée seule. L'armée du consul et le consul lui-même n'eurent que des reproches : « Soldats, leur dit-il, vous n'aurez rien des dépouilles d'un ennemi par qui vous avez failli vous laisser dépouiller. Et toi, Lucius Minucius, en attendant d'avoir l'âme d'un consul, tu ne seras que mon lieutenant à la tête de ces légions. » Sur quoi Minucius abdique le consulat et, sur ordre, reste à l'armée. Mais, à cette époque, un bon général ne trouvait dans les esprits que bienveillance et obéissance : ainsi cette armée, plus sensible au service rendu qu'à l'outrage, vota au dictateur une couronne d'or d'une livre pesant et à son départ lui donna le titre de Protecteur. A Rome, le sénat réuni par Quintus Fabius, gouverneur de la ville, décréta que Quinctius et ses troupes en colonne telles qu'elles arrivaient entreraient en triomphe. Devant son char défilèrent les généraux et les enseignes de guerre [des ennemis] ; derrière, l'armée char-

1. Comparer cette note archéologique à I, 26, 13.

lio ad preces uersi hinc dictatorem, hinc consulem orare 'ne in occidione uictoriam ponerent, ut inermes se inde abire sinerent'. Ab consule ad dictatorem ire iuss*i*; is ignominiam infensus addidit : [10]Gracchum Cloelium ducem principesque alios uinctos ad se adduci iubet, oppido Corbione decedi : 'Sanguinis se Aequorum non egere; licere abire. Sed, ut exprimatur tandem confessio subactam domitamque esse gentem, sub iugum abituros'. [11]Tribus hastis iugum fit, humi fixis duabus superque eas transuersa una deligata. Sub hoc iugo dictator Aequos misit.

XXIX. [1]Castris hostium receptis plenis omnium rerum — nudos enim emiserat —, praedam omnem suo tantum militi dedit; consularem exercitum ipsumque consulem increpans [2]« Carebis, inquit, praedae parte, miles, ex eo hoste cui prope praedae fuisti. Et tu, L. Minuci, donec consularem animum incipias habere, legatus his legionibus praeeris. » [3]Ita se Minucius abdicat consulatu, iussusque ad exercitum manet. Sed adeo tum imperio meliori animus mansuete oboediens erat, ut beneficii magis quam ignominiae hic exercitus memor et coronam auream dictatori, libram pondo, decreuerit et proficiscentem eum patronum salutauerit. [4]Romae a Q. Fabio praefecto urbis senatus habitus triumphantem Quinctium quo ueniebat agmine urbem ingredi iussit. Ducti ante currum hostium duces; militaria signa praelata; secutus

Des. *V. E. T. A.*

XXVIII, **9** iussi; is *Ruperti* : iussis *codd.* || infensus *H.RD* : insensus *M.L* incensus *ω.D*⁴ Quincius *F*³; *def. F* || **10** sub iugum *om. M*, *delet P*² || **11** superque *ω.M*¹ : super *M.H*.

XXIX, **2** his (*uel* is *uel* iis) legionibus *ω* : sis legionibus *O.H* istis legionibus (*Alsch.*).

gée de butin. Il y avait un festin devant toutes les maisons, et les convives, entonnant le chant du triomphe avec les plaisanteries d'usage, formaient des bandes joyeuses qui marchaient derrière le char. Ce jour-là, Lucius Mamilius de Tusculum reçut, au milieu de l'approbation générale, le droit de cité[1]. Le dictateur aurait immédiatement abdiqué sa magistrature, mais le jugement public de Marcus Volscius pour faux témoignage le retint. L'opposition des tribuns céda à la crainte du dictateur ; Volscius fut condamné et s'exila à Lanuvium. Quinctius quitta au bout de seize jours la dictature qu'il avait reçue pour six mois.

Pendant ce temps, le consul Nautius, à Érétum, remportait sur les Sabins une éclatante victoire ; ce désastre s'ajoutait pour les Sabins au ravage de leur territoire. Fabius fut envoyé pour remplacer Minucius sur l'Algide. A la fin de l'année, le projet de loi fut remis en avant par les tribuns ; mais, comme il y avait deux armées en campagne, le sénat s'opposa à tout débat officiel ; toutefois, la plèbe réussit à réélire pour la cinquième fois les mêmes tribuns. Des loups se montrèrent, dit-on, au Capitole et en furent chassés par des chiens ; ce prodige obligea à purifier le Capitole. Tels sont les événements de l'année.

Campagne contre les Èques et les Sabins ; agitation tribunicienne ; famine et peste.

XXX. Les consuls suivants furent Quintus Minucius et Marcus[2] Horatius Pulvillus. Au début de l'année, tandis que la paix régnait au dehors, à l'intérieur se produisaient des troubles dus aux mêmes tribuns et au même projet de loi, et ils seraient allés plus loin, tant les esprits étaient échauffés, si, comme par un fait exprès, une attaque de nuit des Èques sur Corbion et le massacre de la garnison

1. L'indication serait plus attendue à la fin du chapitre 18.
2. Denys l'appelle Gaius ; Diodore et Cassiodore, Marcus.

exercitus praeda onustus. [5]Epulae instructae dicuntur fuisse ante omnium domos, epulantesque cum carmine triumphali et sollemnibus iocis comisantium modo currum secuti sunt. [6]Eo die L. Mamilio Tusculano, adprobantibus cunctis, ciuitas data est. Confestim se dictator magistratu abdicasset ni comitia M. Volsci, falsi testis, tenuissent. Ea ne impedirent tribuni dictatoris obstitit metus; Volscius damnatus Lanuuium in exsilium abiit. [7]Quinctius sexto decimo die dictatura in sex menses accepta se abdicauit.

Per eos dies consul Nautius ad Eretum cum Sabinis egregie pugnat; ad uastatos agros ea quoque clades accessit Sabinis. Minucio Fabius successor in Algidum missus. [8]Extremo anno agitatum de lege ab tribunis est; sed, quia duo exercitus aberant, ne quid ferretur ad populum patres tenuere; plebes uicit ut quintum eosdem tribunos crearent. [9]Lupos uisos in Capitolio ferunt a canibus fugatos; ob id prodigium lustratum Capitolium esse. Haec eo anno gesta.

XXX. [1]Sequuntur consules Q. Minucius M. Horatius Puluillus. Cuius initio anni cum foris otium esset, domi seditiones idem tribuni, eadem lex faciebat; [2]ulteriusque uentum foret — adeo exarserant animis — ni, uelut dedita opera, nocturno impetu Aequorum Corbione amissum praesidium nuntiatum esset. [3]Se-

Des. *V* (*usque ad* XXIX, 5 : epulantesque]). *E. T. A.*

Om. XXIX, 6 : falsi testis ... Volscius *P* (*rest.* P^2 *marg. infer.*).

XXIX, 5 domos *ω.*P^1 : domus *P.H.LRD.* || triumphali et *V.*D^4 : triumphali ex *D. cett.* || iocis *V.R*D^4 : locis *D. cett.* || 6 data est Σ : data *V* || Volsci *ibi et infra V* || Lanuuium *ω.*D^3 : lanuuio *LRD* || in exsilium *dett. aliq.* : exsilium *codd.* || 7 ad uastatos : uasta *V* || Fabius *Ed. Frob. 1531* : fabius quinctius (*uel* quint-) *codd.* (*sed* — quintus *O*) || 8 due exercitus aberant Σ : ...... rcitu . aberat *V* || crearent Σ : crearet *V*.

XXX, 2 animis *ω.*$D^{1\text{-}3}$: animi *D* || Corbione : corbionem *V*.

n'avaient été annoncés. Les consuls convoquent le sénat ; il les charge de lever en hâte des troupes et de partir vers l'Algide. Alors la discussion sur la loi tombe et un autre conflit s'élève sur l'enrôlement ; et l'autorité consulaire cédait devant le simple droit d'intervention des tribuns, quand survient une autre menace : une armée sabine était descendue piller la plaine romaine et marchait sur Rome. La peur poussa les tribuns à permettre l'enrôlement, mais non sans poser leurs conditions : « pendant cinq ans on s'était joué d'eux et ils n'avaient en tout ce temps presque rien fait pour la plèbe ; il fallait donc désormais nommer dix tribuns de la plèbe[1] ». La nécessité arracha aux patriciens leur consentement, avec cette restriction, toutefois, qu' « ils ne reverraient plus les mêmes tribuns ». Mais, de peur qu'après la guerre cette concession ne fût, comme toutes les autres, réduite à néant, les élections tribuniciennes se firent immédiatement. Trente-six ans après la création des tribuns de la plèbe[2] leur nombre fut porté à dix, deux pour chaque classe[3], et on pourvut à ce que les élections futures se fissent de la sorte. Le recrutement eut alors lieu et Minucius marcha contre les Sabins, mais sans rencontrer l'ennemi. Quant à Horatius, comme les Èques avaient massacré la garnison de Corbion et pris, en outre, Ortona, il livre bataille sur l'Algide, tue beaucoup de monde, chasse l'ennemi de l'Algide et même de Corbion et d'Ortona. De plus, il détruit Corbion pour avoir trahi sa garnison.

XXXI. Ensuite, Marcus Valérius et Spurius Verginius furent faits consuls. Au dedans comme au dehors, tout

1. Leur action, étant toute personnelle, s'en étendra d'autant.
2. Sur cette datation, voir t. I, PRÉFACE, p. CXVIII.
3. Exclue la dernière centurie, plébéienne, non combattante (I, 43, 8)? — Indication ou surprenante, ou primordiale si l'on admet la thèse d'E. Pais, appuyée de nouveaux arguments par Fr. Altheim (*Lex sacrata : die Anfänge der plebeischen Organisation*, Albae Vigiliae I, Amsterdam, 1940), sur l'origine militaire du tribunat plébéien.

natum consules uocant; iubentur subitarium scribere exercitum atque in Algidum ducere. Inde, posito legis certamine, noua de dilectu contentio orta; [4]uincebaturque consulare imperium tribunicio auxilio cum alius additur terror, 'Sabinum exercitum praedatum descendisse in agros Romanos, inde ad Vrbem uenire'. [5]Is metus perculit ut scribi militem tribuni sinerent, non sine pactione tamen 'ut, quoniam ipsi quinquennium elusi essent, paruumque id plebi praesidium foret, decem deinde tribuni plebis crearentur'. [6]Expressit hoc necessitas patribus : id modo excepere 'ne postea eosdem tribunos uiderent'. Tribunicia comitia, ne id quoque post bellum ut cetera uanum esset, extemplo habita. [7]Tricensimo sexto anno a primis tribuni plebis decem creati sunt, bini ex singulis classibus; itaque cautum est ut postea crearentur. [8]Dilectu deinde habito, Minucius contra Sabinos profectus non inuenit hostem. Horatius, cum iam Aequi Corbione interfecto praesidio Ortonam etiam cepissent, in Algido pugnat : multos mortalis occidit; fugat hostem non ex Algido modo, sed a Corbione Ortonaque. Corbionem etiam diruit propter proditum praesidium.

XXXI. [1]Deinde M. Valerius Sp. Verginius consules facti. Domi forisque otium fuit; annona propter aqua-

Des. *E. T. A.*

XXX, 3 dilectu : dilecta *V* || 4 additur ω : additus *H* || agros Romanos Σ : agrum romano ...... m *V* || 5 perculit ω : pertulit *D* perpulit *Gron.* per..... *V* || tribuni sinerent Σ : .....nis silerent *V* || ipsi Σ : ipsis *V* || elusi essent Σ : elusesset *V* || 8 Ortonam (*uel* hort-) ω : hortanam *PFB.U* hortatam *S* || pugnat ω : pugnant *PFB* pugnans *U* || Ortonaque (*uel* hort-) ω : ortonamque (*uel* hort-) *M.B* hortanaque *U* ornatique *L*.

fut tranquille. Mais le ravitaillement fut pénible par suite de pluies excessives. Une loi ordonna le lotissement de l'Aventin[1]. Les mêmes tribuns de la plèbe furent réélus.

L'année suivante, sous le consulat de Titus Romilius et Gaius Véturius, le projet de loi revenait sans cesse dans tous leurs discours : « Quelle honte d'être plus nombreux inutilement si, pendant ces deux années, l'affaire restait entre leurs mains, au point mort comme dans les cinq années précédentes ». Au plus fort de cette campagne accourent, tout éperdus, des messagers de Tusculum : « les Èques sont entrés sur leur territoire ». On se fit scrupule, après le service que cette ville venait de rendre, de tarder à la secourir. Les deux consuls envoyés avec une armée rencontrent l'ennemi établi sur son terrain, l'Algide. Là, on livra bataille ; plus de 7,000 ennemis furent tués ; le reste fut mis en fuite ; le butin fut considérable. L'épuisement des finances obligea les consuls à le vendre ; mais l'armée vit d'un mauvais œil cette mesure ; elle fournit finalement aux tribuns une occasion d'accuser les consuls devant la plèbe[2].

Aussi, en sortant de charge, sous le consulat de Spurius Tarpéius et Aulus Aternius, ils furent assignés, Romilius par Gaius Calvius Cicéron, tribun de la plèbe, et Véturius par Lucius Aliénus, édile de la plèbe. Tous deux, à la grande indignation des patriciens, furent condamnés, Romilius à 10,000 as d'amende, Véturius à 15,000. Le malheur des consuls sortants ne ralentit pas le zèle des nouveaux consuls : « Eux aussi on pouvait les condam-

1. Comme *ager publicus*, bien que son peuplement soit dit remonter au règne d'Ancus (I, 33, 2). L'excessive brièveté de la source livienne contraste avec les développements de Denys (X, 31-32). L'importance de la mesure pour la plèbe et le nom du promoteur, Icilius, ne se révèlent qu'incidemment chap. 32, 7. — Voir Appendice, II.

2. La plèbe comptant beaucoup sur le butin de guerre, un tel prétexte peut être historique. Mais, selon Denys (X, 48-49), le procès « de majesté » fut intenté pour « violences » envers les tribuns, lors des levées et à l'armée.

rum intemperiem laboratum est. De Auentino publicando lata lex est. [2]Tribuni plebis idem refecti.

Hi sequente anno, T. Romilio C. Veturio consulibus, legem omnibus contionibus suis celebrabant : 'pudere se numeri sui nequiquam aucti, si ea res aeque suo biennio iaceret ac toto superiore lustro iacuisset'. [3]Cum maxime haec agerent, trepidi nuntii ab Tusculo ueniunt 'Aequos in agro Tusculano esse'. Fecit pudorem recens eius populi meritum morandi auxilii. Ambo consules cum exercitu missi hostem in sua sede, in Algido, inueniunt. [4]Ibi pugnatum. Supra septem milia hostium caesa, alii fugati ; praeda parta ingens. Eam propter inopiam aerarii consules uendiderunt. Inuidiae tamen res ad exercitum fuit, eademque tribunis materiam criminandi ad plebem consules praebuit.

[5]Itaque ergo, ut magistratu abiere, Sp. Tarpeio A. Aternio consulibus, dies dicta est Romilio ab C. Caluio Cicerone tribuno plebis, Veturio ab L. Alieno aedile plebis. [6]Vterque magna patrum indignatione damnatus, Romilius decem milibus aeris, Veturius quindecim. Nec haec priorum calamitas consulum segniores nouos fecerat consules. 'Et se damnari posse'

Des. *E. T. A.*

Def. *post* XXXI, 2 : suo biennio iace-] *V*.

Add. XXXI, 6 (*post* segniores) : ad exercitum fuit eademque tribunis materiam criminandi ad plebem consules praebuit. Itaque ergo ut magistratu [*ex* §§ *4-5*] *P* (*substrinx.* P^2).

XXXI, 1 laboratum est Σ : laboratum *V* ‖ 2 refecti. Hi sequente (*uel* -nti) ω : refecti i sequente *D* refecti insequente *U* refecti sequente LRD^x refectis his sequente *V* ‖ celebrabant *V.H.LRD* : celebrant *cett.* ‖ 4 eademque *U.O.H* : ea demque *S* ea denique *cett.* ‖ 5 Sp. Tarpeio *det. unus* : spurio p. tarpeio ω (*sed*–tarpio *F* spuerio p̄. tarpio *B*) p. tarpeio *U* ‖ A. Aternio *Cassiodorus (ex* Livio *ipso : cf. Praef. nostram, p. XCI) Pighius (ex* Fast. Capit.) : a. aeternio (*uel* -et-) ω (*sed* -eth- *U*) a. etnio *R* aeternio (*uel* et-) *S.L* ; *a* Dionys. Halicarn. *autem (X, 48, 1)*, Αὖλος Τερμήνιος *cum Sp. Tarpeio consulatum gessisse dicitur* ‖ 6 quindecim (*i. e.* XV) ω : XII *PFBS.U* ‖ damnari *om. H.LRD*.

ner », disaient-ils : « mais ni plèbe ni tribuns ne pourraient faire passer la loi ». Alors, abandonnant ce texte vieilli sur affiches, les tribuns firent aux patriciens une proposition plus modérée : « Il fallait à la fin mettre un terme aux querelles. Si les projets de loi de la plèbe leur semblaient inacceptables, ils pouvaient du moins consentir à constituer en commun une commission législative composée à la fois de patriciens et de plébéiens, et chargée de rédiger les lois utiles aux deux ordres et propres à assurer la liberté et l'égalité ». La chose ne déplaisait pas aux patriciens ; « mais », disaient-ils, « nul ne pourra être législateur sans être patricien ». Ainsi on était d'accord sur le principe : il ne s'agissait plus que de savoir qui l'exécuterait. On envoya à Athènes une commission composée de Spurius Postumius Albus, Aulus Manlius et Publius Sulpicius Camérinus ; elle devait copier la célèbre constitution de Solon et étudier les usages, les coutumes et les lois d'autres cités grecques[1].

XXXII. Aucune guerre étrangère ne troubla la paix cette année-là ; plus paisiblement encore s'écoula la suivante sous le consulat de Publius Curiatius[2] et Sextus Quinctilius, au milieu du silence ininterrompu des tribuns. Cela tient d'abord à ce qu'on attendait la commission d'Athènes et les lois étrangères, mais aussi à ce que deux fléaux affreux éclatèrent à la fois, la famine et la peste, également redoutables pour les hommes et pour le bétail. Les campagnes furent dépeuplées, Rome épuisée par une longue suite de décès ; beaucoup de familles illustres éprouvées. Le flamine de Quirinus, Servius Cornélius, mourut, ainsi que l'augure Gaius Horatius Pulvillus, auquel les augures s'empressèrent de donner comme remplaçant Gaius Véturius, en raison de sa condamnation par la plèbe. La mort frappa le consul Quinctilius et quatre tribuns de la plèbe. L'étendue du désastre attrista cette année, mais l'ennemi nous laissa en repos.

1. D'Italie, en particulier. Cf. Cicéron, *Lois*, II, 59 et 64 ; Aulu-Gelle, XX, 1, 4. — Voir APPENDICE, III, p. 131.
2. Denys (X, 53, 1) nomme, à sa place, P. Horatius.

aiebant, 'et plebem et tribunos legem ferre non posse'. 7Tum abiecta lege quae promulgata consenuerat, tribuni lenius agere cum patribus : 'Finem tandem certaminum facerent. Si plebeiae leges displicerent, at illi communiter legum latores et ex plebe et ex patribus, qui utrisque utilia ferrent quaeque aequandae libertatis essent, sinerent creari'. 8Rem non aspernabantur patres ; 'daturum leges neminem nisi ex patribus' aiebant. Cum de legibus conueniret, de latore tantum discreparet, missi legati Athenas Sp. Postumius Albus, A. Manlius, P. Sulpicius Camerinus ; iussique inclitas leges Solonis describere et aliarum Graeciae ciuitatium instituta, mores iuraque noscere.

XXXII. 1Ab externis bellis quietus annus fuit, quietior insequens P. Curiatio et Sex. Quinctilio consulibus, perpetuo silentio tribunorum, quod primo legatorum qui Athenas ierant legumque peregrinarum exspectatio praebuit, 2dein duo simul mala ingentia exorta, fames pestilentiaque, foeda homini, foeda pecori. Vastati agri sunt, urbs adsiduis exhausta funeribus ; multae et clarae lugubres domus. 3Flamen Quirinalis Ser. Cornelius mortuus, augur C. Horatius Puluillus, in cuius locum C. Veturium, eo cupidius quia damnatus a plebe erat, augures legere. 4Mortuus consul Quinctilius, quattuor tribuni plebi. Multiplici clade foedatus annus ; ab hoste otium fuit.

5Inde consules C. Menenius P. Sestius Capitolinus.

Des. *V. E. T. A.*

XXXI, 7 facerent : facere *H* || 8 iussique : iussi *H*.

XXXII, 1 Curiatio *dett. aliq.* : curatio (*uel* -cio) ω curario *U* || 3 Puluillus *S*, *Ed. Rom. 1469* : puluilius *cett.* || locum ω.P^2 : iocum *P* loco tum *RD* locatum *L* || 5 Sestius *S*, *Sigonius* : sextius ω.*v*P^2 textuis *P* sextilius *D*.

Vient ensuite le consulat de Gaius Ménénius et de Publius Sestius Capitolinus. Cette année-là non plus, il n'y eut pas de guerre étrangère ; mais, au dedans, des troubles éclatèrent. La commission était de retour avec la législation attique. Aussi les tribuns redoublaient d'instances pour qu'on se décidât à mettre en train la rédaction des lois. Un décret institua un collège de dix membres, dont les décisions seraient sans appel, et suspendit pour cette année-là toute autre magistrature. Y admettrait-on des plébéiens? On en discuta quelque temps : finalement, on laissa ce privilège aux patriciens, à condition que la loi Icilia relative à l'Aventin et les autres lois sacrées[1] ne seraient pas abrogées.

Le décemvirat législatif; activité des deux premiers collèges décemviraux.

XXXIII. Ainsi, en l'an 302 après la fondation de Rome[2], la constitution change une seconde fois et le pouvoir passe des consuls aux décemvirs, après avoir passé des rois aux consuls. Mais ce changement fut moins important, parce que peu durable : en effet, après d'heureux débuts, ce gouvernement se livra à des excès qui hâtèrent sa chute, et on en revint à donner à deux magistrats le titre et les pouvoirs de consuls.

Furent nommés décemvirs : Appius Claudius, Titus Génucius, Publius Sestius, Lucius Véturius, Gaius Julius, Aulus Manlius, Publius Sulpicius, Publius Curiatius, Titus Romilius et Spurius Postumius. Claudius et Génucius, consuls désignés pour cette année-là, reçurent cette charge à titre de compensation, et Sestius, consul sortant, pour avoir proposé cette mesure au sénat, malgré l'opposition de son collègue ; après eux, on nomma les trois membres de la commission envoyée à Athènes, pour les récompenser

1. La loi sur le lotissement de l'Aventin n'apparaît pas chez Denys (X, 32) établie par une convention de consécration (*lex sacrata*). N'y a-t-il pas ici faux sens de Tite-Live sur un hellénisme de sa source (= les autres lois, entendez les lois sacrées)? — Voir APPENDICE, II et V.

2. Sur cette date (303 dans les Fastes), voir t. I, PRÉFACE, p. CXVI, n. 3, et CXVIII. Sur le Décemvirat et les XII Tables : APPENDICE, III.

Neque eo anno quicquam belli externi fuit ; domi motus orti. [6]Iam redierant legati cum Atticis legibus. Eo intentius instabant tribuni ut tandem scribendarum legum initium fieret. Placet creari decemuiros sine prouocatione, et ne quis eo anno alius magistratus esset. [7]Admiscerenturne pleb*ei* controuersia aliquamdiu fuit ; postremo concessum patribus, modo ne lex Icilia de Auentino aliaeque sacratae leges abrogarentur.

XXXIII. [1]Anno trecentensimo altero quam condita Roma erat iterum mutatur forma ciuitatis, ab consulibus ad decemuiros, quemadmodum ab regibus ante ad consules uenerat, translato imperio. [2]Minus insignis, quia non diuturna, mutatio fuit. Laeta enim principia magistratus eius nimis luxuriauere ; eo citius lapsa res est repetitumque duobus uti mandaretur consulum nomen imperiumque.

[3]Decemuiri creati Ap. Claudius, T Genucius, P. Sestius, L. Veturius, C. Iulius, A. Manlius, P. Sulpicius, P. Curiatius, T. Romilius, Sp. Postumius : [4]Claudio et Genucio, quia designati consules in eum annum fuerant, pro honore honos redditus, et Sestio, alteri consulum prioris anni, quod eam rem collega inuito ad patres rettulerat ; [5]his proximi habiti legati tres qui Athenas ierant, simul ut pro legatione tam

Des. *V. E. T. A.*

Om. XXXII, **7** : aliaeque ... abrogarentur *R* (*rest. marg.* R^2) ; — XXXIII, **3** : P. Sestius ... A. Manlius *S.*

XXXII, **6** Placet ω.D^1 : placeret *LRD* || **7** Admiscerenturne ω.P^2O^1 : admiscerendumne *P* admiscerenturque *O* admiscerentur nec *L?* || plebei *ego*, *ex* plebeii (*Ald.*) : plebi (*ex* plebei?) *codd.* || Icilia *Glareanus*, *dett. aliq.* : ialia *O* acilia ω.*D* acilicia *FB*.D^2.

XXXIII, **3** Sestius : sextius *codd.* || Romilius *S.D* : romulius *cett.* (*sed* romolius *L*) || **4** Sestio ω.*F* : sextio *υ*.F^2.

par cette dignité d'une si lointaine mission, mais aussi dans l'espoir que leur connaissance des lois étrangères trouverait son emploi dans la rédaction du nouveau code. Les autres ne firent que compléter le nombre. On dit également que les derniers élus étaient choisis pour leur âge et leur pondération, comme incapables de faire une opposition acharnée aux idées des autres. La présidence du collège revenait à Appius[1], à cause de sa popularité : il avait revêtu un tout nouveau personnage, devenu soudain démagogue et guettant le moindre souffle de la faveur populaire, lui naguère le farouche, l'implacable adversaire de la plèbe. Tous les dix jours chacun des décemvirs rendait à son tour la justice au peuple ; ce jour-là celui qui en était chargé avait les douze faisceaux ; ses neuf collègues avaient chacun un simple appariteur. Ils montraient entre eux une bonne entente extraordinaire ; et un tel accord aurait pu à l'occasion être dangereux pour les simples citoyens ; mais ils n'en observaient pas moins envers autrui une équité parfaite. Pour donner une idée de leur modération, un seul exemple suffira : leur pouvoir était sans appel ; or, on déterra un cadavre dans la maison de Publius Sestius[2], personnage de famille patricienne, et on l'apporta devant le peuple ; le crime était à la fois patent et atroce ; néanmoins, le décemvir Gaius Julius se borna à assigner Sestius et à soutenir l'accusation devant l'assemblée, alors que légalement il devait juger l'affaire : il céda au peuple ses droits pour accroître la liberté publique aux dépens de sa puissance.

XXXIV. Tout en rendant, sans vaine complication, cette justice impartiale comme un oracle aussi bien aux

1. Fils du violent aristocrate du l. II (chap. 56, 58, 61). Mais, selon les Fastes, son frère, dont le rôle, comme oncle et adversaire du décemvir, est important dans Tite-Live (35, 9 ; 40 ; 58 ; IV, 6).

2. Différent, bien entendu, du décemvir homonyme (Cicéron, *République*, II, 61, le prénomme Lucius). — Julius laisse au prévenu le même avantage que si l'appel au peuple n'avait pas été suspendu.

longinqua praemio esset honos, simul peritos legum peregrinarum ad condenda noua iura usui fore credebant. [6]Suppleuere ceteri numerum : graues quoque aetate electos nouissimis suffragiis ferunt, quo minus ferociter aliorum scitis aduersarentur. [7]Regimen totius magistratus penes Appium erat fauore plebis, adeoque nouum sibi ingenium induerat ut plebicola repente omnisque aurae popularis captator euaderet pro truci saeuoque insectatore plebis. [8]Decimo die ius populo singuli reddebant. Eo die penes praefectum iuris fasces duodecim erant : collegis nouem singuli accensi apparebant. Et in unica concordia inter ipsos, qui consensus priuatis interdum inutilis esset, summa aduersus alios aequitas erat. [9]Moderationis eorum argumentum exemplo unius rei notasse satis erit : cum sine prouocatione creati essent, defosso cadauere domi apud P. Sestium, patriciae gentis uirum, inuento prolatoque in contionem, [10]in re iuxta manifesta atque atroci C. Iulius decemuir diem Sestio dixit et accusator ad populum exstitit, cuius rei iudex legitimus erat, decessitque *ei* iure suo, ut demptum de ui magistratus populi libertati adiceret.

XXXIV. [1]Cum promptum hoc ius uelut ex oraculo incorruptum pariter ab iis summi infimique ferrent, tum legibus condendis opera dabatur ; ingentique hominum exspectatione propositis decem tabulis, popu-

Des. *V. E. T. A.*

XXXIII, 7 fauore P^{2} *(marg.)* $F^{3}.O.R^{2}D^{1}$ p′ fauore *F?* pl’. fauore *S* pauore P^{1-2} p. l. auore *B* pauore *M.U.H.LRD* auore *P (spatio relicto)* F^{x}? ‖ 8 populo ω : populi *PFBS.U* ‖ apparebant *M.O.H.LRD?* : apparebat D^{5} appellabant $PFBS.U.D^{3}$ ‖ inutilis ω.$R^{2}D^{1}$? : utilis *LRD* ‖ esset *codd.* : est *Dœring*, *Edd. rec.* ‖ 9 satis erit ω.R^{1} : satis erat *F.LRD* ‖ P. Sestium *S*, *Edd. uet.* : p. sextium ω sextium *Mv* ‖ **10** Sestio ω : festio *M* sextio *B.O.RD* ‖ ei *Harant* : ex *codd.* ; *del. Edd.*

grands qu'aux petits, ils se consacraient activement à l'établissement du code. Ils présentèrent au public ce qu'il attendait impatiemment, les dix tables, et convoquèrent le peuple, l'invitant « pour le bonheur, le succès et la prospérité de l'État, d'eux-mêmes et de leurs enfants[1], à venir prendre connaissance des textes qu'on leur présentait. Pour eux, ils avaient employé tout ce que dix esprits humains pouvaient avoir de clairvoyance, à établir pour tous, grands et petits, l'égalité devant la loi : mais une foule a une plus grande somme d'intelligence et de sagesse. Ils devaient donc tourner et retourner en eux-mêmes chaque article, puis en discuter entre eux, et enfin examiner en commun ce qu'il y avait, dans chacun, à retrancher ou à ajouter[2]. Le peuple romain aurait ainsi des lois moins sanctionnées, pourrait-on dire, que proposées par l'ensemble des citoyens ». Quand l'opinion publique eut, par ses propos sur chaque chapitre des lois, permis des amendements, semblait-il, suffisants, les comices par centuries adoptèrent les lois des dix tables : de nos jours encore, parmi cet amas immense de lois entassées les unes sur les autres, elles sont la source de tout droit public[3] et privé.

A ce moment le bruit se répand qu'il manque deux tables, dont l'addition peut seule parfaire l'ensemble et, pour ainsi dire, le corps du droit romain : cette perspective, à la veille des élections, inspira le désir de nommer encore des décemvirs. D'ailleurs, la plèbe, à laquelle le nom de consul n'était pas moins odieux que celui de roi, ne regrettait pas même le secours des tribuns, du moment que les décemvirs, en cas d'appel, se retiraient l'un devant l'autre.

1. Formule religieuse de bon augure, redondante et allitérante.

2. Ces mesures, très libérales, s'imposaient si l'on voulait arrêter un code homogène (même si, comme le reconnaît Denys, il faisait part à beaucoup d'éléments du droit coutumier), non une suite de lois isolées. Mais leur historicité est très douteuse (voir p. 133).

3. Le mot est grave, rapproché de l'affirmation du § 3 : il indiquerait que le code engageait Rome dans la voie de l'égalité politique

lum ad contionem aduocauerunt [2]et, 'quod bonum, faustum felixque rei publicae ipsis liberisque eorum esset, ire et legere leges propositas' iussere : [3]'Se, quantum decem hominum ingeniis prouideri potuerit, omnibus, summis infimisque, iura aequasse : plus pollere multorum ingenia consiliaque. [4]Versarent in animis secum unamquamque rem, agitarent deinde sermonibus, atque in medium quid in quaque re plus minusue esset conferrent : [5]eas leges habiturum populum Romanum quas consensus omnium non iussisse latas magis quam tulisse uideri posset'.

[6]Cum ad rumores hominum de unoquoque legum capite editos satis correctae uiderentur, centuriatis comitiis decem tabularum leges perlatae sunt, qui nunc quoque, in hoc immenso aliarum super alias aceruatarum legum cumulo, fons omnis publici priuatique est iuris.

[7]Volgatur deinde rumor duas deesse tabulas, quibus adiectis absolui posse uelut corpus omnis Romani iuris. Ea exspectatio, cum dies comitiorum adpropinquaret, desiderium decemuiros iterum creandi fecit : [8]iam plebs, praeterquam quod consulum nomen haud secus quam regum perosa erat, ne tribunicium quidem auxilium, cedentibus in uicem appellatione decemuiris, quaerebat.

Des. *V* (*usque ad* XXXIV, 6 : de unoquo-]). *E. T. A.*

XXXIV, 5 non iussisse *PFBS.U.R*[2]*D*[5] : inuasisse non iussisse *Mυ* inuasisse *P*[2] (*marg., ut alteram lectionem*) non inuasisse *O.H.LRD* ‖ tulisse ω.*P*[2]ρ : tulisset *M.P* ‖ 6 editos *Duker* : edito *codd.* (*sed* edicto *S*) ‖ qui nunc *V.D?*, *Ed. Frob. 1535* : quae (*uel* que) nunc *cett.* (*sed* nunc *P*) ‖ aliarum super alias aceruatarum : ..iorum (*ut uid.*) super alios aciruatarum *V* ‖ fons *V.F*[3]*S*[x]*.RD*[x] : frons *F?SD. cett.* ‖ 7 Volgatur (*uel* uulg-) ω.*P*[2] : uulgator *P.H.L* mulgatur *V* ‖ Ea *om. V.M* ‖ 8 perosa erat *V.F*[3]*.LRD* : per oš erat *S* peroserat *M.P* (*ubi* per os-) *B.H* (*ubi* per hos) perosum erat *M*[3]*.U* per ora erat *O* ‖ appellatione ω.*D* : appellationem *BD*[3] appellationi (*Drakenb.*) *Edd. rec.*

XXXV. Mais, quand on publia que l'élection des décemvirs aurait lieu au troisième marché de huitaine[1], la campagne électorale devint ardente ; les premiers personnages de la ville eux-mêmes, craignant sans doute, s'ils laissaient la place vide, d'ouvrir l'accès d'un tel pouvoir à des gens de peu de mérite, sollicitaient avec insistance les électeurs, et, cette magistrature à laquelle ils avaient fait une violente opposition, ils la mendiaient humblement aux plébéiens, leurs anciens adversaires. Sa dignité remise en question[2], son âge[3], les charges qu'il avait remplies, tout surexcitait Appius Claudius : impossible de dire s'il était décemvir ou candidat, et parfois il avait plutôt l'air d'aspirer à cette charge que de l'exercer. Il attaquait les nobles, mais exaltait les candidats sans valeur ni naissance ; lui-même, au milieu d'un groupe d'anciens tribuns, les Duilius, les Icilius, il se multipliait sur le forum et, par cet entourage, tâchait de se faire valoir auprès de la plèbe[4] ; si bien que ses collègues, qui, jusqu'alors, s'en étaient remis entièrement à lui, ouvrirent sur lui les yeux et se demandèrent ce qu'il prétendait faire. Ils ne trouvaient pas cela naturel : « Ce n'était certainement pas pour rien qu'un tel orgueil s'adoucissait ; affecter ainsi de rentrer dans le rang et de frayer avec de simples particuliers, ce n'était pas avoir hâte de quitter sa charge, mais plutôt s'acheminer vers sa prorogation ». N'osant s'opposer ouvertement à son ambition, ils entreprennent de la

(voir p. 54, n. 3). Mais toute la tradition relative au Décemvirat est très trouble, confondant des éléments de dates diverses.

1. Donc le 24e jour : c'est le délai normal.

2. La correction de *dimissa* en *demissa* (qui insisterait sur l'idée d'abaissement) ne nous paraît pas s'imposer si l'on prend *dignitas* au sens (courant) de *munus* : Appius se trouve contraint d'abandonner lui-même sa haute charge aux hasards divers d'un vote.

3. Détail inattendu (cf. § 7) : peut-être trace d'une confusion avec son oncle (voir plus haut, p. 51, n. 1).

4. Le caractère démagogique de la campagne électorale d'Ap. Claudius est beaucoup moins accentué chez Denys (X, 58). On peut se demander si la peinture de ce personnage, dont la ligne politique reste si indistincte, n'a pas été gauchement influencée par les données rela-

XXXV. [1]Postquam uero comitia decemuiris creandis in trinum nundinum indicta sunt, [2]tanta exarsit ambitio ut primores quoque ciuitatis — metu, credo, ne tanti possessio imperii, uacuo ab se relicto loco, haud satis dignis pateret — prensarent homines, honorem summa ope a se impugnatum ab ea plebe, cum qua contenderant, suppliciter petentes. [3]Dimissa iam in discrimen dignitas ea aetate îsque honoribus actis stimulabat Ap. Claudium. Nescires utrum inter decemuiros an inter candidatos numerares : [4]propior interdum petendo quam gerendo magistratui erat. Criminari optimates, extollere candidatorum leuissimum quemque humillimumque, [5]ipse medius inter tribunicios, Duillios Iciliosque, in foro uolitare, per illos se plebi uenditare, donec collegae quoque, qui unice illi dediti fuerant ad id tempus, coniecere in eum oculos, mirantes quid sibi uellet : [6]'apparere nihil sinceri esse ; profecto haud gratuitam in tanta superbia comitatem fore ; nimium in ordinem se ipsum cogere et uolgari cum priuatis non tam properantis abire magistratu quam uiam ad continuandum magistratum quaerentis esse'. [7]Propalam obuiam ire cupiditati pa-

Des. *E. T. A.*

Om. XXXV, **3-4** : inter candidatos ... propior *M* ; — XXXV, **6** : *dimidiam fere partem (i. e. uersum ipsius unum) sententiae* -gari ... properantis abi- (*cuius nulla littera iam legitur*) *V* ; — magistratu ... continuandum *S* (*rest. marg.* S^x).

XXXV, **2** uacuo ab se relicto ω : uacua ab se relicta *O.H* || pateret ω : paterent *V.H* || prensarent *V.*M^3*.*F^3 *(in ras.).U.O.*H^1*.R* : prensaret *L* pensaret *PBS.D* ; *om. H* || contenderant R^2 : contenderent *R. cett.* || **3** dimissa *codd.* : demissa *Gron., dett. duo* ; *def. V* || propior ω : proprior *V.FB* || **5** Duillios F^3, *Madv.* : duellios *F. cett.* ; *def. V* || Iciliosque *Ald.* : siciliosque *V.H* siliciosque *S.O.R* silicisosque *M.PB.U.LD* sicciosque F^3 || plebi Σ : plebe *V* || **6** continuandum *V.*M^3*.*U^2*.*R^2 : contionandum (*uel* conc-) *M?UR. cett.*

freiner en la secondant : ils le chargent à l'unanimité, comme étant le plus jeune, de présider les élections. C'était un détour habile pour l'empêcher de se nommer lui-même : car, à part les tribuns de la plèbe — et, même dans ce cas, c'était un procédé déplorable —, jamais personne ne l'avait fait [1]. Mais lui déclara que, « dans l'intérêt de l'État, il présiderait les élections », et trouva dans l'obstacle une bonne occasion à saisir. Il fait échouer par des manœuvres de coalition [2] les deux Quinctius, Capitolinus et Cincinnatus, son propre oncle, Gaius Claudius, l'un des plus fermes appuis du parti de la noblesse, et d'autres encore du même rang, et fait élire décemvirs des hommes dont la vie était loin d'avoir le même éclat, et lui d'abord, coup d'audace qui révolta les honnêtes gens d'autant plus qu'on ne l'en croyait pas capable. Furent élus avec lui Marcus Cornélius Maluginensis, Marcus Sergius, Lucius Minucius, Quintus Fabius Vibulanus, Quintus Pœtélius, Titus Antonius Mérenda, Kaeso Duillius, Spurius Oppius Cornicen, Manius Rabuléius [3].

XXXVI. Appius cessa alors de jouer la comédie et dès ce moment se mit à vivre selon son naturel et à façonner ses collègues, même avant leur entrée en fonctions, d'après son propre caractère. Tous les jours ils s'assemblaient

tives à Ap. Claudius Caecus, censeur en 312 av. J.-Chr., représenté de façon malveillante comme à la fois démocrate et tyrannique.

1. Une expérience constitutionnelle de plusieurs siècles ne présentait pas, en effet, un tel cas à la pensée de l'historien, les magistrats n'étant pas à Rome immédiatement rééligibles. Mais la tradition sur la quintuple réélection (chap. 10-31) des tribuns des années 461-457 av. J.-Chr. — appuyée de l'exemple historique des Gracques — l'a déjà conduit à poser dramatiquement le problème pour les magistrats patriciens aussi, au chapitre 21.

2. Par accord entre certains candidats, de façon à s'assurer réciproquement les voix dont chacun est sûr, aux dépens d'adversaires communs. — Une telle machination semble anachronique.

3. Pœtelius, Duillius, Oppius étaient plébéiens, au témoignage de Denys (X, 58) ; Antonius et Rabuléius le semblent aussi, ces noms n'étant point connus comme patriciens, dans l'état actuel de notre

rum ausi, obsecundando mollire impetum adgrediuntur. Comitiorum illi habendorum, quando minimus natu sit, munus consensu iniungunt : [8]ars haec erat, ne semet ipse creare posset, quod praeter tribunos plebi — et id ipsum pessimo exemplo — nemo unquam fecisset. Ille enimuero, 'quod bene uertat, habiturum se comitia' professus, impedimentum pro occasione arripuit ; [9]deiectisque honore per co*i*tionem duobus Quinctiis, Capitolino et Cincinnato, et patruo suo C. Claudio, constantissimo uiro in optimatium causa, et aliis eiusdem fastigii ciuibus, nequaquam splendore uitae pares decemuiros creat, [10]se in primis, quod haud secus factum improbabant boni quam nemo facere ausurum crediderat. [11]Creati cum eo M. Cornelius Maluginensis, M. Sergius, L. Minucius, Q. Fabius Vibulanus, Q. Poet*e*lius, T. Antonius Merenda, K. Duillius, Sp. Oppius Cornicen, M'. Rabuleius.

XXXVI. [1]Ille finis Appio alienae personae ferendae fuit. Suo iam inde uiuere ingenio coepit nouosque collegas, iam priusquam inirent magistratum, in suos

Des. *E. T. A.*
Def. *post* XXXVI, **1** : alienae personae] *V.*
Om. XXXV, **7** : natu sit, munus *PF?BS.U.*

XXXV, **7** obsecundando *V.O.H.LRD* : *cui uerbo addunt uarie glossema* obsequendo (*uel* -cundo) *Mv* (*in quibus* obsequendo secum dando). *PP*^{2}*FBS.U* obsequendo de(moliri) *F*^{3} || natu sit, munus *M.O.H.RD*^{1} : natu fit munus *LD?* natu sit minus *V* || consensu iniungunt *M.PS.U. O.H* (*sed* concessu).*D*^{3} : consensum iungunt *LRD* consensuiiungunt *V* iniungunt *B* || **8** posset : posse *V* || **9** coitionem *Sigon.* : contionem ω contentionem *M* || constantissimo : consulib. tantissimo *V* || fastigii : fastigiis *V* || **10** improbabant ω (*sed* -probr- *O*) : improbant *V.Mv.U* (*in quo* -probr-) || **11** Poetelius *Sigon.* (*ex* FAST. CAP.) : poetilius *codd.* paecilius *F?* || T. *om. V* || K. Duillius *dett. aliq.* : c̄. duilius *V* c. duillius *M.F*^{3} c. duilius *F.*ω eduilius *RD* || Sp. Oppius Σ : p. oppius *V* || M'. Rabuleius *Sigon.* (*ex* DION. HAL., *X, 58, 4*) : m. rabuleius *codd.* (*sed* rabulius *V* : rabileius *F*, *corr. F*^{3} rabulegius *O*).

sans témoins ; dès lors, la tête pleine de projets insensés qu'ils mûrissaient en secret, ne dissimulant plus leur arrogance, difficiles à aborder, hautains envers leurs interlocuteurs, ils arrivèrent ainsi aux ides de mai.

C'était alors aux ides de mai que, chaque année, les magistrats entraient en charge. Le premier jour de leur entrée en fonctions fut signalé par une manifestation terrifiante. Les décemvirs précédents avaient continué à donner les faisceaux à un seul et à faire passer cet honneur royal à tous par roulement et chacun à son tour. Brusquement ils parurent tous en public avec douze faisceaux. Cent vingt licteurs remplirent le forum et ils portaient les haches dans les faisceaux : « Il n'y avait pas à ôter les haches », déclaraient-ils, « puisqu'ils étaient des magistrats sans appel ». Ils avaient l'éclat de dix rois et décuplaient les craintes non seulement des humbles, mais des plus nobles patriciens : on se disait qu' « ils n'attendaient qu'un prétexte pour commencer le massacre, et que, si quelqu'un faisait la moindre allusion à la liberté au sénat ou devant le peuple, aussitôt on préparerait verges et haches pour effrayer par surcroît tous les autres ». Car non seulement l'assemblée n'était plus d'aucun secours depuis la suppression de l'appel, mais ils avaient supprimé, en outre, toute intercession par leur accord unanime, tandis que les premiers décemvirs permettaient d'en appeler à un collègue pour rectifier leurs sentences et renvoyaient au peuple des affaires qui semblaient être de leur ressort. Pendant quelque temps, tout le monde

documentation. Des historiens modernes ont donc vu dans ce second Décemvirat un partage de la magistrature suprême entre patriciens et plébéiens sur le pied d'égalité (voir plus haut, p. 52, n. 3), ou, si l'on veut, l'aboutissement de la *rogatio Terentilia*, qui, depuis le chap. 9, s'impose comme facteur dominant dans la politique intérieure de Rome. Au surplus, le titre officiel donné par les Fastes Capitolins aux Décemvirs (*Decemuiri consulari imperio legibus scribendis*) les rapproche des « Tribuns militaires à pouvoir consulaire », seconde formule de remplacement imaginée, dit-on, pour faire part du pouvoir exécutif aux plébéiens sans les admettre au consulat proprement dit (IV, 6, 8). Tite-Live pourtant se figure plus loin (IV, 3, 17) les décemvirs comme

mores formare. [2]Cottidie coibant remotis arbitris; inde impotentibus instructi consiliis, quae secreto ab aliis coquebant, iam haud dissimulando superbiam, rari aditus, conloquentibus difficiles, ad idus Maias rem perduxere.

[3]Idus tum Maiae sollemnes ineundis magistratibus erant. Inito igitur magistratu, primum honoris diem denuntiatione ingentis terroris insignem fecere : nam, cum ita priores decemuiri seruassent ut unus fasces haberet et hoc insigne regium in orbem, suam cuiusque uicem, per omnes iret, subito omnes cum duodenis fascibus prodiere. [4]Centum uiginti lictores forum impleuerant et cum fascibus secures inligatas praeferebant : 'nec attinuisse demi securem, cum sine prouocatione creati essent', interpretabantur. [5]Decem regum species erat, multiplicatusque terror non infimis solum sed primoribus patrum, ratis 'caedis causam ac principium quaeri, ut, si quis memorem libertatis uocem aut in senatu aut in populum misisset, statim uirgae securesque etiam ad ceterorum metum expedirentur'. [6]Nam, praeterquam quod in populo nihil erat praesidii sublata prouocatione, intercessionem quoque consensu sustulerant, cum priores decemuiri appellatione collegae corrigi reddita ab se iura tulissent et quaedam, quae sui iudicii uideri possent, ad populum reiecissent. [7]Aliquamdiu

Des. *V. E. T. A.*

Om. XXXVI, 6 : -tione intercessionem ... decemuiri appella- *R* (*rest. marg.* R^2).

XXXVI, 3 Inito igitur magistratu (*Duker*) *Madv.* : initio igitur magistratus *codd.* || denuntiatione ω.D^3 : denunciationem *M.RD* || 4 impleuerant ω : impleuerat *P* impleuerunt *U* || inligatas (*uel* ill-) ω.R^2D^4 : inlicatas *LRD* inligates *H* illigatae *O* || praeferebant ω : proferebant *LRD* perferrebantur *H* praeferebantur *O* || 5 in senatu ω.*M* : in senatum M^3.*O* || in populum ω : in populo *S*, *Ed. Par. 1510*, *Edd. rec.* || 6 ab se *L* : a se *O.D* ad se D^1. *cett.* || uideri ω : quae uideri *M.*

également fut dans la terreur ; peu à peu elle se mit à passer uniquement du côté de la plèbe : car ils épargnaient les patriciens ; mais, envers les humbles, ils n'écoutaient que leur bon plaisir et leur cruauté. Ils ne regardaient que la personne et non la cause, car chez eux la faveur tenait lieu de justice. Ils fabriquaient leurs jugements chez eux, avant de les prononcer au forum. En appelait-on à un de leurs collègues? A l'issue de cette démarche, on regrettait de ne pas s'en être tenu à la première sentence. On répandait même cette opinion, d'ailleurs anonyme, que « ce n'était pas une tyrannie momentanée qu'ils avaient organisée, mais qu'ils avaient conclu une alliance secrète sous la foi du serment pour ne plus faire d'élections, prolonger sans limites le décemvirat, et une fois au pouvoir s'y maintenir ».

XXXVII. Alors les plébéiens regardent quelle figure font les patriciens et ils attendent un souffle de liberté de ceux dont ils avaient redouté naguère le despotisme au point de jeter l'État dans une telle crise. Mais, si la haute noblesse haïssait les décemvirs, elle haïssait aussi la plèbe ; elle n'approuvait pas son état actuel, mais ne trouvait pas ses malheurs immérités : « Puisque c'est sa passion insatiable pour la liberté qui l'a jetée dans l'esclavage, elle lui refuse son appui ; qu'elle collectionne encore les injustices, et que le dégoût de l'état présent lui fasse regretter les deux consuls et l'ancien régime ». Cependant, la plus grande partie de l'année s'était écoulée ; deux tables de lois s'étaient ajoutées aux dix de l'année précédente[1] ; désormais, aucun motif, une fois ces lois votées, elles aussi, par les comices centuriates, ne rendait nécessaire le régime actuel. On attendait un prochain décret fixant les élections consulaires. La plèbe s'inquiétait sim-

ayant été tous patriciens ; et le premier collège au moins le devait être, puisqu'il s'agissait de légiférer et que seuls les patriciens étaient alors en possession du droit. — Cf. APPENDICE, I.

1. Mais Diodore de Sicile (XII, 26) affirme que ces deux dernières tables ne furent promulguées que par les consuls Valérius et Horatius.

aequatus inter omnes terror fuit ; paulatim totus uertere in plebem coepit : abstinebatur a patribus ; in humiliores libidinose crudeliterque consulebatur. Hominum, non causarum toti erant, ut apud quos gratia uim aequi haberet. [8]Iudicia domi conflabant, pronuntiabant in foro. Si quis collegam appellasset, ab eo ad quem uenerat ita discedebat ut paeniteret non prioris decreto stetisse. [9]Opinio etiam sine auctore exierat 'non in praesentis modo temporis eos iniuriam conspirasse, sed foedus clandestinum inter ipsos iure iurando ictum, ne comitia haberent perpetuoque decemuiratu possessum semel obtinerent imperium'.

XXXVII. [1]Circumspectare tum patriciorum uoltus plebeii et inde libertatis captare auram, unde seruitutem timendo in eum statum rem publicam adduxerant. [2]Primores patrum odisse decemuiros, odisse plebem ; nec probare quae fierent, et credere haud indignis accidere : 'auide ruendo ad libertatem in seruitutem elapsos iuuare nolle ; [3]cumulare*nt* quoque iniurias, ut taedio praesentium consules duo tandem et status pristinus rerum in desiderium ueniant'. [4]Iam et processerat pars maior anni et duae tabulae legum ad prioris anni decem tabulas erant adiectae, nec quicquam iam supererat, si eae quoque leges centuriatis comitiis perlatae essent, cur eo magistratu rei publicae opus esset. [5]Exspectabant quam mox consulibus creandis comitia edicerentur ; id modo plebem

Des. *V. E. T. A.*

Om. XXXVII, 5 : modo ... quonam *M.*

XXXVI, 8 pronuntiabant *ω.vD*[x] : pronunciabantur *LRD* pernunciabantur *H.*

XXXVII, 3 cumulare⟨nt⟩ *ego* : cumulare *codd.* cumulari *Madv.* || ueniant *ω* : ueniat *H* || 4 Iam et *ω* : iam *LRD* || 5 plebem *P*[2]*FBS.U.D*[3] : plebe *P.LR?D* plebes *H.R*[2] plebs *O.*

plement des moyens de rétablir le pouvoir des tribuns, ce rempart de la liberté, après cette interruption ; et, cependant, il n'était nullement question d'élections. Et les décemvirs, qui, naguère, étalaient complaisamment devant la plèbe leur entourage d'anciens tribuns pour se donner des airs démocratiques, avaient pris de jeunes patriciens comme gardes du corps. Ces gardes faisaient la haie autour de leur tribunal. Ils volaient et pillaient en ennemis la plèbe et ses biens, puisque la fortune souriait à toutes les fantaisies de ceux qui étaient au pouvoir. On ne reculait plus devant les châtiments corporels, les verges, parfois la hache ; et, pour joindre le profit à la cruauté, on s'emparait de la fortune après l'exécution de son possesseur. Ces avantages corrompirent la jeunesse noble, si bien que, loin de s'opposer à la tyrannie, elle préférait nettement le dérèglement où elle vivait à la liberté publique[1].

La troisième année : embarras des décemvirs.

XXXVIII. Le 15 mai arriva et aucun magistrat n'était désigné pour leur succéder. Les décemvirs, devenus simples particuliers, sans rien réduire de leur arrogance dans l'exercice de leur autorité ni des marques extérieures de leurs fonctions, paraissent en public. La tyrannie ne faisait plus de doute[2]. On fait à tout jamais son deuil de la liberté ; un libérateur? il n'y en a pas, il n'y en aura jamais, semble-t-il. Au découragement des Romains eux-mêmes s'ajoutait le mépris que concevaient pour eux leurs voisins : ils n'admettaient pas qu'on eût l'hégémonie sans avoir la liberté. Un gros parti de Sabins fit une incursion en territoire romain et y commit de grands ravages ; la colonne, emmenant ses prises, bêtes

1. La peinture de ce désordre révolutionnaire, rendu sensible par le style même (§§ 7-8), semble inspirée par des récits de la « tyrannie » des Trente à Athènes (cf. Aristote, *Constitution d'Athènes*, 35, et Cicéron, *Républ.*, III, 44) ou de Sulla à Rome.

2. La rupture avec la tradition constitutionnelle est consommée. Les décemvirs l'avaient déjà violée (36, 3-7) en établissant (et décuplant) *dans* Rome l'*imperium* total avec droit de mort sur les citoyens, et en

agitabat, 'quonam modo tribuniciam potestatem, munimentum libertati, rem intermissam, repararent'; [6]cum interim mentio comitiorum nulla fieri. Et decemuiri, qui primo tribunicios homines, quia id populare habebatur, circum se ostentauerant plebei, patriciis iuuenibus saepserant latera : eorum cateruae tribunalia obsederant; [7]hi ferre agere plebem plebisque res, cum fortuna, qua quidquid cupitum foret, potentioris esset. [8]Et iam ne tergo quidem abstinebatur : uirgis caedi, alii securi subici; et, ne gratuita crudelitas esset, bonorum donatio sequi domini supplicium. Hac mercede iuuentus nobilis corrupta non modo non ire obuiam iniuriae, sed propalam licentiam suam malle quam omnium libertatem.

XXXVIII. [1]Idus Maiae uenere. Nullis subrogatis magistratibus, priuati pro decemuiris, neque animis ad imperium inhibendum imminutis neque ad speciem honoris insignibus prodeunt. Id uero regnum haud dubie uideri. [2]Deploratur in perpetuum libertas, nec uindex quisquam exsistit aut futurus uidetur. Nec ipsi solum desponderant animos, sed contemni coepti erant a finitimis populis, imperiumque ibi esse ubi non esset libertas indignabantur. [3]Sabini magna manu incursionem in agrum Romanum fecere; lateque populati cum hominum atque pecudum inulti

Des. *V* (*usque ad* XXXVII, 8 : iuuentus⌋ *et denuo post* XXXVIII, 1 : regnum haud⌋ *usque ad* XXXVIII, 3 : cum hominum⌋). *E. T. A.*

Add. XXXVII, 6 (*inter* quia *et* id) : populares quia *M.P* (*del.* P^2) *FB.L*; — populares *RD*.

XXXVII, 6 obsederant : obsedebant *M* ‖ 7 qua quidquid : qui quicquid *H* ‖ 8 caedi, alii *ω.v*D^3 : caedi aliis *LRD* ‖ Hac mercede *ω.F*F^3D^4 : ac mercede *P.LRD* ‖ corrupta *ω.*D^3 : correpta *LRD*.

et gens, sans représailles, se retira à Érétum après des marches et contremarches de tous côtés et y établit son camp, espérant bien que les discordes de Rome rendraient impossible le recrutement. Ce furent non seulement des messagers, mais les réfugiés des campagnes qui donnèrent l'alarme en ville. Les décemvirs se concertent sur les mesures à prendre, isolés entre une noblesse et une plèbe également hostiles. Pour comble de frayeur et par une coïncidence fâcheuse, les Èques, d'un autre côté, prennent position sur l'Algide, d'où leurs incursions ravagent le territoire de Tusculum ; Tusculum envoie prévenir Rome et demande du secours. Alors la peur poussa les décemvirs à consulter le sénat, en voyant la Ville prise à la fois entre deux guerres. Ils font appeler les Pères à la curie, sans se dissimuler la tempête de haine qui les menaçait : « toute la responsabilité des ravages commis et des périls menaçants allait s'amasser sur eux, ce qui amènerait une tentative pour les renverser, s'ils ne s'entendaient pas pour résister et s'ils n'employaient pas la manière forte contre quelques exaltés pour étouffer les velléités de révolte des autres ». Quand on entendit au forum la voix du crieur appelant les sénateurs à la curie[1] auprès des décemvirs, cet événement presque invraisemblable, après la longue interruption des séances régulières du sénat, jeta les plébéiens dans l'étonnement. « Qu'arrivait-il pour qu'après si longtemps on remît en vigueur un usage périmé ? L'ennemi et la guerre avaient droit à leur reconnaissance en ramenant une des institutions républicaines ». On cherche des yeux les sénateurs dans toute l'étendue du forum : à peine en découvre-t-on dans un

annulant la garantie de la collégialité, chacun d'eux agissant sans contrôle comme au nom de tous (cf. Denys, X, 59). Maintenant, ils font fi de l' « annalité » des magistratures (cf. *infra*, 39, 8).

1. La proclamation au forum par le *praeco* de l'édit convoquant le sénat suffirait d'ordinaire : beaucoup de sénateurs se tenant en rapports habituels avec les magistrats au *senaculum*, salle ou place de réunion au voisinage de la Curie, *in quo solebant magistratus dumtaxat cum senioribus deliberare* (Festus, p. 470 L. Cf. Val. Max., II, 2, 6).

praedas egissent, recepto ad Eretum quod passim uagatum erat agmine castra locant, spem in discordia Romana ponentes : 'eam impedimentum dilectui fore'. [4]Non nuntii solum, sed per urbem agrestium fuga trepidationem iniecit. Decemuiri consultant quid opus facto sit, destituti inter patrum et plebis odia. Addit terrorem insuper alium fortuna. [5]Aequi alia ex parte castra in Algido locant depopulanturque inde excursionibus Tusculanum agrum ; legati ea ab Tusculo, praesidium orantes, nuntiant. [6]Is pauor perculit decemuiros ut senatum, simul duobus circumstantibus Vrbem bellis, consulerent. Citari iubent in curiam patres, haud ignari quanta inuidiae immineret tempestas : [7]'omnes uastati agri periculorumque imminentium causas in se congesturos ; temptationemque eam fore abolendi sibi magistratus, ni consensu resisterent imperioque inhibendo acriter in paucos praeferocis animi conatus aliorum comprimerent'. [8]Postquam audita uox in foro est praeconis patres in curiam ad decemuiros uocantis, uelut noua res, quia intermiserant iam diu morem consulendi senatus, mirabundam plebem conuertit 'quidnam incidisset cur ex tanto interuallo rem desuetam usurparent ; [9]hostibus belloque gratiam habendam quod solitum quicquam liberae ciuitati fieret'. Circumspectare omnibus fori partibus senatorem, raroque

Des. *E. T. A.*

Def. *post* XXXVIII, **9** : raroque us- *V.*

XXXVIII, **3** ad Eretum *det. unus* : ad efretum *PFS.U* ad feretum D^3 ad fretum *V.*M^1*.B.O.H.LRD* ac eretum *M?* || eam Σ : ea *V* || **4** trepidationem : trepidatione *V* || sit : sint *V* || Addit ω : addidi. *V.H. LRD* || **5** alia ex : ex alia *V* || excursionibus ω : exincursionibus *PFBS.U* excursationibus *V* || legati ea *V* : legatie *D?* legati D^1. *cett.* || **7** temptationemque ω : temptationem *LRD* || **8** uocantis *V.BS.O.*RD^3 : . . uocantis *M* conuocantis M^3 uocantes *PF.LD* || **9** ciuitati *V*, *Drak.* : ciuitatis Σ.

coin ; alors on regarde la curie et l'isolement où restent les décemvirs. Cette grève du sénat s'expliquait d'après les décemvirs eux-mêmes par une opposition concertée à leur autorité, d'après la plèbe « par l'illégalité d'une convocation émanant de simples particuliers. Mais voici que s'ouvre un chemin qui les ramènera à la liberté : les plébéiens n'ont qu'à se ranger aux côtés des sénateurs, les uns n'obéissant pas à la convocation, les autres à la conscription ». Voilà ce que murmurent les plébéiens. Quant aux sénateurs, pas un presque ne se trouvait au forum, très peu à Rome. Dégoûtés de la politique, ils s'étaient retirés dans leurs terres[1] et se consacraient à leurs affaires personnelles à défaut de celles de l'État, comptant qu'ils étaient à l'abri de l'arbitraire pour autant qu'ils se tenaient à l'écart de toute compromission, de tout contact avec ces despotes absolus. Comme ils ne se rendaient pas à la convocation, des huissiers vont à leur domicile pour prendre des gages[2] tout en tâchant de savoir si c'est un refus concerté ; ils reviennent dire que le sénat est à la campagne. Les décemvirs aimaient mieux cela que de savoir qu'ils étaient présents, mais ne reconnaissaient plus leur autorité. Ils leur font dire de rentrer tous et fixent la séance au lendemain. L'assemblée fut plus nombreuse qu'ils ne l'espéraient eux-mêmes ; sur quoi la plèbe regarda les sénateurs comme traîtres à la liberté pour avoir exécuté comme légal un ordre de réunion dont les auteurs étaient sortis de charge et n'avaient d'autorité que par la violence.

XXXIX. Mais ils montrèrent plus de docilité à se rendre à la curie que de complaisance dans leurs avis, nous dit-on. On rapporte que Lucius Valérius Potitus,

1. Notation du caractère rural de l'ancienne aristocratie romaine.

2. En cas d'urgence, les sénateurs pouvaient être convoqués individuellement ; mais la saisie de gages ne s'exerçait qu'en cas d'abstention voulue. Les décemvirs feignent de croire que le sénat pouvait s'attendre à une convocation régulière.

usquam noscitare ; [10]curiam inde ac solitudinem circa decemuiros intueri, cum et ipsi consensu inuisum imperium, et plebs 'quia priuatis ius non esset uocandi senatum, non conuenire patres' interpretarentur : 'iam caput fieri libertatem repetentium, si se plebs comitem senatui det et quemadmodum patres uocati non coeant in senatum, sic plebs abnuat dilectum'. [11]Haec fremunt plebes. Patrum haud fere quisquam in foro, in urbe rari erant : indignitate rerum cesserant in agros, suarumque rerum erant amissa publica, tantum ab iniuria se abesse rati quantum a coetu congressuque impotentium dominorum se amouissent. [12]Postquam citati non conueniebant, dimissi circa domos apparitores, simul ad pignera capienda sciscitandumque num consulto detractarent, referunt senatum in agris esse. Laetius id decemuiris accidit quam si praesentis detractare imperium referrent. [13]Iubent acciri omnes, senatumque in diem posterum edicunt. Qui aliquanto spe ipsorum frequentior conuenit. Quo facto proditam a patribus plebs libertatem rata, 'quod is qui iam magistratu abissent priuatisque, si uis abesset, tamquam iure cogentibus, senatus paruisset'.

XXXIX. [1]Sed magis oboedienter uentum in curiam [est] quam obnoxie dictas sententias accepimus. [2]L. Valerium Potitum proditum memoriae est post

Des. *V. E. T. A.*

XXXVIII, **10** ipsi ω.M^{1-2} : ipsis *M* ipsi suum *Conway* || consensu inuisum *M.U.O.* : concensu — *PS* concessu — *FB* inuisum consensu *H.LRD, Conway* || **12** apparitores (*uel* adp-) M^{1-2}.*S.U.O.*D^{3} : apparatores (*uel* adp-) *cett.* (*sed* apar- *L*) || **13** edicunt ω : dicunt *Mv* indicunt *Rhenanus* || si uis F^{3}*B?.U.O.H* : si us *M* suis M^{3}.*P.LRD* si ius P^{2}*SB?*.

XXXIX, **1** [est] *Madv.* : est ω.M^{1} esse *M*, *Gaertner.*

après le rapport d'Appius Claudius et avant le passage à la discussion[1], demanda à interpeller sur la situation politique; comme les décemvirs refusaient sur un ton menaçant, il déclara qu'il s'adresserait au peuple, ce qui causa du tumulte. Avec non moins d'audace, Marcus Horatius Barbatus entra dans la mêlée; il les nomma « les dix Tarquins » et leur rappela que c'étaient les « Valérius et les Horatius[2] qui avaient fait chasser les rois. Et ce qu'on n'aimait pas à cette époque, ce n'est pas le nom de roi, titre officiel de Jupiter, de Romulus fondateur de Rome, et de ses successeurs, et dont l'usage s'est même maintenu avec sa valeur consacrée dans la liturgie[3] : c'était l'arrogance et la tyrannie qu'on détestait dans le roi. Ce qui était alors intolérable chez un roi, et au surplus fils de roi[4], comment le tolérer aujourd'hui chez tout un groupe de particuliers? Qu'ils songent bien qu'en supprimant dans la curie la liberté de parler, ils risquent de les amener à prendre la parole hors de la curie, et il ne voit pas pourquoi lui, simple citoyen, n'aurait pas le droit d'assembler le peuple comme eux le sénat. Qu'ils éprouvent, quand ils le voudront, combien le courage du malheureux réclamant sa liberté légitime est supérieur à celui de l'ambitieux défendant une tyrannie usurpée. On fait un rapport sur la guerre contre les Sabins : comme s'il y avait de pires ennemis pour Rome que ceux qui, élus pour être des législateurs, n'ont pas laissé trace de légalité dans la cité; qui ont supprimé élections, magistratures annuelles, et cette succession dans l'autorité, la seule garantie de l'égalité et de la liberté; qui, simples citoyens, ont les faisceaux et le pouvoir des rois! Il y a eu, après l'exil des

1. Par *interrogatio*. — On a supposé que Licinius Macer est, pour cette dramatique, et très moderne, séance du sénat, la source commune de Tite-Live et Denys, qui se ressemblent singulièrement.

2. Denys (IV, 85), mais non Tite-Live, a montré un Horatius refusant à Tarquin l'entrée du camp devant Ardée.

3. Allusion au « roi des sacrifices » : voir II, 2, 1.

4. Le texte a beaucoup tourmenté les éditeurs. Nous maintenons

relationem Ap. Claudi, priusquam ordine sententiae rogarentur, postulando 'ut de re publica liceret dicere', prohibentibus minaciter decemuiris 'proditurum se ad plebem' denuntiantem, tumultum exciuisse. [3]Nec minus ferociter M. Horatium Barbatum isse in certamen, 'decem Tarquinios' appellantem admonentemque 'Valeriis et Horatiis ducibus pulsos reges. [4]Nec nominis homines tum pertaesum esse, quippe quo Iouem appellari fas sit, quo Romulum, conditorem Vrbis, deincepsque reges [appellatos], quod sacris etiam ut sollemne retentum sit : superbiam uiolentiamque tum perosos regis. [5]Quae si in rege tum eodem*que etiam* filio regis ferenda non fuerint, quem laturum in tot priuatis? [6]Viderent ne, uetando in curia libere homines loqui, extra curiam etiam mouerent uocem ; neque se uidere qui sibi minus priuato ad contionem populum uocare quam illis senatum cogere liceat. [7]Vbi uellent experirentur quanto fortior dolor libertate sua uindicanda quam cupiditas in iniusta dominatione esset. [8]De bello Sabino eos referre, tamquam maius ullum populo Romano bellum sit quam cum is qui, legum ferendarum causa creati, nihil iuris in ciuitate reliquerint ; qui comitia, qui annuos magistratus, qui uicissitudinem imperitandi, quod unum exaequandae sit libertatis, sustulerint ; qui priuati fasces et regium imperium habeant. [9]Fuisse regibus exactis patricios magistra-

Des. *V. E. T. A.*

XXXIX, **4** nominis *U.O.H.*R^{2} : nomen is *PS* nom̄ his *FB* nomen *Mv.LRD* || reges [appellatos] *Madv.* || **5** tum eodemque etiam *ego* : tum eodem aut in *codd.* tum eodem et (*Crevier*) tum aut in *Walters* et uno eodem aut in *Madv*^{2}. tumido eodem aut in *C. Brakman* || quem laturum ω : quam laturiam *LRD* quem ⟨eadem⟩ laturum *Walters* || **6** qui sibi *U.O.*R^{2} : quin sibi O^{1}*R.*ω cur sibi F^{3} || **7** fortior ω (*sed* forcior *SH*).ν : ferocior *LRD* || in iniusta ω : iniusta *Mv.U*, *Rhenanus.*

rois, des magistrats patriciens ; puis, après la retraite de la plèbe, des magistrats plébéiens. Mais, eux, à quel ordre appartiennent-ils? Qu'ils répondent. Au peuple? Quand ont-ils eu recours à son assemblée? A la noblesse? Mais, depuis bientôt un an, ils n'ont pas réuni le sénat et ne le réunissent aujourd'hui que pour lui interdire tout débat politique. Qu'ils ne comptent pas trop sur la crainte de l'étranger : les maux actuels paraissent plus accablants à la population que ceux dont elle est menacée ».

XL. Devant cette attaque virulente d'Horatius, les décemvirs ne voyaient le moyen ni de sévir ni de rester indifférents et se demandaient comment cela finirait, quand Gaius Claudius, oncle du décemvir Appius, prit la parole sur un ton plus suppliant qu'agressif : « Par les mânes de son frère, le père d'Appius, il le priait de songer plutôt aux obligations sociales que lui créait sa naissance qu'à l'entente criminelle conclue avec ses collègues, et cela plutôt pour son bien que pour celui de l'État : car l'État, qu'ils le veuillent ou non, rentrera dans ses droits ; mais une lutte violente soulève en général de violentes colères, dont l'issue le fait frémir ». Il était interdit de prendre la parole, sauf sur la question mise en délibération : les décemvirs n'osèrent pourtant pas interrompre Claudius. Il proposa donc cet ordre du jour : « Le sénat décide de ne rendre aucun décret. » Tous entendaient par là que les décemvirs n'étaient que de simples particuliers aux yeux de Claudius, et beaucoup des anciens consuls se rallièrent à son avis. Un autre ordre du jour, plus dur en apparence, mais qui avait [en fait] moins de portée,

tum, dont la triple répétition §§ 4-5 est voulue ; *etiam* indique, à notre sens, que, par un progrès monarchique acquis, Tarquin le Superbe, roi, était « aussi » fils de roi : ce qui rend l'exemple de sa chute plus éclatant. C'est la pensée de Cicéron (*Brutus*, 53) : ... *qui potentissimum regem clarissimi regis filium expulerit* (cf. *Républ.*, II, 51 : ... *ut quem ad modum Tarquinius non nouam potestatem nactus, sed quam habebat usus iniuste*...). Pour le pléonasme *eodemque etiam*, cf. Cic., *Brut.*, 292 : *Est enim et minime inepti hominis et eiusdem etiam faceti.*

tus; creatos postea post secessionem plebis plebeios; cuius illi partis essent, rogitare : populares? quid enim eos per populum egisse? — optimates? qui anno iam prope senatum non habuerint, tunc ita habeant ut de re publica loqui prohibeant! [10]Ne nimium in metu alieno spei ponerent : grauiora quae patiantur uideri iam hominibus quam quae metuant'.

XL. [1]Haec uociferante Horatio cum decemuiri nec irae nec ignoscendi modum reperirent nec quo euasura res esset cernerent, [2]C. Claudi, qui patruus Appi decemuiri erat, oratio fuit precibus quam iurgio similis, orantis 'per sui fratris parentisque eius manes [3]ut ciuilis potius societatis, in qua natus esset, quam foederis nefarie icti cum collegis meminisset. Multo id magis se illius causa orare quam rei publicae : [4]quippe rem publicam, si a uolentibus nequeat, ab inuitis ius expetituram; sed ex magno certamine magnas excitari ferme iras; earum euentum se horrere'. [5]Cum aliud praeterquam de quo rettulissent decemuiri dicere prohiberent, Claudium interpellandi uerecundia fuit. Sententiam igitur peregit 'nullum placere senatus consultum fieri'. [6]Omnesque ita accipiebant priuatos eos a Claudio iudicatos; multique ex consularibus uerbo adsensi sunt. [7]Alia sententia, asperior in speciem, uim minorem aliquanto habuit, quae 'patricios coire ad prodendum interregem' iubebat. Censendo enim quo*d*cumque, magistratus esse qui

Des. *V. E. T. A.*

XL, **1** uociferante ω : uociferanti *LRD* || **2** similis ω.ϑR (*quod cum subsequentis erroris fons uidetur, tum, conlatis* Liv., *III*, 63, *11 ; XXV*, *29*, *6 ;* Tac., *H.*, *IV*, *83 ;* Val. Max., *I*, *1*, *ext. 2*, *aliis*, *peruersae soni* -or or- *geminationi praeferendum*) : similior R^2, *Ascensius* || orantis *P*²*FBS* : perorantis *P. cett.* || **3** nefarie *M.PS.U.H* : nefariae *B.O.LRD* nefarii *F* || **7** coire *P*²*FBS.U* : coniuere coire *M* cocomiuere ire *P* coniuere *O.H.D*³ comiuere *LRD* || quodcumque *Madv.* : quoscunque *codd.* (*sed* quisc- *F*).

invitait les patriciens à se réunir[1] pour créer un interroi. Émettre un vote quelconque, c'était reconnaître un caractère officiel à ceux qui présidaient le sénat[2], tandis qu'on les déclarait simples citoyens en proposant de ne pas rendre de décret. La situation des décemvirs devenait chancelante, quand Lucius Cornélius Maluginensis, frère du décemvir Marcus Cornélius, qu'on avait eu soin de conserver parmi les anciens consuls pour parler en dernier lieu[3], fait semblant de s'inquiéter de la guerre, et entreprend la défense de son frère et de ses collègues : « Il ne peut comprendre, déclare-t-il, par quelle fatalité les décemvirs n'ont d'autres ou du moins de pires adversaires que leurs anciens concurrents aux élections décemvirales ; ni pourquoi, pendant de longs mois de calme pour la cité, on n'a pas discuté la légitimité de leur pouvoir suprême, tandis qu'aujourd'hui seulement, quand l'ennemi est presque aux portes, on sème la discorde entre citoyens. N'est-ce pas parce que dans le trouble on espère mieux cacher ses desseins? D'ailleurs, préoccupés comme ils le sont par de plus graves soucis, il est bon de ne pas se prononcer à la légère sur un point si important. Cette allégation de Valérius et d'Horatius, que le pouvoir des décemvirs expirait avant le 15 mai, il propose d'attendre la fin de la guerre imminente et le retour d'une situation politique plus tranquille pour la soumettre à la discussion du sénat. Dès maintenant, Appius Claudius peut s'attendre et se préparer à rendre compte de l'élection des décemvirs qu'il a présidée étant lui-même l'un des décemvirs, et à dire s'ils ont été nommés simplement pour un an ou jusqu'à l'achèvement du code incomplet. Pour le

1. L'interrègne ayant été créé par un sénat patricien (I, 17, 6), les seuls sénateurs patriciens sont par tradition habilités à nommer l'interroi. Le verbe *coire* est technique pour signifier leur réunion.

2. Jeu parlementaire subtil : les patriciens se réuniront bien sans l'intervention des magistrats curules ; mais la motion qui les y invite (*sententia*) suppose la régularité de la séance du sénat.

3. Il n'y avait guère que les consulaires, consultés en premier, pour proposer une motion.

senatum haberent iudicabant, quos priuatos fecerat auctor nullius senatus consulti faciendi. 8 Ita labente iam causa decemuirorum, L. Cornelius Maluginensis, M. Corneli decemuiri frater, cum ex consularibus ad ultimum dicendi locum consulto seruatus esset, simulando curam belli fratrem collegasque eius tuebatur, 9 'quonam fato incidisset mirari se' dictitans 'ut decemuiros qui decemuiratum petissent — aut so*li* aut hi maxime — oppugnarent, 10 aut quid ita, cum per tot menses uacua ciuitate nemo iustine magistratus summae rerum praeessent controuersiam fecerit, nunc demum, cum hostes prope ad portas sint, ciuilis discordias serant, nisi quod in turbido minus perspicuum fore putent quid agatur. 11 Ceterum (n*onn*e *e*n*i*m maiore cura occupatis animis uerum esse praeiudicium rei tantae auferri?) sibi placere de eo quod Valerius Horatiusque ante idus Maias decemuiros abisse magistratu insimulent, bellis quae immineant perfectis, re publica in tranquillum redacta, senatu disceptante agi, 12 et iam nunc ita se parare Ap. Claudium ut comitiorum quae decemuiris creandis decemuirum ipse habuerit sciat sibi rationem reddendam esse, utrum in unum annum creati sint an donec leges quae deessent perferrentur. 13 In praesentia omnia praeter bellum omitti placere : cuius si falso famam

Des. *V. E. T. A.*

Om. XL, 8 : seruatus esset simulando *M.*

XL, **7** iudicabant *codd.* : iudicabat *Ed. Rom. 1469, Edd.* || **9** fato $\omega.P^2$: facto *P.R* || aut soli aut hi *Crevier* : aut solii aut hi *det. un.* aut socii aut ii (*uel* hi *uel* hii) *codd.* ut socii, et hi *Weissenb.* || **10** fecerit $F^3.U$: fecerint *F. cett.* (*sed* fecerunt *O*) || **11** nonne enim *Walters* : neminem *codd.* (*sed* nemini se *uel* neminum *M?* neminem M^2v) nemini non *Rhenan.* nec enim *Weissenb.* etenim *Madv.* || auferri *codd.* : haud fieri *Madv.* adferre S^x. *det. un.*, *Edd. aliq.* (*dum* neminem *supra seruant*) || quod *FB.D?* : quo vD^1. *cett.* || magistratu $F^x.D^x$. *dett. aliq.* : magistratum *FD. cett.* || **12** decemuirum $\omega.RD$: decemuir *U.O.H.* R^1D^x ; *in F erasum.*

moment il est d'avis de ne songer qu'à la guerre. Si l'on croit qu'il s'agit d'un faux bruit, si l'on doute du rapport des messagers et des envoyés de Tusculum eux-mêmes, il propose de faire partir une reconnaissance chargée de fournir des renseignements mieux contrôlés. Si, au contraire, on croit messagers et envoyés, il faut procéder à l'enrôlement sans perdre un instant, laisser les décemvirs conduire l'armée où bon leur semblera et ne pas s'occuper d'autre chose ».

XLI. Cet avis allait être mis aux voix sur l'insistance des plus jeunes sénateurs[1]. Mais, dans une seconde et plus violente attaque, Valérius et Horatius réclament le droit d'interpeller sur la situation politique : « Ils prendront la parole devant le peuple, si une faction la leur refuse au sénat ; ce ne sont pas de simples particuliers qui pourront les faire taire dans la curie ou à l'assemblée, ni d'imaginaires faisceaux[2] qui les feront reculer ». Alors, Appius, voyant que c'était le moment d'opposer à cette violence une audace égale, sans quoi leur autorité succombait, répond : « On ne se sera pas impunément écarté de la question. » Et, comme Valérius déclarait qu' « un particulier ne le ferait pas taire », il envoya vers lui un licteur. Déjà Valérius appelait les citoyens à son aide du seuil de la curie[3], quand Lucius Cornélius, prenant Appius à bras le corps et lui rendant ainsi service sans en avoir l'air, mit fin à la querelle ; il obtint pour Valérius l'autorisation de dire ce qu'il voudrait ; mais cette permission aboutit simplement à un discours ; après quoi les décemvirs maintinrent leur demande. De leur côté, les anciens consuls et les vieux sénateurs, par un reste de rancune contre le pouvoir des tribuns, qui leur semblait inspirer au

1. Qui en espèrent le vote (ce qu'indique *in* suivi de l'accusatif) par *discessio* : les sénateurs se répartissant par groupes, pour et contre.

2. Des faisceaux accompagnant un simple particulier sont dérisoires (cf. note à 49, 4). — La suite de la scène est beaucoup moins dramatique, plus constitutionnelle chez Denys (XI, 21).

3. Les portes de la curie devaient rester ouvertes.

uolgatam uanaque non nuntios solum, sed Tusculanorum etiam legatos attulisse putent, speculatores mittendos censere qui certius explorata referant; [14]sin fides et nuntiis et legatis habeatur, dilectum primo quoque tempore haberi et decemuiros quo cuique eorum uideatur exercitus ducere, nec rem aliam praeuerti'.

XLI. [1]In hanc sententiam ut discederetur iuniores patrum euincebant. Ferocioresque iterum coorti Valerius Horatiusque uociferari 'ut de re publica liceret dicere; dicturos ad populum, si in senatu per factionem non liceat; neque enim sibi priuatos aut in curia aut in contione posse obstare, neque se imaginariis fascibus eorum cessuros esse'. [2]Tum Appius iam prope esse ratus ut, ni uiolentiae eorum pari resisteretur audacia, uictum imperium esset, [3]« Non erit melius, inquit, nisi de quo consulimus, uocem misisse »; et ad Valerium, negantem 'se priuato reticere', lictorem accedere iussit. [4]Iam Quiritium fidem implorante Valerio a curiae limine, L. Cornelius complexus Appium, non cui simulabat consulendo, diremit certamen; factaque per Cornelium Valerio dicendi gratia quae uellet, cum libertas non ultra uocem excessisset, decemuiri propositum tenuere. [5]Consulares quoque ac seniores ab residuo tribuniciae potestatis odio, cuius

Des. *V. E. T. A.*

Add. XLI, 1 (*inter* ualerius *et* oratiusque) : ualerius horatiusque contra sententiam maluginensis (*summarium de margine sumptum in textum male inserens*) *M*.

XL, 14 et decemuiros : decemuiros *Mυ?*

XLI, 1 Valerius Horatiusque *M* (*sed* or-).*H.D*[4]. *dett. aliq.* : ualerius enim oratiusque (*uel* hor-) *PFBS.U.O* ualerius horatius *L*[1]*D* ualerius u horatius *L* ualerius *H* horatius *R* ualerius et horatius *R*[2] || 3 reticere *M.O.H.LRD*[5] : redicere *PFBS* (*in quo* -re dicere) rem dicere *U.D*[3] || 4 non cui ρ : non quid cui *M* non quid ω num quid *S* non quod *U*.

peuple un regret beaucoup plus vif que l'autorité des consuls, aimaient presque mieux laisser les décemvirs sortir de charge à leur heure que de voir leur impopularité amener de nouveaux soulèvements dans la plèbe[1] : « Si par une évolution pacifique et sans tumulte populaire le pouvoir revenait aux consuls, des guerres, venant faire diversion, ou la modération des consuls dans l'exercice de leur autorité pourraient faire oublier ses tribuns à la plèbe ».

Graves défaites des décemvirs.

Sans qu'aucun sénateur dise mot, on décrète donc l'enrôlement. Les recrues, en présence d'un pouvoir absolu, répondent à l'appel de leur nom. Les légions une fois formées, les décemvirs décidèrent entre eux qui devait faire la guerre et exercer les commandements militaires[2]. Les deux principaux étaient Quintus Fabius et Appius Claudius. Mais on prévoyait une lutte plus sérieuse à l'intérieur qu'au dehors. La violence d'Appius leur sembla plutôt faite pour réprimer les émeutes de la rue ; quant à Fabius, sans énergie pour faire le bien, il se retrouvait actif dans le mal. Naguère remarquable comme homme politique et comme homme de guerre, il avait subi l'influence du décemvirat et de ses collègues, au point de prendre Appius pour modèle, au lieu de rester lui-même. C'est lui qu'on chargea de l'expédition contre les Sabins, en lui adjoignant Manius Rabuléius et Quintus Pœtélius comme collègues. Marcus Cornélius fut envoyé vers l'Algide avec Lucius Minucius, Titus Antonius, Kaeso Duillius et Marcus Sergius. Appius Claudius, aidé de Spurius Oppius, est chargé de veiller sur Rome ; il est décidé que tous les décemvirs auront pouvoirs égaux[3].

1. Terme d'une évolution suivie de façon trouble (voir 36, 5 et 7 ; 37, 6 ; 38, 4 ; 41, 1), et qui aboutit à faire du Décemvirat, contrairement à ce qui est dit de ses origines, une entreprise antiplébéienne.

2. On attendrait : « et gouverner Rome » (cf. 42, 1 ; 43, 1).

3. La formule est obscure, puisqu'il semble bien, d'après l'énoncé même, qu'Ap. Claudius, Q. Fabius et M. Cornélius ont les responsabilités majeures. Peut-être Tite-Live veut-il dire que (comme il se fit lors

desiderium plebi multo acrius quam consularis imperii rebantur esse, prope malebant postmodo ipsos decemuiros uoluntate abire magistratu quam inuidia eorum exsurgere rursus plebem : [6]'si leniter ducta res sine populari strepitu ad consules redisset, aut bellis interpositis aut moderatione consulum in imperiis exercendis posse in obliuionem tribunorum plebem adduci'.

[7]Silentio patrum edicitur dilectus. Iuniores, cum sine prouocatione imperium esset, ad nomina respondent. Legionibus scriptis, inter se decemuiri comparabant quos ire ad bellum, quos praeesse exercitibus oporteret. [8]Principes inter decemuiros erant Q. Fabius et Ap. Claudius. Bellum domi maius quam foris apparebat. Appi uiolentiam aptiorem rati ad comprimendos urbanos motus, in Fabio minus in bono constans quam nauum in malitia ingenium esse [9](hunc enim uirum, egregium olim domi militiaeque, decemuiratus collegaeque ita mutauerant ut Appi quam sui similis mallet esse), — huic bellum in Sabinis, *M'*. Rabuleio et Q. Poetelio additis collegis, mandatum. [10]M. Cornelius in Algidum missus cum L. Minucio et T. Antonio et *K*. Duillio et *M*. Sergio. Sp. Oppium Ap. Claudio adiutorem ad Vrbem tuendam, aequo omnium decemuirorum imperio, decernunt.

Des. *V. E. T. A.*

Om. XLI, 8 : -pi uiolentiam ap- *R.*

XLI, 5 exsurgere *M.F*^{3}*.H.LRD* : exsurgeret *PF?.U.O.D*^{3} exurgeret *BS* || 7 *Nonne* quos praeesse ⟨urbanis re⟩bus *scribendum?* || 8 maius ω : magis *P*^{2}*FBS.U* ; *om. P* || foris *om. O* || nauum *ω.ϱP*^{3}*F?* : nauium *P* gnauum *F*^{3}*.U* nouum *D*^{4} || malitia : milicia *S* || 9 M'. Rabuleio *Sigon.* (*cf. supra cap. 35, § 11*) : m. rabulleio *S.R* m̅. rabulleio (*uel* -bule-) *cett.* || 10 K. : caesone (*uel* ces-) *codd.* || Duillio ω : duilio *U* duillo *S* duellio *LRD* || M. Sergio *Edd.* (*cf. supra, cap. 35, § 11*) : l. sergio *ω.ϱ* sergio *U.*

XLII. Pas plus en campagne qu'à l'intérieur, leur gouvernement ne fut heureux. D'ailleurs, leurs généraux n'eurent d'autre tort que de s'être rendus impopulaires ; toutes les autres fautes vinrent des troupes : pour que, sous le commandement et les auspices des décemvirs, il n'y eût pas le moindre succès, elles acceptaient de se laisser battre et de se déshonorer avec eux. Les deux armées furent mises en déroute par les Sabins à Érétum et par les Èques sur l'Algide. Ceux d'Érétum s'enfuirent dans le silence de la nuit en direction de Rome et vinrent établir un camp entre Fidènes et Crustumérie[1], sur une hauteur ; l'ennemi les y suivit ; mais, n'osant se risquer en rase campagne, ils comptaient sur leur position et leur retranchement plutôt que sur leur courage et leurs armes pour se défendre. Sur l'Algide, plus grand fut le déshonneur et plus grand le désastre : le camp lui-même fut perdu, et, privées de tout leur matériel, les troupes se réfugièrent à Tusculum, confiant leur existence à la loyauté et à la pitié de leurs hôtes, qui, d'ailleurs, ne les trahirent pas. Rome fut plongée dans un tel effroi que le sénat, oubliant sa haine pour les décemvirs, décréta l'état de siège en ville[2] : tous les hommes en âge de porter les armes devaient veiller sur les remparts ou monter la garde aux portes ; on décida d'envoyer des armes de remplacement à Tusculum ; les décemvirs devaient sortir de cette place et établir leurs troupes dans un camp ; la seconde armée transporterait son camp de Fidènes en territoire sabin et prendrait l'offensive pour détourner l'ennemi de son dessein de marcher sur Rome[3].

du triumvirat d'Antoine-Octave-Lépide) chacun des décemvirs, en l'absence des autres, est censé agir au nom de tout le collège (cf. 36, 6).

1. Crustumérie (voir t. I, p. 63, n. 4), au nord de Fidènes (*ib.*, p. 24, n. 5) et sur la rive gauche du Tibre aussi, semble avoir autrefois formé confédération avec elle et Nomentum (Denys, II, 53).

2. Les postes (*uigiliae*) assurent l'ordre dans Rome. Les autres mesures pourvoient à la défense de la ville (cf. 5, 4).

3. Tout cet exposé est en latin au plus-que-parfait, se présentant ainsi comme simple prélude aux événements tragiques qui suivent.

XLII. [1]Nihilo militiae quam domi melius res publica administrata est. [2]Illa modo in ducibus culpa quod ut odio essent ciuibus fecerant ; alia omnis penes milites noxia erat, qui, ne quid ductu atque auspicio decemuirorum prospere usquam gereretur, uinci se per suum atque illorum dedecus patiebantur. [3]Fusi et ab Sabinis ad Eretum et in Algido ab Aequis exercitus erant. Ab Ereto per silentium noctis profugi propius Vrbem, inter Fidenas Crustumeriamque, loco edito castra communierant ; [4]persecutis hostibus, nusquam se aequo certamine committentes, natura loci ac uallo, non uirtute aut armis tutabantur. [5]Maius flagitium in Algido, maior etiam clades accepta : castra quoque amissa erant, exutusque omnibus utensilibus miles Tusculum se, fide misericordiaque uicturus hospitum, quae tamen non fefellerunt, contulerat. [6]Romam tanti erant terrores allati ut, posito iam decemuirali odio, patres uigilias in Vrbe habendas censerent, omnes qui per aetatem arma ferre possent custodire moenia ac pro portis stationes agere iuberent, [7]arma Tusculum ad supplementum decernerent, decemuirosque ab arce Tusculi digressos in castris militem habere, castra alia a Fidenis in Sabinum agrum transferri, belloque ultro inferendo deterreri hostis a consilio Vrbis oppugnandae.

Des. *V* (*usque ad* XLII, **3** : propius Vrbem]). *E. T. A.*

Transpon. XLII, **5** : contulerant (*uel* -rat) *ante* quae tamen *P²FB S.U.*

XLII, **2** noxia *Mυ* : noxa ω nox *S* ‖ **4** nusquam ω : nunquam *V.U. LRD* ‖ certamine Σ : certamini *V. det. unus* ‖ **5** fide : fidem *V* ‖ contulerat *V?* (*ex spatio*). *U, Ed. Rom. 1470* : contulerant *cett.* ‖ **6** in urbe : in urbem *V* ‖ arma ferre Σ : ferre arma *V* ‖ **7** ad supplementum *M¹.Σ cett.* : ac supplementum *V.M, Gron.* ‖ digressos ω.*D³* : degressos *D?*, *Gron.* ‖ alia a : alia *V.*

Crimes des décemvirs. Mort de Virginie.

XLIII. Aux défaites infligées par l'ennemi, les décemvirs ajoutent deux crimes affreux, l'un à l'armée, l'autre à Rome. En Sabine, Lucius Siccius, voyant qu'on en voulait aux décemvirs, glissait aux simples soldats quelques allusions à mots couverts à une restauration du tribunat et à une sécession [de la plèbe]. On l'envoie en reconnaissance choisir un emplacement pour le camp. On charge les hommes désignés pour faire partie de l'expédition de l'attaquer dans un endroit propice et de le tuer. Ils payèrent cher leur crime : il résista et autour de lui plusieurs assassins tombèrent ; car il se défendit seul contre un cercle d'assaillants avec autant de force que de courage[1]. Les survivants annoncent au camp qu'ils ont donné tête baissée dans une embuscade ; que Siccius a fait des prodiges de valeur, mais a été tué avec plusieurs de ses hommes. On commença par ajouter foi à leur récit ; une cohorte partit alors pour enterrer les morts avec l'autorisation des décemvirs ; mais, voyant qu'aucun d'eux n'avait été dépouillé, que Siccius gisait au milieu des autres avec ses armes, que tous les cadavres étaient tournés vers lui, que l'ennemi n'avait laissé ni morts ni traces de son départ, ils déclarèrent, en rapportant le corps, qu'il avait été sûrement assassiné par ses hommes. Pleine d'indignation, l'armée était décidée à transporter immédiatement Siccius à Rome, si les décemvirs ne s'étaient hâtés de lui faire des funérailles militaires nationales. Elles eurent lieu dans la tristesse profonde de l'armée ; et les décemvirs étaient perdus de réputation parmi les soldats.

XLIV. Alors survint à Rome un autre crime, un crime

1. Denys développe beaucoup plus le rôle et pousse la figure de L. Siccius, vieil officier héroïque et beau parleur (X, 36-39 et 44-47) ; il donne sur la machination qui le fait périr de longs détails très différents (XI, 25-27).

XLIII. [1]Ad clades ab hostibus acceptas duo nefanda facinora decemuiri belli domique adiciunt. [2]L. Siccium in Sabinis, per inuidiam decemuiralem tribunorum creandorum secessionisque mentiones ad uolgus militum sermonibus occultis serentem, prospeculatum ad locum castris capiendum mittunt. [3]Datur negotium militibus, quos miserant expeditionis eius comites, ut eum opportuno adorti loco interficerent. [4]Haud inultum interfecere : nam circa repugnantem aliquot insidiatores cecidere, cum ipse se praeualidus, pari uiribus animo, circumuentus tutaretur. [5]Nuntiant in castra ceteri 'praecipitatum in insidias esse ; Siccium egregie pugnantem militesque quosdam cum eo amissos'. [6]Primo fides nuntiantibus fuit ; profecta deinde cohors ad sepeliendos qui ceciderant decemuirorum permissu, postquam nullum spoliatum ibi corpus Sicciumque in medio iacentem armatum omnibus in eum uersis corporibus uidere, hostium neque corpus ullum nec uestigia abeuntium, 'profecto ab suis interfectum' memorantes rettulere corpus. [7]Inuidiaeque plena castra erant, et Romam ferri protinus Siccium placebat, ni decemuiri funus militare ei publica impensa facere maturassent. Sepultus ingenti militum maestitia, pessima decemuirorum in uolgus fama [est].

XLIV. [1]Sequitur aliud in Vrbe nefas, ab libidine

Des. *E. T. A.*

Om. **XLIV, 1 : Vrbe nefas ... Lucretiae** ***F.***

XLIII, 1 belli *ω.D*ˣ **: bellique** *D?* **bello** *H* **|| 4 ipse se** *ω.D*³ **: ipse** *LRD* **|| pari Σ : par** *V.M*² **|| 6 permissu : permisso** *V* **|| armatum** *V* **: armatumque Σ || 7 castra erant Σ : erant castra** *V* **|| pessima** *ω* **: in pessima** *υ* **|| est** *ut peruerse adiunctum deleo.*

XLIV, 1 ab libidine *ω* **: ab libine** *V* **a libidine** *V.LRD.*

passionnel, qui eut des conséquences terribles, de même que jadis le viol et le suicide de Lucrèce avaient amené l'exil et la chute des Tarquins. Ainsi non seulement les décemvirs finirent comme les rois, mais la cause même de leur chute fut identique.

Appius Claudius s'éprit d'une jeune plébéienne dont il voulut faire sa maîtresse[1]. C'était la fille de Lucius Virginius, centurion en premier à l'armée de l'Algide, et modèle de droiture comme citoyen et comme soldat. Sa femme avait reçu les mêmes principes; leurs enfants les recevaient. Sa fille était fiancée à Icilius, ancien tribun, caractère ardent, et qui avait fait la preuve de son courage en défendant la cause de la plèbe. La jeune fille était déjà grande[2] et d'une beauté remarquable quand Appius, fou d'amour[3], entreprit de la séduire par des présents et des promesses; mais, la trouvant toujours défendue par sa pudeur, il eut recours à une violence cruelle et tyrannique. Il chargea Marcus Claudius, son client, de réclamer la jeune fille comme esclave et de s'opposer à toute demande de liberté provisoire : l'absence du père lui semblait laisser le champ libre à l'injustice. Quand la jeune fille vint au forum, aux écoles primaires installées dans des baraques, l'agent de l'amoureux décemvir mit la main sur elle[4], la déclara « son esclave, née d'une de ses esclaves »; et il lui ordonnait de le suivre : « si elle refusait, il l'emmènerait de force ». Elle est frappée d'effroi et de stupeur; sa nourrice crie au secours; il se fait un rassemblement. On se répète que « c'est

1. Le récit vers lequel se hâtait Tite-Live met en scène — sur le thème de l'origine passionnelle de graves événements politiques (accentué ici par le rappel de la chute des rois) — la révélation d'une insuffisance du droit à la suite d'une initiative privée (cf. VIII, 28). La réalité des faits échappe à la discussion; le schéma juridique paraît assez ancien. Voir Appendice, IV.

2. Douze ans au moins (*adulta*); Denys lui en donne quinze. — La familiarité des détails qui suivent est de couleur hellénistique.

3. Une forte allitération (*amore amens*) accentue l'expression; cf. 47, 4 (*uis amentiae uerius quam amoris mentem turbauerat*).

4. S'agit-il de la procédure par *manus iniectio*, ou d'une initiative brutale du demandeur (voir § 8), de type très archaïque : cf. p. 22, n. 1?

ortum, haud minus foedo euentu quam quod per stuprum caedemque Lucretiae Vrbe regnoque Tarquinios expulerat, ut non finis solum idem decemuiris qui regibus, sed causa etiam eadem imperii amittendi esset.

[2]Ap. Claudium uirginis plebeiae stuprandae libido cepit. Pater uirginis, L. Verginius, honestum ordinem in Algido ducebat, uir exempli recti domi militiaeque. Perinde uxor instituta fuerat liberique instituebantur. [3]Desponderat filiam L. Icilio tribunicio, uiro acri et pro causa plebis expertae uirtutis. [4]Hanc uirginem adultam, forma excellentem, Appius amore amens pretio ac spe perlicere adortus, postquam omnia pudore saepta animaduerterat, ad crudelem superbamque uim animum conuertit. [5]M. Claudio clienti negotium dedit ut uirginem in seruitutem adsereret, neque cederet secundum libertatem postulantibus uindicias, quod pater puellae abesset locum iniuriae esse ratus. [6]Virgini uenienti in forum — ibi namque in tabernaculis litterarum ludi erant — minister decemuiri libidinis manum iniecit, 'serua sua natam seruamque' appellans, sequique se iubebat : 'cunctantem ui abstracturum'. [7]Pauida puella stupente, ad clamorem nutricis fidem Quiritium implorantis fit

Des. *E. T. A.*

XLIV, **1** Vrbe : urbem *V* || **3** Desponderat Σ : desponderant *V* || L. Icilio : l. sicilio (*et sic postea*) *V* || **4** amens ω.D^x : ardens mens *M*• ardens *H.LRD* ardens et eius mentem M^3 ardente amens (*Rhenan.*) || animaduerterat Σ : animaduertit *V* || **5** cederet ω.O^1 : cedere *H* crederet *O* ederet *V* || secundum ω : secū *S* sec̄ *PB* sic̄ *F* sic *F^3* sequi *U* ; *om. O* || postulantibus Σ : petentibus *V* || uindicias ω (*sed* -tias *O*). D^x : uindictis *M.LRD* inducias F^3 || ratus *om. V* || **6** tabernacúlis *V.Mv.O* : tabernis *cett.* || manum iniecit : magnum inicit *V* || serua sua *V.*D^x*. dett. aliq.* : seruam suam *D. cett.* || sequique se iubebat *Gron.* : esse sequique se iubebat ω.D^3 esse sequique seuiebat *LRD* sequi iubebat *V* || cunctantem ui Σ : cunctantem qui *V*.

la fille de Virginius et la fiancée d'Icilius » deux noms populaires. Leurs amis par sympathie pour eux et le public par indignation prennent parti pour la jeune fille. Elle n'avait plus à redouter la violence; mais son prétendu maître dit qu' « il n'y a pas besoin d'ameuter la foule : il s'agit d'une démarche légale et non d'un attentat ». Il cite la jeune fille en justice[1]; les assistants alors de lancer cet appel : « Suivons-les »[2]; on arrive au tribunal d'Appius. Le demandeur débite son rôle bien connu du juge[3], qui était lui-même l'auteur de la comédie : « la jeune fille est née chez lui; elle a été enlevée et transportée au domicile de Virginius, à qui on l'a présentée comme sa fille. Ses allégations sont fondées sur une preuve et il la soumettra au jugement de Virginius lui-même, qui est le principal intéressé dans cette action frauduleuse; en attendant, l'esclave doit suivre son maître, c'est la justice ». Les défenseurs de la jeune fille disaient que « Virginius était absent pour le service de l'État; qu'il comparaîtrait le lendemain, si on le prévenait; qu'il n'était pas juste de mettre en jeu sa paternité en son absence »; ils demandent à Appius de « surseoir à toute décision jusqu'à l'arrivée du père, d'accorder la liberté provisoire en vertu de la loi dont lui-même est l'auteur et de ne pas permettre qu'une grande jeune fille soit en danger de perdre sa réputation avant sa liberté ».

XLV. Appius, avant de se prononcer, fit remarquer qu' « une preuve de son libéralisme, c'était justement cette loi invoquée par les amis de Virginius à l'appui de leur requête » : « Mais elle ne peut être le ferme soutien

1. On a trouvé ici deux difficultés : qu'à cette date un client *devait* être représenté en justice par son patron; que, d'autre part, Virginie, mineure et revendiquée, ne pouvait y être appelée. Cependant, déjà dans Plaute, on voit des esclaves appelés en justice.

2. Le texte *sequeretur* (qui serait un conseil à Virginie de suivre Claudius) est peu autorisé par nos manuscrits.

3. Impropriété (voulue?). L'affaire n'est encore qu'*in iure*, où se décide s'il y a lieu à procès; non *in iudicio*, où se tranchera le débat.

concursus ; Vergini patris sponsique Icili populare nomen celebratur. Notos gratia eorum, turbam indignitas rei uirgini conciliat. [8]Iam a ui tuta erat, cum adsertor 'nihil opus esse multitudine concitata' ait ; 'se iure grassari, non ui'. Vocat puellam in ius. Auctoribus qui aderant 'ut sequerentur', [9]ad tribunal Appi peruentum est. Notam iudici fabulam petitor, quippe apud ipsum auctorem argumenti, peragit : 'Puellam domi suae natam furtoque inde in domum Vergini translatam suppositam ei esse ; [10]id se indicio compertum adferre probaturumque uel ipso Verginio iudice, ad quem maior pars iniuriae eius pertineat ; interim dominum sequi ancillam aequum esse'. [11]Aduocati puellae, cum Verginium rei publicae causa dixissent abesse, 'biduo adfuturum si nuntiatum ei sit, iniquum esse absentem de liberis dimicare', [12]postulant ut 'rem integram in patris aduentum differat ; lege ab ipso lata uindicias det secundum libertatem, neu patiatur uirginem adultam famae prius quam libertatis periculum adire'.

XLV. [1]Appius decreto praefatus 'quam libertati fauerit, eam ipsam legem declarare quam Vergini amici postulationi suae praetendant' : [2]'Ceterum ita

Des. *E. T. A.*

XLIV, 7 Vergini *M.PS* (*in quo* -nii). *U.H.R* : uirginii F^3.*O.L*D^3 uirgini *B* uirginis *V.D?* || celebratur *S.O.LRD* : celebratum *V* celebrabatur *cett.* || uirgini ω.R^x : uirginis *V.R* || 8 Iam a ui tuta ω.B^1R^2 : iam habitata *B* iam ui tuta *M* a ui tuta *R* iam a ui ui (*uel* iam aut ut) *V* || concitata Σ (*sed* -tae *B*) : concita *V* || ut sequerentur ω.D^x : adsequerentur (*uel* ass-) *LRD* ut sequeretur *U*, *Edd. uet.* . . sequeretur *V* assequentibus R^2 || 9 quippe apud : quippe aut *V* || 10 probaturumque uel ipso Σ : probaturum quae uel ipsa *V* || iudice Σ : iudicem *V*.

XLV, 1, praefatus *codd. omnes* (*de tota sententiarum* §§ *1-2 conformatione, cf. sis I, 47, 10-11*) : praefatur *Luterbacher*, *Conway*.

de la liberté qu'à condition de ne pas varier suivant les circonstances et les individus. Or, dans les procès en revendication de liberté, où la loi permet à n'importe qui d'introduire l'action, la liberté provisoire est de droit ; mais, dans le cas de cette jeune fille, soumise à la puissance paternelle, c'est en faveur du père, à l'exclusion de tout autre, que le maître peut renoncer à ses prétentions[1]. En conséquence, il décide de faire venir le père ; mais, en attendant, le demandeur n'abandonne pas le droit d'emmener la jeune fille, en promettant de la représenter à l'arrivée du prétendu père ».

L'injustice de cette sentence faisait murmurer bien des gens sans que personne osât protester, quand surviennent Publius Numitorius, oncle[2] de la jeune fille, et Icilius, son fiancé ; on leur ouvre un passage dans la foule, la multitude comptant surtout sur l'intervention d'Icilius pour tenir tête à Appius ; mais le licteur annonce : « Décret rendu ! », et, malgré ses cris, écarte Icilius. Une si noire injustice aurait enflammé même un esprit paisible. « C'est par le fer qu'il faut m'écarter d'ici, Appius, dit-il, pour obtenir le silence sur ce que tu veux cacher. C'est moi qui dois prendre cette jeune fille pour femme et la prendre pure sous son voile de mariée. Aussi rassemble même tous les licteurs de tes collègues ; fais préparer verges et haches : tu ne feras pas rester hors de la maison paternelle la fiancée d'Icilius. Non : la puissance tribunitienne et l'appel au peuple, ces deux remparts de la liberté, vous avez pu nous les enlever ; mais nos femmes et nos enfants ne sont pas pour cela soumis à la tyrannie de vos caprices. Frappez nos corps et nos têtes ; mais respectez au moins la chasteté. Si contre cette jeune fille on

1. Appius veut éviter qu'avant le *iudicium*, un autre que le père puisse demander juridiquement la liberté provisoire de Virginie (de droit, aux temps classiques, dans une cause « de liberté » : cf. Cic., *Rép.*, III, 32). Il joue donc sur la situation de Virginie, qui ne peut qu'être *in potestate*, soit de son père, soit de M. Claudius.

2. Maternel (*auunculus*), d'après 54, 11. Il est appelé *auus* ici et en 57, 4 : grand-père ou grand-oncle?

in ea firmum libertati fore praesidium, si nec causis nec personis uariet. In îs enim qui adserantur in libertatem, quia quiuis lege agere possit, id iuris esse; in ea quae in patris manu sit, neminem esse alium cui dominus possessione cedat. [3]Placere itaque patrem arcessiri; interea iuris sui iacturam adsertorem non facere quin ducat puellam sistendamque in aduentum eius qui pater dicatur promittat'.

[4]Aduersus iniuriam decreti cum multi magis fremerent quam quisquam unus recusare auderet, P. Numitorius puellae auus et sponsus Icilius interueniunt; [5]dataque inter turbam uia, cum multitudo Icili maxime interuentu resisti posse Appio crederet, lictor 'decresse' ait uociferantemque Icilium summouet. [6]Placidum quoque ingenium tam atrox iniuria accendisset. « Ferro hinc tibi summouendus sum, Appi, inquit, ut tacitum feras quod celari uis. Virginem ego hanc sum ducturus nuptamque pudicam habiturus. [7]Proinde omnes collegarum quoque lictores conuoca; expediri uirgas et secures iube; non manebit extra domum patris sponsa Icili. [8]Non si tribunicium auxilium et prouocationem plebi Romanae, duas arces libertatis tuendae, ademistis, ideo in liberos quoque nostros coniugesque regnum uestrae libidini datum est. [9]Saeuite in tergum et in ceruices nostras : pudicitia saltem in tuto sit. Huic si uis adferetur, ego praesentium Quiritium pro sponsa, Verginius mili-

Des. *E. T. A.* — **Def.** XLV, **6** : *post* iniuria ac-] *V*.

XLV, **2** si nec ω. D^3 : sine *PB.H.LRD* || qui (*ante* adserantur) *om. LRD* || in (*ante* libertatem) *om. LRD* || agere Σ : adsignare *V* || in (*ante* patris) *om. PFBS.U* (*fortasse ex* patris in manu) || **4** auus *codd.* : auunculus *Edd. aliq.* (*cf. infra, cap. 54, § 11*) || **6** ingenium ω : ingenium cum *U.H* || nuptamque pudicam ω.D^x : nuptam pudicamque *LRD* || **7** conuoca ω.R^2D^3 : conuocans *LRD* || Icili *om. R* || **8** ademistis ω.D^x : ademisti *LRD* || **9** Saeuite ω : seui (*uel* sae-) *PFBS.U*.

a recours à la violence, j'implorerai l'aide des citoyens ici présents pour ma fiancée, Virginius celle des soldats pour sa fille unique[1], et tous celle des dieux et des hommes. Ta sentence, jamais, à moins de nous tuer, tu ne l'exécuteras. Crois-moi, Appius : regarde bien, regarde encore où tu t'engages. A Virginius de voir à son arrivée ce qu'il décide pour sa fille ; je déclare simplement que, s'il cède aux prétentions de cet homme, il n'a qu'à chercher un autre parti pour elle. Quant à moi, pour défendre la liberté de ma fiancée, je renoncerai à la vie plutôt qu'à mon devoir. »

XLVI. La foule était surexcitée et une bagarre semblait imminente. Les licteurs entouraient Icilius. On s'en tint pourtant aux menaces, parce qu'Appius déclara « que la défense de Virginie n'était pas le but d'Icilius : cet homme turbulent, encore tribun dans l'âme[2], ne cherchait que l'occasion d'une émeute. Il ne lui en fournirait pas le prétexte aujourd'hui ; seulement, pour lui prouver qu'il ne faisait pas cette concession à son effronterie, mais à l'absence de Virginius, à son titre de père et à la liberté, il ne dirait pas le droit ce jour-là et ne donnerait même pas suite à son décret ; il demanderait à Marcus Claudius de renoncer à son droit et de souffrir que le procès de liberté ne s'engage que le lendemain. Mais, si le lendemain le père ne se présentait pas, il prévenait Icilius et ses pareils que le législateur ne manquerait pas à sa propre loi, ni la fermeté au décemvir. Et il n'aurait nullement besoin d'appeler les licteurs de ses collègues pour mater les fauteurs de trouble : les siens lui suffiraient ».

L'injustice étant ajournée, les défenseurs de la jeune fille se retirèrent ; et il fut décidé qu'avant tout le frère d'Icilius et le fils de Numitorius, tous deux jeunes et

1. S'il faut entendre ici que Virginie est *enfant* unique, on interprétera plus haut (44, 2) *liberi* comme un collectif rhétorique (cf. 50, 5 et 6). Cela ne s'impose pas : elle peut être « seule *fille* ». Voir cependant p. 76, n. 2.

2. Sur la tradition tribunicienne des Icilius, voir E. Pais, *Storia di Roma dalle origini all'inizio d. guerre Puniche*, III, p. 225 et suiv.

tum pro unica filia, omnes deorum hominumque implorabimus fidem, neque tu istud unquam decretum sine caede nostra referes. [10]Postulo, Appi, etiam atque etiam consideres quo progrediare. [11]Verginius uiderit de filia, ubi uenerit, quid agat ; hoc tantum sciat sibi, si huius uindiciis cesserit, condicionem filiae quaerendam esse. Me uindicantem sponsam in libertatem uita citius deseret quam fides. »

XLVI. [1]Concitata multitudo erat certamenque instare uidebatur ; lictores Icilium circumsteterant. Nec ultra minas tamen processum est, [2]cum Appius 'non Verginiam defendi ab Icilio, sed inquietum hominem et tribunatum etiam nunc spirantem locum seditionis quaerere' diceret : 'Non praebiturum se illi eo die materiam ; [3]sed, ut iam sciret non id petulantiae suae, sed Verginio absenti et patrio nomini et libertati datum, ius eo die se non dicturum neque decretum interpositurum : a M. Claudio petiturum ut decederet iure suo uindicarique puellam in posterum diem pateretur. [4]Quod nisi pater postero die adfuisset, denuntiare se Icilio similibusque Icili neque legi suae latorem neque decemuiro constantiam defore ; nec se utique collegarum lictores conuocaturum ad coercendos seditionis auctores : contentum se suis lictoribus fore'.

[5]Cum dilatum tempus iniuriae esset secessissentque aduocati puellae, placuit omnium primum fratrem

Des. *V. E. T. A.*

XLV, 9 fidem ω.*F*[3] : fide *PFB* ‖ 11 huius ω : ipse huius *O.H* ‖ deseret : desereret *M*.

XLVI, 3 non id ω : non ut *LRD* ‖ ius eo ω : iusto *Mv.LR* ius se eo *D*[3] (*in ras.*) ‖ decederet ω.*O*[1]*D*[3] : decedere *H* deceret *O* dederet *LRD*.

alertes, se rendraient directement à la porte de la ville et iraient en toute hâte chercher Virginius au camp : « Le salut de sa fille reposait uniquement sur sa présence le lendemain à l'heure dite pour s'opposer légalement à l'injustice ». Ils obéissent, partent et vont bride abattue porter la nouvelle au père. Cependant, le demandeur pressait sa partie de libérer la jeune fille[1] en fournissant des répondants ; et Icilius déclarait que justement il s'en occupait, cherchant à gagner du temps pour laisser prendre de l'avance à ses émissaires, quand la foule leva les mains de toutes parts, pour montrer à Icilius que tout le monde était prêt à servir de garant. Et lui leur dit, les larmes aux yeux : « Merci ! Demain j'aurai besoin de vous. Aujourd'hui, j'ai assez de répondants. » Alors Virginie est libérée sous la garantie de sa famille. Appius resta encore quelques instants, pour ne pas paraître avoir siégé exprès pour cette affaire ; mais, comme on négligeait les autres pour ne s'occuper que de celle-là et que personne ne se présentait, il rentre chez lui et écrit à ses collègues du camp de ne pas accorder de permission à Virginius, et même de le mettre aux arrêts. Sa perfide machination eut naturellement du retard : Virginius avait pris sa permission et était déjà parti depuis le début de la nuit quand le lendemain matin on reçut, mais en vain, l'avis d'avoir à le retenir.

XLVII. A Rome dès l'aube, toute la ville était au forum, tenue en éveil par l'anxiété, quand Virginius, en deuil, y amena sa fille, vêtue de haillons, entourée de quelques femmes vénérables, et suivie d'un long cortège de défenseurs. Là il se mit à aller de l'un à l'autre, à solliciter les gens, ne se bornant pas à mendier leur secours par ses prières, mais le réclamant comme une dette :

1. Contradictoire à 44, 5? D'ailleurs, Appius n'a pas « prononcé » (46, 4) ; et il refuserait à Icilius la position juridique de *uindex* (p. 69, n. 1. Cf. 46, 6). — Nous croyons plutôt que *uindicare* n'a pas ici (ni au § 8) son sens plein. Mais, n'étant pas *sui iuris*, Virginie a besoin de quelqu'un qui la « réclame » et assure sa liberté pour un jour, en trouvant qui cautionne sa présentation au tribunal le lendemain.

Icili filiumque Numitori, impigros iuuenes, pergere inde recta ad portam et, quantum adcelerari posset, Verginium acciri e castris : [6]'in eo uerti puellae salutem, si postero die uindex iniuriae ad tempus praesto esset'. Iussi pergunt citatisque equis nuntium ad patrem perferunt. [7]Cum instaret adsertor puellae ut uindicaret sponsoresque daret, atque id ipsum agi diceret Icilius, sedulo tempus terens dum praeciperent iter nuntii missi in castra, manus tollere undique multitudo et se quisque paratum ad spondendum Icilio ostendere. [8]Atque ille lacrimabundus « Gratum est, inquit ; crastina die uestra opera utar ; sponsorum nunc satis est. » Ita uindicatur Verginia spondentibus propinquis. [9]Appius, paulisper moratus ne eius rei causa sedisse uideretur, postquam omissis rebus aliis prae cura unius nemo adibat, domum se recepit collegisque in castra scribit 'ne Verginio commeatum dent atque etiam in custodia habeant'. [10]Improbum consilium serum, ut debuit, fuit et iam commeatu sumpto profectus Verginius prima uigilia erat, cum postero die mane de retinendo eo nequiquam litterae redduntur.

XLVII. [1]At in Vrbe prima luce cum ciuitas in foro exspectatione erecta staret, Verginius sordidatus filiam secum obsoleta ueste comitantibus aliquot matronis cum ingenti aduocatione in forum deducit. [2]Circumire ibi et prensare homines coepit, et non orare solum precariam opem, sed pro debita petere :

Des. *V. E. T. A.*

XLVI, 7 daret ω : darent *PFBS.U* || iter nuntii D^4p. *dett. aliq.*, *Edd. uet.* : internuntii *D. cett.* || 9 adibat ω.υ : eum adibat *O.H.*

XLVII, 2 non orare ω (*sed* non solum or-, *uocabulo* solum *sic transposito, O*). F^3 : non onorare *P* non honorare *F?BS* non onerare *U.*

« Pour défendre leurs femmes et leurs enfants, il était en ligne tous les jours ; personne à l'armée n'avait à son actif plus de traits de courage et d'audace ; à quoi bon garder Rome sauve, si ses enfants y sont exposés aux pires horreurs d'un pillage? » Il débitait à la ronde cette espèce de harangue. Icilius tenait un langage analogue. Le groupe des femmes pleurant en silence était plus émouvant que toutes leurs paroles. A tout cela Appius reste froid, tant il est vrai qu'une crise de folie plutôt que de passion lui avait fait perdre la tête : il monte sur son tribunal, et, après quelques plaintes du demandeur « sur les intrigues qui, la veille, l'avaient empêché d'engager le procès », voilà que lui-même, sans écouter la fin de la requête, sans donner à Virginius le temps de répondre[1], il prend la parole. De quels attendus couvrit-il son décret? Peut-être y en a-t-il d'authentiques dans ceux que rapportent les anciens historiens ; mais, comme je n'en trouve nulle part de vraisemblables, s'agissant d'une si odieuse sentence, mieux vaut présenter le fait brutal : il se prononça pour l'esclavage[2]. Tout d'abord, la stupeur paralysa la foule, qui ne pouvait croire à une telle monstruosité, et il y eut un moment de silence. Puis, quand Marcus Claudius vint pour saisir la jeune fille dans le groupe des matrones, accueilli par leurs gémissements et leurs larmes, Virginius, montrant le poing à Appius, lui dit : « C'est à Icilius et non à toi, Appius, que j'ai fiancé ma fille ; c'est pour le mariage, et non pour le déshonneur que je l'ai élevée. Faut-il donc faire comme le bétail et les animaux sauvages, que le rut accouple au hasard? Laissera-t-on faire une chose pareille? Ceux qui sont ici, peut-être ; mais non

1. Appius veut ignorer la présence de Virginius (ce que Denys, XI, 36, n'a pas compris), parce que son plan de juriste madré était fondé sur l'absence du père, qu'il y comptait, et se trouve soudain déçu. De là son acte de « folie ». Cf. Pomponius (fr. 2, § 24, *Dig.*, *De orig. iuris*, I, 2), qui y trouve violés moins le droit de l'individu à la liberté que ceux, antiques, imprescriptibles, et d'ailleurs entérinés dans les XII Tables, du « père de famille ».

2. Contre Denys et Diodore (XII, 24), Tite-Live semble dire qu'il

'se pro liberis eorum ac coniugibus cottidie in acie stare, nec alium uirum esse cuius strenue ac ferociter facta in bello plura memorari possent : quid prodesse si, incolumi Vrbe, quae capta ultima timeantur liberis suis sint patienda?' [3]Haec prope contionabundus circumibat homines. Similia his ab Icilio iactabantur. Comitatus muliebris plus tacito fletu quam ulla uox mouebat. [4]Aduersus quae omnia obstinato animo Appius — tanta uis amentiae uerius quam amoris mentem turbauerat — in tribunal escendit, et, ultro querente pauca petitore 'quod ius sibi pridie per ambitionem dictum non esset', priusquam aut ille postulatum perageret aut Verginio respondendi daretur locus, Appius interfatur. [5]Quem decreto sermonem praetenderit, forsan aliquem uerum auctores antiqui tradiderint ; quia nusquam ullum in tanta foeditate decreti ueri similem inuenio, id quod constat nudum uidetur proponendum, decresse uindicias secundum seruitutem. [6]Primo stupor omnes admiratione rei tam atrocis defixit ; silentium inde aliquamdiu tenuit. Dein cum M. Claudius, circumstantibus matronis, iret ad prehendendam uirginem, lamentabilisque eum mulierum comploratio excepisset, [7]Verginius, intentans in Appium manus, « Icilio, inquit, Appi, non tibi filiam despondi et ad nuptias, non ad stuprum educaui. Placet pecudum ferarumque ritu promisce in concubitus ruere? Passurine haec isti sint nescio : non spero esse passuros illos qui arma habent. » [8]Cum repelleretur adsertor uirginis a globo mulierum cir-

Des. *V. E. T. A.*

XLVII, 2 ferociter *codd.* : fortiter *J. Doujat* || 4 escendit *M.P* : ascendit *P*[2]. *cett.* || ius sibi *D*[4], *Ed. Rom. 1469* : sibi *vD. cett.* || 5 antiqui : qui *M* || 6 prehendendam ω.ρ : prehendam *PFB* prendendam *M* comprehendendam *D* || 7 sint ω.*U*[2] : sunt *U.H.*

pas, je l'espère, ceux qui portent les armes. » Cependant, le maître de la jeune fille était repoussé par le groupe des femmes et par ses défenseurs rangés autour d'elle, quand le crieur réclama le silence.

XLVIII. Le décemvir, égaré par la passion, s'écrie que « les injures d'Icilius, la veille, et la violence de Virginius, dont vient d'être témoin le peuple romain, confirment ce qu'il sait par ailleurs de source sûre, que toute la nuit il y a eu des complots en ville pour soulever une émeute. Aussi, en prévision d'une bagarre, est-il venu au forum avec une escorte armée, non pour malmener les gens paisibles, mais pour faire son devoir de magistrat et châtier les perturbateurs de l'ordre public. Qu'on reste donc tranquille : cela vaudra mieux. Va, licteur, dit-il; écarte la foule; ouvre un passage au maître pour saisir son esclave. » A ces mots prononcés d'une voix tonnante et pleine de colère, la foule s'écarta d'elle-même; et la jeune fille restait là seule, abandonnée en proie à l'injustice. Alors, Virginius, ne voyant nulle part aucun recours, dit : « Je t'en prie, Appius, pardonne d'abord à la douleur d'un père la dureté de mes reproches, et, en outre, permets-moi ici, en présence de ma fille, de demander à sa nourrice ce qu'il en est de cette affaire : si je n'ai pas le droit d'être appelé son père, je me résignerai mieux à la quitter. » On l'y autorise; il tire à l'écart sa fille et la nourrice près du temple de Cloacine et de ce qu'on appelle aujourd'hui les Boutiques Neuves[1], et là, saisissant à un étal un couteau de boucher : « Ma fille », dit-il, « je n'ai pas d'autre moyen de te rendre la liberté. » Puis il la

s'agit de l'attribution provisoire avant *iudicium* (les *uindiciae*). Mais cet acte est impossible sans *uindicatio* et *contrauindicatio* préalables. Erreur juridique ou imprécision de vocabulaire de Tite-Live? Il est fort regrettable qu'il ne nous rapporte pas les attendus du décret (Denys au contraire : voir p. 137, n. 5).

1. Localisation archéologique, mais peut-être aussi symbolique. Les « Boutiques Neuves » (cf. Liv., I, 35, 10), non loin du *Comitium* où devait siéger Appius, bordaient le forum au nord, très près de la cha-

cumstantiumque aduocatorum, silentium factum per praeconem.

XLVIII. [1]Decemuir, alienatus ad libidinem animo, negat 'ex hesterno tantum conuicio Icili uiolentiaque Vergini, cuius testem populum Romanum habeat, sed certis quoque indiciis compertum se habere nocte tota coetus in urbe factos esse ad mouendam seditionem. [2]Itaque se haud inscium eius dimicationis cum armatis descendisse, non ut quemquam quietum uiolaret, sed ut turbantes ciuitatis otium pro maiestate imperii coerceret'. [3]« Proinde quiesse erit melius. I, inquit, lictor, summoue turbam et da uiam domino ad prehendendum mancipium. » Cum haec intonuisset plenus irae, multitudo ipsa se sua sponte dimouit desertaque praeda iniuriae puella stabat. [4]Tum Verginius, ubi nihil usquam auxilii uidit, « Quaeso, inquit, Appi, primum ignosce patrio dolori, si quo inclementius in te sum inuectus ; deinde sinas hic coram uirgine nutricem percontari quid hoc rei sit, ut, si falso pater dictus sum, aequiore hinc animo discedam. » [5]Data uenia seducit filiam ac nutricem prope Cloacinae ad tabernas, quibus nunc Nouis est nomen, atque ibi ab lanio cultro arrepto, « Hoc te uno quo possum, ait, modo, filia, in libertatem uindico. » Pectus deinde puellae transfigit, respectansque ad tri-

Des. *V. E. T. A.*

XLVIII, **1** ex hesterno *M* (*sed* haest-). ρ : ex sterno *PF?* externo *B.H.LRD* esterno *U* hesterno *F*³*S.O.D*⁴ || populum Romanum *ϱ.O.H.D*⁴ : populum rom̄ ōr *M* populum romor *P* populum rumor *P*²*FBS.U* populum romae *LRD* || **3** I, inquit *R*²*D*², *Ald.* : ii inquit *LRD* inquit *D*⁴. *cett.* (*sed* inquid *B*) || **4** si quo *Weissenb.* : si quod *ω.R*²*D*³ si quot *LRD* si quid *dett.* si *Alsch.* || dictus *ω.D*ˣ : ductus *LRD* || **5** ad tabernas *ω.D*⁴ (*in ras.*) : tabernas *PFBS.U* || filia in *P.U.D*ˣ : filiam in *ϱP*²*D. cett.* filia, mi in *Rhenanus*.

frappa au cœur, et, se tournant vers le tribunal : « Appius », dit-il, « par ce sang, malédiction sur toi et sur ta tête[1] ! » Aux cris soulevés par ce coup terrible, Appius se dresse et ordonne d'arrêter Virginius ; mais lui, le couteau à la main, s'ouvre un chemin partout où il va, et, protégé d'ailleurs par la foule qui le suit, finit par arriver à la porte de la ville. Icilius et Numitorius enlèvent le cadavre baignant dans son sang et vont le montrer au peuple ; ils déplorent le crime d'Appius, la fatale beauté de la victime, la contrainte imposée au père. Les femmes les suivent en criant : « Est-ce pour cela que nous mettons des enfants au monde? Est-ce là le prix de la décence? », et tout ce qu'en pareil cas suggère aux femmes leur douleur, plus vive chez ces âmes faibles, et d'autant plus touchante dans ses plaintes. Chez les hommes, chez Icilius surtout, tous les discours avaient trait à la suppression du tribunat et de l'appel au peuple, et aux scandales politiques.

Chute des décemvirs. XLIX. La foule se soulève, moitié à cause de l'horreur du crime, moitié dans l'espoir d'en profiter pour recouvrer sa liberté. Appius veut d'abord faire comparaître Icilius, puis, comme il refuse, le faire arrêter ; finalement, comme on ne laissait pas approcher ses huissiers, lui-même, avec sa garde de jeunes patriciens, s'avance à travers la foule pour le faire garrotter. Mais, à présent, autour d'Icilius, il y avait une multitude, et cette multitude avait des chefs, Lucius Valérius et Marcus Horatius. Ils repoussent le licteur, disant que, « si Appius prétend agir par les voies de droit, ils défendent Icilius contre un simple particulier ; s'il a recours à la force, là aussi ils se montreront de taille ». Alors, une violente bagarre éclate. Le licteur du décemvir

pelle de Vénus Cloacina, qui présidait à la chasteté des mariages (cf. Pline, *Hist. Nat.*, XV, 29, 119 et suiv.).

1. L'imprécation oriente la malfaisance que les anciens attribuaient aux « âmes » de tous ceux qui périssaient de mort violente, contre nature ou prématurée : cf. 58, 11. Le suicide de Lucrèce répond aussi

bunal, « Te, inquit, Appi, tuumque caput sanguine hoc consecro. » [6]Clamore ad tam atrox facinus orto excitus Appius comprehendi Verginium iubet. Ille ferro quacumque ibat uiam facere, donec multitudine etiam prosequentium tuente ad portam perrexit. [7]Icilius Numitoriusque exsangue corpus sublatum ostentant populo ; scelus Appi, puellae infelicem formam, necessitatem patris deplorant. [8]Sequentes clamitant matronae 'eamne liberorum procreandorum condicionem, ea pudicitiae praemia esse?' — cetera, quae in tali re muliebris dolor, quo est maestior imbecillo animo, eo miserabilia magis querentibus subicit. [9]Virorum et maxime Icili uox tota tribuniciae potestatis ac prouocationis ad populum ereptae publicarumque indignationum erat.

XLIX. [1]Concitatur multitudo partim atrocitate sceleris, partim spe per occasionem repetendae libertatis. [2]Appius nunc uocari Icilium, nunc retractantem arripi, postremo, cum locus adeundi apparitoribus non daretur, ipse cum agmine patriciorum iuuenum per turbam uadens, in uincula duci iubet. [3]Iam circa Icilium non solum multitudo, sed duces quoque multitudinis erant, L. Valerius et M. Horatius, qui, repulso lictore, 'si iure ageret, uindicare se a priuato Icilium' aiebant ; 'si uim adferre conaretur, ibi quoque se haud impares fore'. [4]Hinc atrox rixa oritur. Valerium Horatiumque lictor decemuiri inuadit :

Des. *V. E. T. A.*

XLVIII, 8 magis *om. U* || 9 uox tota Σ : uota *M* || ac prouocationis ω : prouocationis $R^{2}D^{4}$ procationis *LRD*.

XLIX, 8 aiebant $M^{1}.F^{3}.U.O^{1}.D^{3}$: agebant *PFBS.O.H.D* aiebat $M.R^{2}$ agebat *LR* || conaretur $U.O.H.R^{2}$: conarentur (*scil.* Appius cum patriciis iuuenibus?) *R. cett.* || quoque se ω : quoque *Mv?* || fore *om. M*.

se jette sur Valérius et Horatius ; la foule brise ses faisceaux[1]. Appius monte à la tribune ; Horatius et Valérius le suivent ; eux, l'assemblée les écoute, mais elle couvre la voix du décemvir. Déjà Valérius prenait assez d'autorité pour ordonner aux licteurs de quitter un simple particulier, quand Appius, perdant courage et craignant pour sa vie, se réfugia dans sa maison toute proche du forum, à l'insu de ses ennemis et en se cachant la tête dans sa toge. Spurius Oppius veut porter secours à son collègue et fait irruption de l'autre côté du forum. Il voit l'autorité vaincue par la force. Harcelé et désemparé par les conseils qu'il recevait de partout et de tous, il finit par convoquer le sénat. Comme la majorité de l'assemblée paraissait désapprouver les actes des décemvirs, et qu'on espérait qu'elle renverserait ce gouvernement, cette mesure apaisa la foule. Mais le sénat décida de ne pas surexciter la plèbe et de prendre bien plutôt des mesures pour empêcher l'arrivée de Virginius de mettre le trouble dans l'armée.

L. On envoie donc les plus jeunes sénateurs[2] au camp, situé alors sur le mont Vécilius ; ils avertissent les décemvirs de prévenir par tous les moyens une mutinerie de l'armée.

Mais Virginius y souleva plus d'agitation qu'il n'en avait laissé à Rome. Car non seulement la troupe d'environ 400 hommes, qui, brûlants d'indignation, lui faisaient escorte depuis la ville, le faisait remarquer, mais, en outre, son couteau tiré et le sang dont il était lui-même couvert attirèrent vers lui tous les regards. De plus, en

à cette conception, bien qu'alors Tite-Live s'en rende moins nettement compte (I, 58).

1. Le bris des faisceaux révèle leur nature : le respect qui les entoure à l'ordinaire tient au caractère sacré du magistrat, dont ils sont pourtant la magique sauvegarde. Appius, dépouillé de l'un et des autres, cherche à faire encore acte de magistrat en « montant à la tribune pour parler au peuple » (*in contionem... escendit*) : mais alors Valérius s'égale à lui *pro imperio*, « comme s'il avait l'*imperium*, par une sorte de renversement des rôles » (cf. 39, 6).

2. Partisans des décemvirs (41, 1) : le sénat, malgré l'espoir de la plèbe, n'a donc pas changé d'esprit : cf. 41, 5-7. — La position du mont

franguntur a multitudine fasces. In contionem Appius escendit : sequuntur Horatius Valeriusque ; eos contio audit, decemuiro obstrepitur. [5]Iam pro imperio Valerius 'discedere a priuato' lictores iubebat, cum fractis animis Appius, uitae metuens, in domum se propinquam foro insciis aduersariis capite obuoluto recipit. [6]Sp. Oppius, ut auxilio collegae esset, in forum ex altera parte inrumpit. Videt imperium ui uictum. Agitatus deinde consiliis a*d* qu*ae* ex omni parte adsentiendo multis auctoribus trepidauerat, senatum postremo uocari iussit. [7]Ea res, quod magnae parti patrum displicere acta decemuirorum uidebantur, spe per senatum finiendae potestatis eius multitudinem sedauit. [8]Senatus nec plebem inritandam censuit et multo magis prouidendum ne quid Vergini aduentus in exercitu motus faceret.

L. [1]Itaque missi iuniores patrum in castra, quae tum in monte Vecilio erant, nuntiant decemuiris 'ut omni ope ab seditione milites contineant'.

[2]Ibi Verginius maiorem quam reliquerat in Vrbe motum exciuit. Nam, praeterquam quod agmine prope quadringentorum hominum ueniens, qui ab urbe indignitate rei accensi comites ei se dederant, conspectus est, [3]strictum etiam telum respersusque ipse cruore tota in se castra conuertit. Et togae multifariam in castris uisae maioris aliquanto quam erat speciem urbanae multitudinis fecerant. [4]Quaerentibus

Des. *V. E. T. A.*

Add. XLIX, **5** (*post* metuens) : Appius fugit *M* Appius figit *P*.

XLIX, **4** escendit *P.M*[2] : aescendit *M* ascendit *P*[2]. *cett.* || **5** recipit ω : recepit *U.O* || **6** inrumpit (*uel* irr-) ω.*P*[2]*D*[4] : inrumpet *P* irrupit *H* rumpit *LRD?* || Videt : uidit *M* || ad quae *Stroth* : atque *codd.* || sedauit : sedebat (*ex* sedabat) *PF?* (*corr.* *P*[1-2]*F*[3]).

L, **2** Ibi *M.F*[3], *Ed. Rom. 1470* : ubi *F*ϱ. *cett.*

voyant des toges de tous côtés dans le camp, on s'exagérait beaucoup le nombre des civils. On lui demanda ce qu'il y avait ; longtemps les larmes lui coupèrent la parole. Enfin, une fois le tumulte du rassemblement calmé et le silence établi, il exposa point par point tout ce qui s'était passé. Puis, tendant les mains au ciel, il s'adressa à ses « frères d'armes » et les conjura « de rendre responsable de ce crime Appius Claudius et non lui-même ; de ne pas le repousser comme meurtrier de ses enfants[1]. La vie de sa fille lui eût été plus chère que la sienne, si elle avait pu garder avec la vie sa liberté et sa vertu ; mais, en se la voyant arracher pour l'esclavage et la honte, il avait trouvé qu'il valait mieux perdre ses enfants par la mort que par le déshonneur, et c'est la pitié qui l'avait entraîné à paraître cruel. Et il n'aurait pas survécu à sa fille s'il n'avait espéré venger sa mort grâce à l'aide de ses frères d'armes. Eux aussi avaient des filles, des sœurs, des femmes ; la luxure d'Appius n'était pas éteinte avec sa fille ; au contraire, l'impunité la rendrait d'autant plus effrénée. Le désastre d'autrui était pour eux un avertissement d'avoir à se garder d'un semblable outrage. Pour lui, il avait eu le malheur de perdre sa femme ; sa fille, ne pouvant plus vivre décemment, avait péri d'une mort misérable, mais honorable : la luxure d'un Appius ne pouvait donc plus s'installer à son foyer ; quant aux autres violences de cet homme, il aurait le courage de s'y soustraire personnellement, comme il y avait soustrait sa fille. A eux de s'occuper d'eux-mêmes et de leurs enfants[2] ».

A ces cris de Virginius répondaient ceux de la multi-

Vécilius (peut-être une des hauteurs de l'Algide? Cf. Denys, XI, 40, et Diod., XII, 24) nous est inconnue.

1. Le mot *parricida* signifie à l'origine meurtre non d'un parent, mais, semble-t-il, d'un patricien (Paul. *ex* Fest. p. 247 L.). Le rituel terrible dont s'accompagnait la punition (ou plutôt expiation) du crime (voir Modestinus, *Dig.*, XLVIII, *tit.* 9, 1, *pr.*) a pu contribuer à la limitation sémantique, qui n'est pas encore tout acquise au temps de Tite-Live. D'où la précision *liberum*, qui exagère encore l'horreur attachée au nom seul de *parricida*.

2. Ces détails paraissent bien impliquer que Virginius n'avait pas

quid rei esset, flens diu uocem non misit ; tandem, ut iam ex trepidatione concurrentium turba constitit ac silentium fuit, ordine cuncta, ut gesta erant, exposuit. 5Supinas deinde tendens manus, 'commilitones' appellans orabat 'ne, quod scelus Ap. Claudi esset, sibi attribuerent neu se ut parricidam liberum auersarentur. 6Sibi uitam filiae sua cariorem fuisse, si liberae ac pudicae uiuere licitum fuisset ; cum uelut seruam ad stuprum rapi uideret, morte amitti melius ratum quam contumelia liberos, misericordia se in speciem crudelitatis lapsum. 7Nec superstitem filiae futurum fuisse, nisi spem ulciscendae mortis eius in auxilio commilitonum habuisset : illis quoque filias sorores coniugesque esse, nec cum filia sua libidinem Ap. Claudi exstinctam esse, sed quo impunitior sit eo effrenatiorem fore ; 8aliena calamitate documentum datum illis cauendae similis iniuriae. Quod ad se attineat, uxorem sibi fato ereptam, filiam, quia non ultra pudica uictura fuerit, miseram, sed honestam mortem occubuisse ; 9non esse iam Appi libidini locum in domo sua ; ab alia uiolentia eius eodem se animo suum corpus uindicaturum quo uindicauerit filiae : ceteri sibi ac liberis suis consulerent'.

10Haec Verginio uociferanti succlamabat multitudo 'nec illius dolori nec suae libertati se defuturos'. Et immixti turbae militum togati, cum eadem illa que-

Des. *V. E. T. A.*

Om. L, **10** : nec illius dolori *R* (*restit. in marg. R*²).

L, **6** filiae sua *dett. aliq.*, *Ed. Rom. 1469* : filiae suae *codd.* || liberae ac pudicae *Ed. Frob. 1535*, *Gron.* : libere ac pudicae *F. det. unus* libere ac pudicaem *υ* libere ac pudice *cett.* libere ac pudicam (*Rhenan.*) || **7** nec *PFBS.U.O* : nec se *M.H.LRD* || illis quoque *F*³*B.U.O* : illis quoque enim *M.PFS.H.LR*¹⁻²*D* illis enim quoque *R* || **8** miseram sed honestam mortem *MD*ˣ. *cett.* : misera sed honesta morte *M*².*D* || **10** immixti (*uel* inm-) *F*³*S.U.O.H.R*¹ : immixtae (*uel* inm-) *M.P.LRD* inmixte *FB.* || cum eadem *ω.F*, *Gron.* : tum eadem *F*³ eadem *dett. aliq.*, *Edd. rec.* simul eadem *Zingerle.*

tude : « Ni sa douleur ni la liberté ne les laisseront indifférents ! » Les civils se mêlaient à la foule des soldats, répétant les mêmes plaintes, faisant remarquer que le récit, on devait bien le penser, était moins affreux encore que la réalité, et déclarant que le coup d'État était déjà fait à Rome ; de nouveaux arrivants disaient qu'Appius, à demi mort, s'était enfui à l'étranger ; ils en firent tant que les soldats crient : « Aux armes ! », se saisissent des enseignes et s'ébranlent vers Rome. A cette vue et aux nouvelles venues de la ville, les décemvirs, bouleversés, courent de droite et de gauche dans le camp pour apaiser l'agitation. Mais, quand ils emploient la douceur, on ne leur répond pas ; s'ils font sentir leur autorité, on répond : « Nous avons du courage et des armes. » La colonne marche sur Rome et occupe l'Aventin, conseillant à tous les plébéiens qu'on rencontre de reconquérir leur liberté et de nommer des tribuns de la plèbe. En dehors de cela, pas une parole violente ne fut prononcée[1]. Spurius Oppius réunit le sénat ; on s'oppose à toute mesure de rigueur, « puisque les décemvirs eux-mêmes ont fourni un prétexte à la sédition ». On envoie une délégation de trois anciens consuls, Spurius Tarpéius, Gaius Julius, Publius Sulpicius[2], chargés de demander au nom du sénat « qui a donné l'ordre d'abandonner le camp et quelles sont les intentions de ces troupes en armes qui occupent l'Aventin et, tournant le dos à l'ennemi, ont fait la conquête de leur patrie ». Ils ne manquaient pas de raisons valables, mais de porte-parole pour les faire valoir, car ils n'avaient pas encore de chef qualifié, et nul ne tenait à se compromettre. Ils se bornèrent donc à crier tous en masse « qu'on leur envoyât Lucius Valérius et Marcus Horatius, et qu'ils leur donneraient leur réponse ».

d'autre enfant que sa fille (cf. p. 70, n. 1). Cependant, le caractère très rhétorique de cette argumentation n'exclut pas que Tite-Live ait ici perdu de vue le tableau de vie familiale idyllique qu'il esquissait au chap. 44, 2.

1. Même affectation de modération plébéienne (cf. *infra*, 52, 3 ; 54, 8) que lors de la première sécession (II, 32, 4).

2. Aucun P. Sulpicius ne figure jusqu'ici dans les listes consulaires de

rendo docendoque quanto uisa quam audita indigniora potuerint uideri, simul profligatam iam rem nuntiando Romae esse, [11]insecut*is* *quo*que qui 'Appium prope interemptum in exsilium abisse' dicerent, perpulerunt ut ad arma conclamaretur uellerentque signa et Romam proficiscerentur. [12]Decemuiri, simul iis quae uidebant iisque quae acta Romae audierant perturbati, alius in aliam partem castrorum ad sedandos motus discurrunt. Et le*n*iter agentibus responsum non redditur; imperium si quis inhiberet, 'et uiros et armatos se esse' respondetur. [13]Eunt agmine ad Vrbem et Auentinum insidunt, ut quisque occurrerat plebem ad repetendam libertatem creandosque tribunos plebis adhortantes. Alia uox nulla uiolenta audita est. [14]Senatum Sp. Oppius habet. Nihil placet aspere agi : 'quippe ab ipsis datum locum seditioni esse'. [15]Mittuntur tres legati consulares, Sp. Tarpeius, C. Iulius, P. Sulpicius, qui quaererent senatus uerbis 'cuius iussu castra deseruissent aut quid sibi uellent qui armati Auentinum obsedissent belloque auerso ab hostibus patriam suam cepissent'. [16]Non defuit quod responderetur; deerat qui daret responsum, nullodum certo duce nec satis audentibus singulis inuidiae se offerre. Id modo a multitudine conclamatum est 'ut L. Valerium et M. Horatium ad se mitterent : his se daturos responsum'.

Des. *V* (*usque ad* L, **13** : et Auen-⌋). *E. T. A.*

L, **11** insecutis quoque *ego* : insecutosque *codd.* insecutique *det. unus, A. Boulanger* insecutis (*Alsch.*) *Walters* || **12** Et leniter *Ed. Rom. 1469, Ald.* : et leuiter *codd.* || **13** repetendam : petendam *V* || uiolenta ω : uiolentia *FB.U.H* || **14** seditioni *V, Glareanus* : seditionis Σ || **16** quod *V* : quid ω.R^2D^4 quid non *H* qui *LRD.*

LI. Après le départ des délégués, Virginius fait observer aux soldats « qu'un détail sans importance vient de les mettre dans l'embarras, parce qu'il manque une tête à leur multitude ; que leur réponse unanime, qui n'a d'ailleurs pas été mauvaise[1], a été due au hasard au lieu d'être une décision concertée; il propose de désigner dix hommes[2] pour exercer le commandement suprême, avec le grade et le titre de tribuns militaires ». On voulut le nommer le premier à ce grade[3]. « Gardez pour une occasion meilleure pour vous et pour moi vos bonnes pensées à mon sujet », dit-il. « Quand je pense que ma fille n'est pas vengée, aucun honneur ne peut me faire plaisir ; et puis, au milieu des troubles politiques, vous n'avez pas intérêt à prendre pour chefs les hommes les plus mal vus. Si je puis vous rendre quelque service, je ne le ferai pas moins comme simple citoyen. » Alors on nomme dix tribuns militaires.

L'armée de Sabine non plus ne demeura pas calme. Là aussi, à l'instigation d'Icilius et de Numitorius, il y eut rupture avec les décemvirs dans un mouvement de colère causé tout autant par le souvenir du meurtre de Siccius que par l'histoire récente de cette jeune fille victime d'une poursuite honteuse. Icilius, apprenant la création des tribuns militaires sur l'Aventin, eut peur que ce premier vote des électeurs militaires n'entraînât les électeurs civils à nommer les mêmes comme tribuns de la plèbe, car il connaissait les habitudes de la foule et aspirait lui-même à cette fonction ; avant donc de rentrer à Rome, il fait

Tite-Live (sauf celui qui meurt de la peste, III, 7, 6 ; cf. 6, 1). Mais on peut supposer que la charge de décemvir assure le rang consulaire.

1. La première députation sénatoriale comptait deux anciens décemvirs, C. Julius et P. Sulpicius, sympathiques il est vrai (C. Julius pour son équité : 33, 10 ; et P. Sulpicius était allé s'informer des lois démocratiques d'Athènes : 31, 8) : mais la sommation était autoritaire. L. Valérius et P. Horatius sont d'esprit bien plus révolutionnaire.

2. En même nombre donc que les tribuns de la plèbe avant le Décemvirat (cf. 30, 7). Cette création évoque d'autre part l'innovation, postérieure (IV, 6-7), des tribuns militaires à pouvoir consulaire.

3. Il paraît invraisemblable que quelqu'un ait pu songer à confier une charge publique à un homme religieusement souillé (cf. 50, 5).

LI. [1]Dimissis legatis, admonet milites Verginius 'in re non maxima paulo ante trepidatum esse, quia sine capite multitudo fuerit, responsumque, quamquam non inutiliter, fortuito tamen magis consensu quam communi consilio esse ; [2]placere decem creari qui summae rei praeessent, militarique honore tribunos militum appellari'. [3]Cum ad eum ipsum primum is honos deferretur, « Melioribus meis uestrisque rebus reseruate, inquit, ista de me iudicia. [4]Nec mihi filia inulta honorem ullum iucundum esse patitur, nec in perturbata re publica eos utile est praeesse uobis qui proximi inuidiae sint. [5]Si quis usus mei est, nihilo minor ex priuato capietur. » [6]Ita decem numero tribunos militares creant.

Neque in Sabinis quieuit exercitus. [7]Ibi quoque, auctore Icilio Numitorioque, secessio ab decemuiris facta est, non minore motu animorum Sicci caedis memoria renouata quam quem noua fama de uirgine adeo foede ad libidinem petita accenderat. [8]Icilius ubi audiuit tribunos militum in Auentino creatos, ne comitiorum militarium praerogatiuam urbana comitia iisdem tribunis plebis creandis sequerentur, [9]peritus rerum popularium imminensque *ei* potestati et

Des. *E. T. A.*

Om. LI, **7** : -uiris facta... renouata *H*.

LI, **1** fuerit ω.F^3 : fuerint *PFB* ; *def.* *V* || responsumque ω : responsum *LRD* || **2** rei praeessent *S, Edd. uet.* : . . i praees.... *V* rei p̄ praeessent *cett.* || appellari R^2, *Ed. Frob. 1531* : appellare *R. cett.* ; *def.* *V* || **3** primum is honos : is honos primum (*certe, sed* is *solum legitur*) *V* || **4** inulta *V, Edd. uet.* : inuita Σ || **6** quieuit ω.$F^3R^2D^3$: quieū *F* qui fuit *V* qui et iit *L* qui *H* || **7** renouata ω.ρ : reuocata *LRD* || quam quem υ : quamque ω quam quae *PFS* (*in quo* que). *U.O* || accenderat *V*?υ.*H*. *LRD* : acci accenderat *M* acciderat *PFBS*.U^2.*O* fama acciderat *U* || **8** ne ω : ae *PB* e *U* ē *S* et U^2 ut F^3 || praerogatiuam *V.M.*F^3.*O* : praerogatiua $M^{2\text{-}1}$.ω prorogatiua *H* || urbana ω : urbanam *V.M* || **9** imminensque ei *Rhenan.* : imminensque et (*uel* inm-) ω.υ imminensque *O.H* inminens..... (*incerto litterarum numero*) *V*.

élire, lui aussi, par les siens un nombre égal de ces mêmes magistrats[1]. Par la porte Colline, ils pénétrèrent à Rome en bon ordre ; traversant le centre de la ville[2], la colonne gagne l'Aventin. Là les deux armées firent leur jonction et chargèrent les vingt tribuns militaires de désigner deux d'entre eux pour exercer le commandement suprême[3]. Marcus Oppius et Sextus Manilius sont désignés.

Le sénat, inquiet de la situation, siégeait tous les jours, mais les querelles y prenaient plus de temps que les délibérations. On reprochait aux décemvirs l'assassinat de Siccius, la luxure d'Appius, les revers militaires. On était d'avis que Valérius et Horatius se rendissent sur l'Aventin. Mais eux ne voulaient y aller que si les décemvirs quittaient les insignes de leurs fonctions expirées l'année d'avant. Les décemvirs criaient qu'on les dégradait et déclaraient qu'avant d'achever la promulgation du code, objet de leurs fonctions, ils ne déposeraient pas le pouvoir.

LII. Duillius, ancien tribun de la plèbe[4], avait mis la plèbe au courant de ces discussions éternelles et oiseuses ; il la fait passer de l'Aventin sur le mont Sacré, affirmant que « seul l'abandon de Rome jetterait l'inquiétude au cœur des patriciens ; le mont Sacré leur rappellerait la fermeté de la plèbe[5] et leur indiquerait la fonction qu'il était indispensable de restaurer pour ramener la concorde ». Sortant par la route de Nomentum — alors appelée route de Ficuléa —, ils installèrent leur camp sur le mont Sacré, apportant le même scrupule que leurs pères

1. Tout ce passage appuie la théorie de l'origine militaire des tribuns de la plèbe (que précisément Siccius poussait cette armée à élire : 43, 2) : voir p. 47, n. 3. — Les Romains attachaient une valeur superstitieuse à tout acte initial, en particulier, dans les comices, au vote de la première centurie tirée au sort (*praerogatiua*), dont les autres suivaient habituellement « l'inspiration ».

2. Or, des troupes en armes ne devaient pas entrer dans Rome.

3. Singulière image (ou anticipation) d'un double « consulat » plébéien.

4. Ennemi au surplus des Appius Claudius (II, 58, 2 ; 61, 2). Il est censé, en dépit de l'anachronisme, avoir assisté aux séances du Sénat.

5. Voir II, 32-33.

ipse, priusquam iretur ad Vrbem, pari potestate eundem numerum ab suis creandum curat. [10]Porta Collina urbem intrauere sub signis, mediaque urbe agmine in Auentinum pergunt. Ibi coniuncti alteri exercitui uiginti tribunis militum negotium dederunt ut ex suo numero duos crearent qui summae rerum praeessent. [11]M. Oppium, Sex. Manilium creant.

Patres solliciti de summa rerum, cum senatus cottidie esset, iurgîs saepius terunt tempus quam consiliis. [12]Sicci caedes decemuiris et Appiana libido et dedecora militiae obiciebantur. Placebat Valerium Horatiumque ire in Auentinum. Illi negabant se aliter ituros quam si decemuiri deponerent insignia magistratus eius quo anno iam ante abissent. [13]Decemuiri, querentes se in ordinem cogi, non ante quam perlatis legibus quarum causa creati essent deposituros imperium se aiebant.

LII. [1]Per M. Duillium, qui tribunus plebis fuerat, certior facta plebs contentionibus adsiduis nihil transigi, in Sacrum montem ex Auentino transit, [2]adfirmante Duillio 'non prius quam deseri Vrbem uideant curam in animos patrum descensuram; admoniturum Sacrum montem constantiae plebis scituros qu*a* sine restituta potestate redigi in concordiam res nequeant'. [3]Via Nomentana, cui tum Ficulensi nomen fuit, profecti castra in monte Sacro locauere, modes-

Des. *E. T. A.* — **Def.** *post* LI, **13** : aiebant] *V*.

LI, **10** Porta Collina *ω.D*ˣ : pta collina *S* ... rtam collina *V* p portam collina *LRD* per portam collinam *R²* || agmine Σ : ... entia agmine *V* ... enti agmine *V¹* ingenti agmine *Mommsen* silenti agmine *Wodrig* || **13** perlatis : pellatis *V* || se aiebant Σ (*sed* al- *M* ag- *LRD*) : aiebant *V*.

LII, **2** Duillio *F³.O* : duilio *U.R* c. duellio *v* c. duilio *F?* *cett.* || scituros qua *Conway* : sciturosque *codd.* sciturosque, qua *Madv*.

à ne pas faire de dégâts. La plèbe suivit l'armée ; pas un de ceux à qui leur âge le permettait n'hésita à partir. A leurs pas s'attachent leurs femmes et leurs enfants, en leur demandant d'une voix lamentable « à qui ils voulaient les laisser, dans une ville où l'on n'avait plus le respect de la pudeur et de la liberté ».

Rome était entièrement déserte, privée de sa population ordinaire ; au forum il n'y avait que quelques vieillards ; aux sénateurs, convoqués d'urgence, la place apparut vide, et maintenant d'autres se joignaient à Horatius et à Valérius et criaient plus fort : « Qu'avez-vous à attendre, sénateurs ? Si les décemvirs ne mettent pas un terme à leur entêtement, laisserez-vous s'étendre partout la ruine et l'incendie[1] ? Et vous, décemvirs, quel est ce pouvoir que vos mains s'efforcent de retenir ? Est-ce pour des toits et des murs que vous voulez énoncer des lois[2] ? N'avez-vous pas honte de voir vos licteurs presque plus nombreux sur le forum que les citoyens et les autres personnes[3] ? Et, si l'ennemi arrive devant Rome, que ferez-vous ? ou si demain la plèbe, voyant le peu d'effet de la sécession, arrive en armes ? Voulez-vous que seule la chute de Rome mette fin à votre pouvoir ? Et pourtant il faut ou nous passer de la plèbe ou lui passer ses tribuns. Nous renoncerions plutôt à nos magistrats patriciens qu'eux à leurs magistrats populaires. C'était un pouvoir nouveau et inconnu quand ils l'ont arraché à nos pères : maintenant que son charme les a séduits, ils ne supporteraient plus d'en être privés, surtout alors que nous ne sommes pas assez modérés dans notre autorité pour qu'ils puissent se passer de son secours. » Devant l'unanimité de ces reproches, les décemvirs, cédant à l'avis général, déclarent que, « puisqu'on le veut ainsi, ils sont aux

1. Le sens métaphorique paraît dominer dans ces expressions.

2. Ou « prononcer le droit » (le pluriel *iura* spécifierait les cas particuliers), la *iurisdictio* étant réservée aux magistrats pourvus de l'*imperium*.

3. Contre les manuscrits, on a souvent voulu lire « plus nombreux... que les autres citoyens ». Nous comprenons que Tite-Live distingue en

tiam patrum suorum nihil uiolando imitati. Secuta exercitum plebs, nullo qui per aetatem ire posset retractante. [4]Prosequuntur coniuges liberique, 'cuinam se relinquerent in ea urbe in qua nec pudicitia nec libertas sancta esset' miserabiliter rogitantes.

[5]Cum uasta Romae omnia insueta solitudo fecisset, in foro praeter paucos seniorum nemo esset, uocatis utique in senatum patribus desertum apparuisset forum, plures *plus*que iam quam Horatius ac Valerius uociferabantur : [6]« Quid exspectabitis, patres conscripti? Si decemuiri finem pertinaciae non faciunt, ruere ac deflagrare omnia passuri estis? Quod autem istud imperium est, decemuiri, quod amplexi tenetis? Tectis ac parietibus iura dicturi estis? [7]Non pudet lictorum uestrorum maiorem prope numerum in foro conspici quam togatorum aliorumque? Quid, si hostes ad Vrbem ueniant, facturi estis? Quid si plebs mox, ubi parum secessione moueatur, armata ueniat? Occasune Vrbis uoltis finire imperium? [8]Atqui aut plebs non est habenda aut habendi sunt tribuni plebis. Nos citius caruerimus patriciis magistratibus quam illi plebeiis. [9]Nouam inexpertamque eam potestatem eripuere patribus nostris, ne nunc dulcedine semel capti ferant desiderium, cum praesertim nec nos temperemus imperiis, quo minus illi auxilii egeant. » [10]Cum haec ex omni parte iactarentur, uicti consensu decemuiri 'futuros se, quando ita uideatur, in potes-

Des. *V. E. T. A.*

LII, 5 plures ⟨plus⟩que *ego* : pluresque *codd.* plures *dett.*, *Ed. Rom. 1470 Ald.*, *Conway* plures ⟨ferociores⟩que *Weissenb.* ⟨indignabantur senatores⟩ pluresque *O. Rossbach* || 6 Quod autem *M.H.LRD* : quid autem *O* quod lr *P* quod *FBS* quid hoc *U* || 7 aliorumque *codd.*, *Alsch.* : aliorum *Ed. Frob. 1531*, *Edd. rec.* || moueatur ω, *Rhenan.* : moueantur *O* moueamur *H.LRD*, *Conway*.

ordres du sénat ». Ils lui adressent simplement une prière et un avertissement à la fois : « qu'on les défende contre la haine et que leur sang n'apprenne pas au peuple à punir de mort les patriciens ».

LIII. Alors Valérius et Horatius sont envoyés avec pleins pouvoirs pour obtenir le retour des plébéiens et le règlement du désaccord ; ils sont chargés, en outre, de protéger les décemvirs contre un mouvement de colère de la foule. Ils partent et sont accueillis au camp par la plèbe avec des transports de joie, comme les sauveurs incontestés de la liberté aussi bien au début du mouvement qu'à la fin de l'entreprise. Aussi, dès leur arrivée, on leur rend grâces ; Icilius prend la parole au nom de la multitude[1]. De même, quand il fut question des conditions et que les délégués voulurent connaître les exigences de la plèbe, ce fut encore lui qui exposa celles qu'on avait arrêtées en commun avant l'arrivée de la délégation, et elles prouvaient que le peuple comptait plus sur son bon droit que sur les armes : rétablissement du tribunat et de l'appel (les deux appuis de la plèbe avant la création des décemvirs) ; pas de poursuites pour excitation des soldats ou de la plèbe à reconquérir la liberté par la sécession. Ce fut seulement dans le châtiment des décemvirs que leurs exigences furent terribles : ils trouvaient qu'on devait les leur livrer et avaient l'intention de les brûler vifs[2]. Là-dessus les délégués : « Vos revendications concertées sont si justes que notre devoir eût été de prendre nous-mêmes l'initiative de

decrescendo les licteurs (*togati*, mais par obligation présents auprès des décemvirs) ; les citoyens, qui portent la toge ; « les autres », qui sont les esclaves ou les étrangers domiciliés.

1. Icilius, qui n'était même pas nommé pour son initiative du lotissement de l'Aventin (voir p. 48, n. 1), émerge et s'impose de plus en plus comme chef de la plèbe et restaurateur (ou plutôt véritable organisateur) du tribunat, éliminant non seulement Virginius, mais Oppius et Manilius (51, 11).

2. Comme traîtres à leurs fonctions? Diodore (XII, 25, 3) fait à la même date prescrire le même supplice contre les tribuns de la plèbe qui, leur année écoulée, n'auraient pas assuré leur remplacement tête pour

tate patrum' adfirmant. [11]Id modo simul orant ac monent 'ut ipsis ab inuidia caueatur nec suo sanguine ad supplicia patrum plebem adsuefaciant'.

LIII. [1]Tum Valerius Horatiusque, missi ad plebem condicionibus quibus uideretur reuocandam componendasque res, decemuiris quoque ab ira et impetu multitudinis praecauere iubentur.

[2]Profecti gaudio ingenti plebis in castra accipiuntur, quippe liberatores haud dubie et motus initio et exitu rei. Ob haec îs aduenientibus gratiae actae; Icilius pro multitudine uerba facit. [3]Idem, cum de condicionibus ageretur, quaerentibus legatis quae postulata plebis essent, composito iam ante aduentum legatorum consilio, ea postulauit ut appareret in aequitate rerum plus quam in armis reponi spei. [4]Potestatem enim tribuniciam prouocationemque repetebant, quae ante decemuiros creatos auxilia plebis fuerant, et ne cui fraudi esset concisse milites aut plebem ad repetendam per secessionem libertatem. [5]De decemuirorum modo supplicio atrox postulatum fuit : dedi quippe eos aequum censebant uiuosque igni concrematuros minabantur. [6]Legati ad ea : « Quae consilii fuerunt, adeo aequa postulastis ut ultro uobis deferenda fuerint : libertati enim ea praesidia petitis, non licentiae ad impugnandos alios. [7]Irae uestrae magis ignoscendum quam indulgendum est, quippe qui

Des. *V. E. T. A.*

LIII, **1** Tum *ω.υB*^{x} : tunc *B*^{1}*.LRD* || Valerius Horatiusque *ω.υF*^{3}*B?* *D*^{4} : ualerius horatius *F?.H.LRD* ualerius et oratius *R*^{1} || **2** et exitu *ω* : et eitu *O* exitu *Mυ* || haec îs *ego* (-iis *Edd. uet.*) : haec his *ω* haec *LRD* || **3** ea postulauit *ω* : expostulauit *O* exapostulauit *M* aī (*uel* uī) ex ea postulauit *H* || **4** concisse *M* : conscisse *cett.* || **6** postulastis *ω* : postulatis *F.H.*

les satisfaire ; elles tendent à vous assurer la liberté et non la licence d'attaquer autrui. En revanche, votre colère, si elle est excusable, est inadmissible : par rancune contre la cruauté, vous tombez dans la cruauté ; à peine libres vous-mêmes, vous voulez opprimer vos adversaires. N'y aura-t-il jamais de trêve chez nous dans les sévices des patriciens contre la plèbe ou de la plèbe contre les patriciens? Il vous faut un bouclier plutôt qu'une épée. Le vulgaire est plus que satisfait de l'égalité où il vit dans notre société, sans commettre ni souffrir d'injustice. Mais supposons qu'un jour vous vouliez vous faire craindre : ce jour-là, ayant retrouvé vos magistrats et vos lois, vous aurez entre les mains le pouvoir de disposer de nos biens et de notre vie ; mais ce seront alors des cas d'espèce sur lesquels vous déciderez[1]. Pour le moment, contentez-vous de reconquérir votre liberté. »

LIV. A l'unanimité, on laisse les délégués du sénat libres de faire comme ils voudront, et ils promettent de revenir bientôt avec l'accord conclu. Quand ils vinrent soumettre au sénat les propositions de la plèbe, les autres décemvirs, voyant que, contre leur propre attente, il n'était pas question de châtiment pour eux, ne firent aucune opposition. Mais Appius, cet homme violent et odieux entre tous, mesurant la haine d'autrui à la sienne : « Je n'ignore pas, dit-il, le sort qui nous menace. Évidemment, il faut le temps de donner des armes à nos ennemis, après quoi on nous attaquera. Leur haine veut du sang. Je ne tiens nullement moi non plus à retarder la fin de mon décemvirat. » Le sénat décréta que « les décemvirs donneraient immédiatement leur démission ; que le grand pontife,

tête. — Ou pour attentat contre l'État? On se rappelle que Porsenna, menacé en sa personne, veut faire brûler vif Mucius Scaevola (II, 12, 12).

1. Valérius et Horatius, après avoir évoqué le caractère purement défensif (*scutum*) du tribunat sous sa forme primitive, prévoient ici le temps encore lointain (Diodore est moins prudent, XII, 25, 2) où les tribuns, à l'abri de leur inviolabilité, imposeront leur volonté dans

crudelitatis odio in crudelitatem ruitis et, prius paene quam ipsi liberi sitis, dominari iam in aduersarios uoltis. [8]Nunquamne quiescet ciuitas nostra a suppliciis aut patrum in plebem Romanam aut plebis in patres? Scuto uobis magis quam gladio opus est. [9]Satis superque humili est qui iure aequo in ciuitate uiuit, nec inferendo iniuriam nec patiendo. [10]Etiam si quando metuendos uos praebituri estis, cum reciperatis magistratibus legibusque uestris iudicia penes uos erunt de capite nostro fortunisque, tunc ut quaeque causa erit statuetis : nunc libertatem repeti satis est. »

LIV. [1]Facerent ut uellent permittentibus cunctis, mox redituros se legati rebus perfectis adfirmant. [2]Profecti, cum mandata plebis patribus exposuissent, alii decemuiri, quando quidem praeter spem ipsorum supplicii sui nulla mentio fieret, haud quicquam abnuere ; [3]Appius, truci ingenio et inuidia praecipua odium in se aliorum suo in eos metiens odio, « Haud ignaro, inquit, imminet fortuna. [4]Video donec arma aduersariis tradantur differri aduersus nos certamen. Dandus inuidiae est sanguis. Nihil ne ego quidem moror quo minus decemuiratu abeam. » [5]Factum senatus consultum 'ut decemuiri se primo quoque tempore magistratu abdicarent, Q. Furius pontifex maxi-

Des. *V. E. T. A.*

Iterat LIV, **1** : perfectis (*uel* profectis?) adfirmant *P* (*del.* P^{2}).

Om. LIV, **5-6** : decemuiri se ... dimisso senatu *H*.

LIII, **8** quiescet R^{1} : quiesctt *M* quiescit *R. cett.* || **9** humili *PS.D?* : humilis D^{3}. *cett.* || **10** penes uos $M^{1\text{-}2}$*.S.U.O.H.R*D^{x} : penes suos *M. PFB.LD* || nunc ω.P^{2} : non *P*.

LIV, **2** spem ω : spes *PFBS.U* || **4** decemuiratu F^{3}*.H.*D^{x} : decemuiratum *FD. cett.*

Quintus Furius[1], ferait élire les tribuns de la plèbe, et qu'il n'y aurait pas de poursuites pour la sécession de l'armée et de la plèbe ». Une fois le décret rendu et la séance levée, les décemvirs, du haut de la tribune aux harangues, donnent leur démission pour la plus grande joie du public.

Restauration de la République. On porte cette nouvelle à la plèbe. Tout ce qui restait d'hommes à Rome suit les délégués. Cette foule rencontre l'autre qui accourait toute joyeuse du camp. On se félicite du retour de la liberté et de la concorde dans la cité. Les délégués haranguent le peuple : « Pour le bien, le bonheur et la prospérité de l'État et de vous-mêmes, revenez dans votre patrie, près de vos pénates, de vos femmes et de vos enfants. Mais cette discipline dont vous avez fait preuve ici, où aucune propriété n'a subi de dégâts, malgré tous les besoins d'une telle multitude, apportez-la également dans la ville. Allez sur l'Aventin, votre point de départ ; sur cet emplacement propice, où vous avez posé les premiers fondements de votre liberté, vous nommerez des tribuns de la plèbe[2]. Il y aura là le grand pontife, qui présidera les élections. » De grandes acclamations et une joie unanime marquèrent leur approbation. Ils se mettent alors en marche ; ceux qui vont à Rome et ceux qui en viennent rivalisent d'allégresse. L'armée traverse la ville en silence et arrive sur l'Aventin. Là immédiatement le grand pontife procéda aux élections et ils nommèrent tribuns de la plèbe avant tout Lucius Virginius, ensuite Lucius Icilius et Publius

l'État aux dépens des patriciens, et où des « lois » plébiscites (*legibus*) rendront les tribus (comme plus haut, chap. 11 et 31) maîtresses de la vie et des biens d'un citoyen, alors que les XII Tables réservaient les causes capitales aux comices centuriates (Cic., *Des lois*, III, 44).

1. M. Papirius, selon Cicéron (*ap.* Ascon., *in Cornel.*, 77). Le grand pontife, « juge et arbitre des choses divines et humaines » (Festus, s. v. *ordo*), remplacera en cette fonction les magistrats encore inexistants.

2. L'Aventin est consacré acropole de la plèbe, contrairement à II, 32. Mais Cicéron (plus vraisemblable?) place ces élections sur le Capitole.

mus tribunos plebis crearet; et ne cui fraudi esset secessio militum plebisque'. [6]His senatus consultis perfectis dimisso senatu, decemuiri prodeunt in contionem abdicantque se magistratu, ingenti hominum laetitia.

[7]Nuntiantur haec plebi. Legatos quidquid in Vrbe hominum supererat prosequitur. Huic multitudini laeta alia turba ex castris occurrit. Congratulantur libertatem concordiamque ciuitati restitutam. [8]Legati pro contione : « Quod bonum faustum felixque sit uobis reique publicae, redite in patriam ad penates, coniuges liberosque uestros; sed qua hic modestia fuistis, ubi nullius ager in tot rerum usu necessario tantae multitudini est uiolatus, eam modestiam ferte in urbem. In Auentinum ite, unde profecti estis : [9]ibi felici loco, ubi prima initia incohastis libertatis uestrae, tribunos plebi creabitis. Praesto erit pontifex maximus qui comitia habeat. » [10]Ingens adsensus alacritasque cuncta adprobantium fuit. Conuellunt inde signa profectique Romam certant cum obuis gaudio. Armati per urbem silentio in Auentinum perueniunt. [11]Ibi extemplo, pontifice maximo comitia habente, tribunos plebis creauerunt, omnium primum *L.* Verginium, inde L. Icilium et P. Numitorium, auunculum Vergini*ae*, auctores secessionis,

Des. *V. E. T. A.*

Om. LIV, **11-12** : tribunos plebis ... quem primum *H.*

LIV, **5** militum *M.O.LRD* : militis *PFBS.U* ; *def. H* || plebisque *O* : tr̄. plebisque D^1 (*in ras.*). *cett.* || **7** ciuitati ω.F^3 : ciuitate *PFBS* || **8** pro contione. Quod ω : pro contione onantur quod *H* procontionantur quod *O* || **9** ibi : ubi *M?* || ubi : ibi M^1 || plebi ω.*R* : plebis *S*.R^1 || **10** Conuellunt *v (in marg.)*. P^2 *(in marg.) S.O* : conuertunt *vP. cett.* || **11** L. Verginium *Sigon.* (*ex capp. 44, § 2, et 58, § 5)* : aulum uerginium *codd.* || auunculum *codd.* (*sed. cf. supra, ad cap. 45, § 4*) || Verginiae *D?*, *Sabellicus* : uergini (*uel* -ii) D^1. *cett.* || auctores ω : auctores et *PFBS* auctoris *U.*

Numitorius, oncle de Virginie, qui, tous trois, avaient conseillé la retraite ; puis Gaius Sicinius, descendant du premier tribun créé sur le mont Sacré, si l'on en croit la tradition, et Marcus Duillius, qui s'était distingué dans cette fonction avant les décemvirs et qui, pendant les troubles du décemvirat, n'avait pas ménagé son appui à la plèbe. On élut enfin de confiance plutôt que pour leurs états de services Marcus Titinius, Marcus Pomponius, Gaius Apronius, Appius Villius et Gaius Oppius. Dès son entrée en charge, Lucius Icilius proposa à la plèbe et fit adopter un plébiscite interdisant les poursuites pour rébellion contre les décemvirs. Immédiatement Marcus Duillius en fit passer un autre sur le rétablissement du consulat et du droit d'appel. Toutes ces mesures furent prises par la plèbe assemblée dans les Prés Flaminiens[1] — aujourd'hui Cirque de Flaminius.

LV. Un interroi fit ensuite élire consuls Lucius Valérius et Marcus Horatius, qui entrèrent immédiatement en fonctions. Ce fut un consulat démocratique, sans vexations envers les patriciens, mais non pas sans mécontentement de leur part : car toute mesure garantissant la liberté de la plèbe leur semblait une atteinte à leur puissance. En tout premier lieu, voyant qu'on avait l'air de discuter sur ce point de droit : « Les patriciens sont-ils soumis aux mesures prises par l'assemblée de la plèbe? », les consuls proposèrent aux comices par centuries une loi portant que « les décisions de la plèbe assemblée par tribus engageaient le peuple entier »[2] ; cette loi fut une arme redoutable pour les tribuns et leurs propositions. Puis c'est une autre loi consulaire, la loi sur le droit d'appel, le principal rempart de la liberté, abolie par l'autorité des décemvirs, qu'ils ne se bornent pas à rétablir, mais qu'ils

1. Domaine d'Apollon (63, 7), hors ville, entre le Capitole et le Tibre.
2. Anticipation sur des lois de 339 (Liv., VIII, 12, 15) et 287 av. J.-C. (*Lex Hortensia* : Gaius, I, 3 ; Plin., *Hist. nat.*, XVI, 10, 37 ; Gell., XV, 27, 4. Cf. Liv., *Per.*, XI).

[12]tum C. Sicinium, progeniem eius quem primum tribunum plebis creatum in Sacro monte proditum memoriae est, et M. Duillium, qui tribunatum insignem ante decemuiros creatos gesserat nec in decemuiralibus plebi defuerat. [13]Spe deinde magis quam meritis electi M. Titinius, M. Pomponius, C. Apronius, Ap. Villius, C. Oppius. [14]Tribunatu inito L. Icilius extemplo plebem rogauit et plebs sciuit 'ne cui fraudi esset secessio ab decemuiris facta'. [15]Confestim de consulibus creandis cum prouocatione M. Duillius rogationem pertulit. Ea omnia in pratis Flaminiis concilio plebis acta, quem nunc circum Flaminium appellant.

LV. [1]Per interregem deinde consules creati L. Valerius M. Horatius, qui extemplo magistratum occeperunt. Quorum consulatus popularis sine ulla patrum iniuria nec sine offensione fuit : [2]quidquid enim libertati plebis caueretur, id suis decedere opibus credebant. [3]Omnium primum, cum uelut in controuerso iure esset tenerenturne patres plebi scitis, legem centuriatis comitiis tulere 'ut, quod tributim plebes iussisset, populum teneret' : qua lege tribuniciis rogationibus telum acerrimum datum est. [4]Aliam deinde consularem legem de prouocatione, unicum praesidium libertatis, decemuirali potestate euersam, non restituunt modo, sed etiam in posterum muniunt san-

Des. *V. E. T. A.*

LIV, **12** progeniem F^3.*U*.R^1 : progenies *vR.ω* progenie C *F* progenie *Rhen.* || memoriae est ω : memoria est *FB*.D^x memoriae *R* memoriā esse *D* memoria esse *L* || qui *om. LRD* (*rest.* R^2D^4) || **13** Appius Villius *codd.* (*sed* -esilius *LRD*) : P. Villius *Sigon.* || C. Oppius *M.D* : copius *O* gopius *PFBS* g̃. opius *U* soppius *H.LRD.*

LV, **3** cum uelut *M*.H^1.*LD* : cum uelud *H* cum ueluti *PFBS.U.O* uelut *R* || plebes F^3.*O* : plebis *vF.ω* plebe *H* || **4** restituunt ω : resistunt *PFBS.U* || posterum ω : postremum *LRD.*

consolident pour l'avenir par une loi nouvelle[1] portant « interdiction de créer une magistrature nouvelle sans appel, et autorisation religieuse et légale de tuer le contrevenant sans être accusé de crime ». La situation de la plèbe une fois bien affermie tant par l'appel que par la protection tribunitienne, ils rendirent également aux tribuns leur inviolabilité, dont le souvenir était presque effacé, en renouvelant pour eux certaines cérémonies rituelles depuis longtemps interrompues, et ils rendirent cette inviolabilité non seulement religieuse, mais légale par une loi stipulant que, « si quelqu'un maltraitait les tribuns de la plèbe, les édiles, les juges-décemvirs[2], sa tête serait vouée à Jupiter; tout ce qui était chez lui serait vendu au profit du temple de Cérès, Liber et Libera ».

Les juristes font observer que cette loi ne rend pas ces magistrats sacro-saints, mais se borne à vouer à Jupiter quiconque maltraite l'un d'entre eux. C'est pourquoi un édile peut être arrêté et emprisonné par ordre d'un magistrat supérieur; c'est pourtant contraire à la loi qui interdit de le maltraiter; ce qui prouve bien qu'un édile n'est pas tenu pour sacro-saint; seuls les tribuns, en vertu du vieux serment de la plèbe lors de leur création[3], possèdent la sacro-sainteté. Certains ont prétendu que cette loi Horatia couvre également les consuls et les préteurs qui sont créés sous les mêmes auspices que les consuls : car on donne le titre de juge au consul. Mais cette interpré-

1. Cette loi, prétendue si ancienne (cf. I, 26, 8; II, 8, 2), entérinée par les XII Tables (Cic., *Républ.*, II, 54), devra pourtant être reprise par un autre Valérius en 300 av. J.-C. (Liv., X, 9, 3 et suiv.), sans parler des trois lois Porciae.

2. Il s'agit là de magistrats plébéiens, comme suffit à l'indiquer la dévolution des biens du coupable aux divinités chthoniennes de la plèbe. Les *iudices decemuiri* (peut-être *decemuiri*, dont la place est singulière, est-il une glose) ont été identifiés avec les précurseurs des *decemuiri stlitibus iudicandis*, devant qui venaient les causes de liberté, essentielles pour la plèbe (l'empereur Claude, en réservant cette fonction aux plébéiens, aurait voulu revenir à l'état originel). Mais voir p. 151, n. 3.

3. Cette garantie de la plèbe était appuyée par les cérémonies religieuses mentionnées au § 6; la loi nouvelle y ajoute une sanction

ciendo nouam legem, [5]'ne quis ullum magistratum sine prouocatione crearet; quis creasset, eum ius fasque esset occidi, neue ea caedes capitalis noxae haberetur'. [6]Et, cum plebem hinc prouocatione hinc tribunicio auxilio satis firmassent, ipsis quoque tribunis ut sacrosancti uiderentur — cuius rei prope iam memoria aboleuerat —, relatis quibusdam ex magno interuallo caerimoniis, renouarunt, [7]et cum religione inuiolatos eos tum lege etiam fecerunt, sanciendo 'ut qui tribunis plebis, aedilibus, iudicibus decemuiris nocuisset, eius caput Ioui sacrum esset, familia ad aedem Cereris Liberi Liberaeque uenum iret'.

[8]Hac lege iuris interpretes negant quemquam sacrosanctum esse, sed eum qui eorum cui nocuerit I*oui* sacrum sanciri; [9]itaque aedilem prendi ducique a maioribus magistratibus, quod, etsi non iure fiat (noceri enim ei cui hac lege non liceat), tamen argumentum esse non haberi pro sacrosancto aedilem; [10]tribunos uetere iure iurando plebis, cum primum eam potestatem creauit, sacrosanctos esse. [11]Fuere qui interpretarentur eadem hac Horatia lege consulibus quoque et praetoribus, quia eisdem auspiciis quibus consules crearentur, cautum esse : iudicem enim consulem appellari. [12]Quae refellitur interpre-

Des. *V. E. T. A* (*usque ad* LV, **6** : firmassent⌋).

LV, **5** quis creasset ω : *uel* qui creasset *O.H* || noxae $\omega.F^3$: noxiae *PFB.U.O* || **7** iudicibus *ut glossema uocabulo* decemuiris *additum dum expellere uult* M. Nicolau (*Causa liberalis, p. 21, n. 26*), *errat* (*uide infra § 12*) ; decemuiris (*i. e.* xuiris stlitibus iudicandis) *ego delere maluerim* || **8** lege iuris $M^{2\text{-}1}$: iuris lege ω. MD^x iuris legem *LRD* || eum qui eorum *O, Rhenanus* : eum qui eoum *A* eum qui deorum $\omega.\upsilon P^2O^1$ eum quid eorum *P.H.L* eum quid eum A^2 || cui *S. dett. duo, Gron.* : cuiquam cui *FB* cuiquam $P^2.U.D^4$ cuiquem *M*υ quecui *P* quem n *R* quem (*uel* quē) *O.H.LDA* || Ioui sacrum *H. J. Mueller* : id sacrum $\omega.\upsilon A^{1\text{-}2}$ id ad sacrum *LRDA* ideo sacrum (*Drak.*) sacrum *Rhen.* || **9** aedilem prendi $\omega.P^2$: aedilem tribunos *P* || cui ω·ρ : cum *LRDA* || sacrosancto ω : sacro sanctoque *M.LRD* || **10** uetere *Edd. uet. aliq.* : ueteres *codd.*

tation est fausse, car à cette époque l'usage n'accorde pas encore au consul le titre de juge, mais de préteur[1].

Telles furent les lois faites par les consuls. D'eux aussi date l'usage de déposer les décrets du sénat au temple de Cérès entre les mains des édiles de la plèbe[2] ; jusque-là les consuls avaient toute latitude pour les supprimer ou les altérer. Ensuite Marcus Duillius, tribun de la plèbe, proposa et fit décider par la plèbe que « quiconque laisserait le peuple sans tribuns ou créerait une magistrature sans appel payerait de son dos et de sa tête ». Les patriciens laissèrent passer toutes ces mesures à contre-cœur, mais sans opposition, parce qu'il ne s'agissait pas encore d'attaques personnelles.

Poursuites contre les décemvirs.

LVI. Quand on eut solidement assis la puissance tribunitienne et la liberté de la plèbe, les tribuns, jugeant le moment venu d'attaquer impunément les individus, choisissent comme premier accusateur Virginius, comme premier accusé Appius. Virginius assigna donc Appius et Appius descendit au forum avec son escorte de jeunes patriciens ; aussitôt revint dans toutes les mémoires le souvenir de son affreuse tyrannie, l'image du décemvir entouré de ses gardes du corps. Alors, Virginius s'écrie : « L'éloquence est faite pour les causes douteuses. Aussi, pour ma part, je ne perdrai pas mon temps à accuser devant vous celui dont vous n'avez vous-mêmes évité la cruauté que par les armes ; et quant à lui, je ne le laisserai pas ajouter à tous ses crimes l'impudence d'un plaidoyer. C'est pourquoi,

d'État. Sanction religieuse aussi (elle rend le coupable *sacer*) : mais cela ne veut pas dire que *tous* les magistrats qu'elle protège jouissent de l'antique garantie assurée aux tribuns par la plèbe (Caton cependant disait les édiles aussi sacrosaints). — Voir APPENDICE, V.

1. Le nom de « consul » est postérieur aux XII Tables (Zonaras, VII, 19).

2. Non sans doute à titre « national », mais comme documentation

tatio, quod iis temporibus nondum consulem iudicem sed praetorem appellari mos fuerit.

Hae consulares leges fuere. [13]Institutum etiam ab iisdem consulibus ut senatus consulta in aedem Cereris ad aediles plebis deferrentur, quae antea arbitrio consulum supprimebantur uitiabanturque. [14]M. Duillius deinde tribunus plebis plebem rogauit plebesque sciuit 'qui plebem sine tribunis reliquisset, quique magistratum sine prouocatione creasset, tergo ac capite puniretur'. [15]Haec omnia ut inuitis, ita non aduersantibus patriciis transacta, quia nondum in quemquam unum saeuiebatur.

LVI. [1]Fundata deinde et potestate tribunicia et plebis libertate, tum tribuni, adgredi singulos tutum maturumque iam rati, accusatorem primum Verginium et Appium reum deligunt. [2]Cum diem Appio Verginius dixisset et Appius stipatus patriciis iuuenibus in forum descendisset, redintegrata extemplo est omnibus memoria foedissimae potestatis, cum ipsum satellitesque eius uidissent. [3]Tum Verginius « Oratio, inquit, rebus dubiis inuenta est ; itaque neque ego accusando apud uos eum tempus teram a cuius crudelitate uosmet ipsi armis uindicastis, nec istum ad cetera scelera impudentiam in defendendo se adicere patiar. [4]Omnium igitur tibi, Appi Claudi, quae impie nefarieque per biennium alia super alia es ausus, gra-

Des. *V. E. T.*

LV, **12** fuerit ω.P^2 : fuerat *P* || **13** Hae *U.O.*D^x : haec *D. cett.* || deferrentur ω.S^1 : deferentur *S.A* defferrentur P^2*B* defferentur *P* differrentur *U.H* || antea ω : ante *PFBS.U* || **14** magistratum ω : magistratus *PFBS.U* || creasset *O.H.*D^2*A.*ρ : creassent *D. cett.* || tergo ac M^3*.O.H.D*A^2 : tergo hac *LR* tergo a *A* ergo ac *M.PFB* ergo a *S* ergo *U* || puniretur : punirentur *R.*

Appius Claudius, tous les forfaits que ton impiété scélérate n'a pas craint d'entasser pendant deux ans, je te les pardonne. Mais il en est un seul pour lequel tu accepteras de faire décider par un juge si tu n'as pas rendu contre une personne libre un arrêt illégal de servitude provisoire ; sans quoi, je te fais mettre en prison [1]. » Ni l'intervention des tribuns, ni le jugement du peuple n'offraient à Appius le moindre espoir ; néanmoins, il eut recours aux tribuns, et, comme aucun d'eux ne faisait opposition, quand l'huissier l'arrêta : « J'en appelle », dit-il. A ce seul mot assurant la liberté provisoire et sortant de la même bouche qui, naguère, prononçait l'esclavage provisoire, le silence se fit. Chacun murmurait tout bas « qu'après tout il y a des dieux et qu'ils ne se désintéressent pas de l'humanité ; l'orgueil, la cruauté sont châtiés tardivement peut-être, mais sévèrement : il recourait à l'appel, lui, le destructeur de l'appel ; il implorait l'appui du peuple, lui qui avait foulé aux pieds les droits du peuple ; on le traînait en prison, on le privait du droit d'être libre, lui qui avait livré une personne libre à l'esclavage », cependant qu'Appius, de son côté, élevait la voix au milieu des grondements de l'assemblée pour appeler à l'aide le peuple romain. Il rappelait « ses aïeux, tous bons serviteurs de l'État au forum et à l'armée ; ses propres opinions démocratiques, causes de ses malheurs, et qui l'avaient poussé, pour donner à tous les citoyens les mêmes lois, à mécontenter gravement la noblesse et à abandonner le consulat ; ses lois, enfin, qui subsistaient toujours, tandis que leur auteur était mis en prison. Au reste, il prendra ses responsabilités, bonnes ou mauvaises, pourvu qu'on lui donne la faculté de plaider sa cause ; pour le moment, au nom du droit commun à toute la cité et à titre de citoyen romain, il demande que, le jour du procès, on le laisse parler et se

remise en garantie au sanctuaire qui servait de dépôt d'archives à la plèbe.

1. Alors qu'Appius désire se justifier au plus tôt devant le peuple (réuni en *contio* ou en comices centuriates : § 11), Virginius le « pro-

tiam facio. Vnius tantum criminis nisi iudicem dices, te ab libertate in seruitutem contra leges uindicias non dedisse, in uincla te duci iubebo. » [5]Nec in tribunicio auxilio Appius nec in iudicio populi ullam spem habebat ; tamen et tribunos appellauit et, nullo morante arreptus a uiatore, « Prouoco » inquit. [6]Audita uox una uindex libertatis ex eo missa ore, quo uindiciae nuper ab libertate dictae erant, silentium fecit. [7]Et, dum pro se quisque 'deos tandem esse et non neglegere humana' fremunt et 'superbiae crudelitatique etsi seras, non leues tamen uenire poenas : [8]prouocare qui prouocationem sustulisset, et implorare praesidium populi qui omnia iura populi obtrisset, rapique in uincla egentem iure libertatis qui liberum corpus in seruitutem addixisset', ipsius Appi inter contionis murmur fidem populi Romani implorantis uox audiebatur : [9]'maiorum merita in rem publicam domi militiaeque' commemorabat, 'suum infelix erga plebem Romanam studium, quo aequandarum legum causa cum maxima offensione patrum consulatu abisset, suas leges, quibus manentibus lator earum in uincla ducatur. [10]Ceterum sua propria bona malaque, cum causae dicendae data facultas sit, tum se experturum ; in praesentia se communi iure ciuitatis ciuem Romanum die dicta postulare ut dicere liceat, ut iudicium populi Romani experiri. [11]Non ita se inuidiam pertimuisse, ut nihil in aequitate et misericordia

Des. *V* (*usque ad* LVI, **11** : in aequitate]). *E. T.*

LVI, **4** dices te ω : dices *H* uindices te *v* || te duci *M.H.LRDA* : deduci *PFBS.U.O* || **5** tamen *Madv.* : attamen *codd.* || **6** dictae *om. LRD* (*rest.* D^5) || **8** implorare $M.F^3S.U.O.R^2D^2A^2$: imploraret M^2FRDA. *cett.* || contionis ω : contiones *M.U* || audiebatur : exaudiebatur *H* || **9** quo aequandarum *LD?* : coaequandarum (*uel* coeq-) $ω.F^3D^3A^2$ coquandarum *A* de equandarum *F?* || ducatur $ω.A^2$: ducitur *M.DA* || **10** populi Romani (p̄. r̄. *scriptum*) ω : r. p̄. (*i. e.* reipublicae) *M.H.LR.*

soumettre au jugement du peuple romain. S'il a craint la haine de ses concitoyens, il ne va pas jusqu'à désespérer de leur justice et de leur pitié. Si pourtant on le met en prison sans le laisser présenter sa défense, il adresse aux tribuns du peuple un second appel et leur conseille de ne pas prendre exemple sur leurs ennemis. Et si les tribuns allèguent qu'ils sont tenus de lui refuser leur appui, en vertu d'une convention analogue à celle qu'ils reprochaient aux décemvirs, alors il en appelle au peuple[1], il invoque les lois sur l'appel promulguées par les consuls et les tribuns cette année même. Qui donc pourra faire appel, s'il n'en a pas le droit, lui qui n'est pas condamné, qui ne s'est pas défendu? Quel plébéien obscur trouvera dans la loi l'appui qu'un Appius Claudius n'obtiendrait pas? Son exemple montrera si la nouvelle législation établit la tyrannie ou la liberté, et si le recours aux tribuns et l'appel au peuple contre l'arbitraire des magistrats ne sont qu'une apparence et des mots creux ou une acquisition réelle ».

LVII. Virginius répliqua « que seul Appius Claudius était hors la loi, hors de la société, hors de l'humanité. Qu'on jetât les yeux sur son tribunal, repaire de tous les crimes, où ce décemvir à perpétuité, s'attaquant aux biens, à la personne, au sang des citoyens, menaçant tout le monde des verges et de la hache, bravant les dieux et les hommes, entouré de vrais bourreaux en guise de licteurs, quittant un jour la rapine et le meurtre pour se tourner vers la débauche, avait arraché sous les yeux du peuple romain et comme une captive de guerre une jeune fille libre des bras de son père pour en faire cadeau au pourvoyeur de son alcôve ; où une sentence cruelle et une

voque » d'abord à titre privé à une *sponsio* judiciaire (voir p. 38, n. 1), décidé à considérer un refus comme un aveu de culpabilité (cf. 57, 5) et à jeter, comme magistrat, son ennemi en prison sans lui permettre d'offrir caution pour y échapper (voir Denys, XI, 46).

1. Le recours à l'*auxilium* des tribuns, pour être laissé en liberté provisoire, était régulier (cf. 13, 6). Mais on n'en appelle au peuple que

ciuium suorum spei habeat. Quod si indicta causa in uincla ducatur, iterum se tribunos plebei appellare et monere ne imitentur quos oderint. [12]Quod si tribuni eodem foedere obligatos se fateantur tollendae appellationis in qu*od* conspirasse decemuiros criminati sint, at se prouocare ad populum, implorare leges de prouocatione et consularis et tribunicias, eo ipso anno latas : [13]quem enim prouocaturum, si hoc indemnato indicta causa non liceat? cui plebeio et humili praesidium in legibus fore, si Ap. Claudio non sit? Se documento futurum utrum nouis legibus dominatio an libertas firmata sit, et appellatio prouocatioque aduersus iniuriam magistratuum ostentata tantum inanibus litteris an uere data sit'.

LVII. [1]Contra ea Verginius 'unum Ap. Claudium et legum expertem et ciuilis et humani foederis esse' aiebat : [2]'Respicerent tribunal homines, castellum omnium scelerum, ubi decemuir ille perpetuus, bonis, tergo, sanguini ciuium infestus, uirgas securesque omnibus minitans, deorum hominumque contemptor, [3]carnificibus, non lictoribus stipatus, iam ab rapinis et caedibus animo ad libidinem uerso, uirginem ingenuam in oculis populi Romani, uelut bello captam, ab complexu patris abreptam ministro cubiculi sui clienti dono dederit ; [4]ubi crudeli decreto nefandisque uindiciis dextram patris in filiam armauerit ; ubi tol-

Des. *E. T.*

LVI, **11** indicta causa ω.M^2D^x : indictam causam *M.LRD* || **12** quod si ω : quod *LR* || appellationis *V* : appellationis causa ω.R^2D^x appellationis causam *LRD* || in quod *Crevier, det. unus* : in quam ω.*D* inquam in quā *M* in qua *B*.D^x || sint ω.O^{1-2}ρ : sunt *O.LRDA* || at se *Iac. Gron.* : ait se *codd.* || **13** an libertas Σ : ac libertas *V* || aduersus ω : ei aduersus *PFBS.U* || litteris Σ : litteras *V*.

LVII, **3** dono ω : dono indiciis *LR* (–uindiciis R^2) *D*.

décision criminelle avaient armé le bras d'un père contre sa fille ; où il avait ordonné de mettre en prison le fiancé et l'oncle qui relevaient le corps de la jeune fille mourante, plus troublé par l'échec de son attentat que par cette mort sanglante. C'est lui qui avait fait construire la prison[1] qu'il se plaisait à appeler « le séjour de la plèbe ro« maine ». Aussi, Appius peut faire appel deux fois et même plus, lui aussi deux fois et même plus le citera en justice, sous la prévention d'avoir prononcé l'esclavage d'une personne libre ; s'il refuse de comparaître, il le tient pour condamné et le fait jeter dans les fers ». Personne n'osait lui donner tort ; mais la plèbe était fort émue et avait l'impression d'abuser déjà de sa liberté en châtiant[2] ce grand personnage, quand on le jeta en prison. Le tribun fixa une date pour le procès.

Cependant, une délégation de Latins et d'Herniques vint à Rome présenter des félicitations sur la réconciliation des patriciens et des plébéiens ; à cette occasion, ils offrirent à Jupiter très bon et très grand et déposèrent au Capitole une couronne d'or de peu de valeur, parce que leurs affaires n'étaient pas prospères et qu'ils mettaient dans leurs pratiques religieuses plus de piété que de magnificence. En même temps, ils donnèrent pour certain que les Èques et les Volsques se préparaient de toutes leurs forces à la guerre. On dit donc aux consuls de se partager le commandement : Horatius fut chargé des Sabins, Valérius des Èques. Quand ils décrétèrent la conscription, leur popularité amena non seulement les plus jeunes classes, mais une grande proportion de volontaires déjà libérés du service à se faire inscrire ; aussi le nombre et surtout la qualité des effectifs, formés en partie de vétérans, augmentèrent la force de leur armée. Avant d'entrer en campagne, ils exposèrent en public les

d'une condamnation *in iudicio* : l'attitude d'Appius est donc ou désespérée ou d'une rhétorique très appuyée.

1. Contradiction à I, 33, 8. Mais, à ce prix, quel effet !

2. Le mot *supplicio* est d'une ambiguïté voulue : il anticipe sur une

lentis corpus semianime uirginis sponsum auumque in carcerem duci iusserit, stupro interpellato magis quam caede motus. Et illi carcerem aedificatum esse quod domicilium plebis Romanae uocare sit solitus. 5Proinde, ut ille iterum ac saepius prouocet, sic se iterum ac saepius iudicem illi ferre ni uindicias ab libertate in seruitutem dederit; si ad iudicem non eat, pro damnato in uincla duci iubere'. 6Vt haud quoquam improbante, sic magno motu animorum, cum tanti uiri supplicio suamet plebi iam nimia libertas uideretur, in carcerem est coniectus; tribunus ei diem prodixit.

7Inter haec ab Latinis et Hernicis legati gratulatum de concordia patrum ac plebis Romam uenerunt, donumque ob eam Ioui optumo maximo coronam auream in Capitolium tulere parui ponderis, prout res haud opulentae erant colebanturque religiones pie magis quam magnifice. 8Îsdem auctoribus cognitum est Aequos Volscosque summa ui bellum apparare. 9Itaque partiri prouincias consules iussi. Horatio Sabini, Valerio Aequi euenere. Cum ad ea bella dilectum edixissent, fauore plebis non iuniores modo, sed emeritis etiam stipendiis pars magna uoluntariorum ad nomina danda praesto fuere, eoque non copia modo sed genere etiam militum, ueteranis admixtis, firmior exercitus fuit. 10Priusquam urbe egrederentur, leges

Des. *E. T.*

LVII, **4** auumque *codd.* : auunculumque *Sabellicus* || quod ω.$R^{1\text{-}2}D^{3}$: quo *LRD* || **5** Proinde ω : siro inde *M* deinde *PFBS.U* || prouocet : prouoc| *V* || ferre ni *V. det. unus* : ferrent *PFBS* ferre ne ω ferre ut *U* || uindicias ω : indicias *PFBS* || **5** dederit ω : dederint *M.PFBS* || **6** suamet *V.PS.RD.*ϱ : suā et *M.FB.LA?* sua et F^{x}.*U.O.H.*$R^{1}A^{2}$? || prodixit ω : produxit *U* praedixit *LRDA* || **7** ob eam Σ : ab ea *V* || religiones : regiones *V* || **8** apparare ω.$P^{2}D^{3}$: apparere *V.P.O.D* || **9** euenere ω.$S^{1\text{-}2}$: uenere *S.O* .uen.runt *V* || uoluntariorum : uoluptariorum *V* || **10** urbe *PFBS.U* : urbem *cett.*

lois des décemvirs ou lois des douze tables, gravées sur bronze[1]. D'après certains historiens, ce seraient les édiles, sur l'ordre des tribuns, qui auraient rempli cet office.

LVIII. Gaius Claudius, dans son horreur pour les crimes des décemvirs et surtout dans sa haine pour la tyrannie de son neveu, s'était retiré à Régille, patrie de ses ancêtres. Revenant, malgré son grand âge, pour sauver du danger par ses prières celui dont les vices l'avaient fait fuir, il était au forum, en deuil, suivi de sa famille et de ses clients, arrêtant chaque citoyen et le priant « de ne pas imprimer à la race des Claudius la honte de paraître bons pour le cachot et les chaînes ; de ne pas laisser un personnage dont l'image[2] serait en grand honneur devant la postérité, un législateur, un fondateur du droit romain, languir dans les fers parmi les auteurs d'attaques nocturnes et les brigands[3] ; de passer un peu de la colère à un examen réfléchi, et d'accorder un Claudius aux prières de tant de Claudius, au lieu de mépriser tant de prières par haine d'un seul. Lui-même faisait cela pour sa race et pour son nom, sans se réconcilier avec celui qu'il voulait secourir dans son malheur. Leur courage leur avait rendu la liberté : leur clémence consoliderait l'union des classes ». On était touché plus par son dévouement aux siens que par le cas de son protégé ; mais Virginius demandait « qu'on eût plutôt pitié de lui et de sa fille ; qu'on écoutât

condamnation qui apparaît dès lors certaine, mais suggère aussi que la prison, au lieu d'être préventive, représente une peine afflictive. Quoique sans aucun fondement juridique dans le cas présent, cette conception, qui aurait pu permettre à Ap. Claudius d'en appeler comme d'un châtiment (cf. Cicéron, *Républ.*, II, 54 : *itemque ab omni iudicio poenaque prouocari licere indicant XII Tabulae conpluribus legibus*), va aussi enrichir l'argumentation pathétique de C. Claudius en faveur de son neveu (chap. 68).

1. Contradiction, de fait et de procédure, avec le chap. 34. — L'indication suivante trahit une source outrageusement « plébéienne ».

2. Le masque conservé après sa mort dans une « aile » du *tablinum* des Claudius.

3. Flagrants délits crapuleux : cf. Plaute, *Amphitryon*, 155 et suiv.

decemuirales, quibus tabulis duodecim est nomen, in aes incisas in publico proposuerunt. Sunt qui iussu tribunorum aediles functos eo ministerio scribant.

LVIII. [1]C. Claudius, qui perosus decemuirorum scelera et ante omnes fratris filii superbiae infestus Regillum, antiquam in patriam, se contulerat, is magno iam natu cum ad pericula eius deprecanda redisset cuius uitia fugerat, sordidatus cum gentilibus clientibusque in foro prensabat singulos orabatque [2]'ne Claudiae genti eam inustam maculam uellent ut carcere et uinculis uiderentur digni. Virum honoratissimae imaginis futurum ad posteros, legum latorem conditoremque Romani iuris, iacere uinctum inter fures nocturnos ac latrones. [3]Auerterent ab ira parumper ad cognitionem cogitationemque animos, et potius unum tot Claudiis deprecantibus condonarent quam propter unius odium multorum preces aspernarentur. [4]Se quoque id generi ac nomini dare, nec cum eo in gratiam redisse cuius aduersae fortunae uelit succursum. Virtute libertatem rec*i*peratam esse : clementia concordiam ordinum stabiliri posse'. [5]Erant quos moueret sua magis pietate quam eius pro quo agebat causa ; sed Verginius 'sui potius ut miserentur' orabat 'filiaeque ; nec gentis Claudiae regnum in plebem sortitae, sed necessariorum Verginiae trium

Des. *E. T.*

Def. LVII, **10** : *post* decemuirales quib-⌋ *V.*

LVIII, **1** superbiae ω.D^{3} : superbiam *LRD?* || clientibusque : clientibus *H* || **2** uirum $O^{3}A^{3}$. *dett. duo, Ed. Rom. 1469* : uerum *OA. cett.* || **4** ac nomini ω.R^{2} : agnomini *PFB* ac nomine *LR* || reciperatam *ut supra* : recuperatam ω recuperandam *U* || clementia $M^{1\text{-}2}$.*U.O.H.* $RD^{x}A$: clementiam *MD. cett.* || concordiam : concordia *H* || **5** agebat ω : aiebat P^{2}*FBS.U.A* || causa ω.D^{3} : causam *H.LRD.*

les prières non pas de la famille Claudia, faite pour tyranniser la plèbe, mais des parents de Virginie, de trois tribuns, faits pour secourir la plèbe, et qui devaient à leur tour implorer son aide et son secours ». Et on trouvait plus justes ses larmes. Aussi, sans plus d'espoir, avant le jour de l'assignation, Appius se donna la mort.

Aussitôt, Publius Numitorius s'attaqua à Spurius Oppius, le plus impopulaire après Appius, parce qu'il était à Rome quand fut rendue la sentence inique de son collègue. Mais ce furent surtout ses méfaits personnels, et non celui qu'il n'avait pas empêché, qui lui firent des ennemis. On produisit un témoin qui comptait vingt-sept campagnes et huit décorations avec citations exceptionnelles qu'il étalait sous les yeux du public ; il déchira ses vêtements, montra sur son dos la marque des verges et déclara que, « si l'accusé avait quelque faute à lui reprocher, il l'autorisait à le châtier encore, bien que sorti de charge ». Oppius, lui aussi, fut mis en prison et se suicida avant le jour du jugement. Les biens de Claudius et d'Oppius furent donnés au trésor par les tribuns. Leurs collègues s'exilèrent loin de leur pays ; leurs biens furent donnés au trésor. Marcus Claudius, qui avait réclamé Virginie, fut poursuivi, condamné à mort[1], grâcié par Virginius lui-même, et envoyé en exil à Tibur, et l'ombre de Virginie, plus heureuse morte que vivante, après avoir visité tant de maisons en justicière sans épargner aucun coupable, goûta enfin le repos[2].

LIX. Une grande frayeur s'était emparée des patriciens : les tribuns avaient maintenant le même air que naguère les décemvirs ; quand Marcus Duillius, tribun de la plèbe, sut y remédier en mettant une borne à ce pouvoir excessif : « Notre liberté », dit-il, « et le châtiment de

1. Peut-être pour faux témoignage (cf. le cas de M. Volscius, 24, 3 et suiv.), comme le pense Weissenborn.

2. Conception très antique : une mort contre nature, violente ou prématurée, déchaîne à travers la société une « âme » (*manes*) malheu-

tribunorum preces audirent, qui ad auxilium plebis creati ipsi plebis fidem atque auxilium implorarent'. [6]Iustiores hae lacrimae uidebantur. Itaque, spe incisa, priusquam prodicta dies adesset, Appius mortem sibi consciuit.

[7]Subinde arreptus a P. Numitorio Sp. Oppius, proximus inuidiae, quod in Vrbe fuerat cum iniustae uindiciae a collega dicerentur. [8]Plus tamen facta iniuria Oppio quam non prohibita inuidiae fecit. Testis productus, qui, septem et uiginti enumeratis stipendiis, octiens extra ordinem donatus donaque ea gerens in conspectu populi, scissa ueste, tergum laceratum uirgis ostendit, nihilum deprecans 'quin, si quam suam noxam reus dicere posset, priuatus iterum in se saeuiret'. [9]Oppius quoque ductus in uincula est, et ante iudicii diem finem ibi uitae fecit. Bona Claudi Oppique tribuni publicauere. Collegae eorum exsilii causa solum uerterunt; bona publicata sunt. [10]Et M. Claudius, adsertor Verginiae, die dicta damnatus, ipso remittente Verginio ultimam poenam dimissus Tibur exsulatum abiit, [11]manesque Verginiae, mortuae quam uiuae felicioris, per tot domos ad petendas poenas uagati, nullo relicto sonte tandem quieuerunt.

LIX. [1]Ingens metus incesserat patres, uoltusque iam iidem tribunorum erant qui decemuirorum fuerant, cum M. Duillius tribunus plebis, inhibito salubriter modo nimiae potestati : [2]« Et libertatis, inquit,

Des. *V. E. T.*

Om. LVIII, **5** : auxilium plebis ... fidem atque *S* (*restit. in marg.* S^{1-2}).

LVIII, **11** felicioris *dett. duo, Gulielmus* : feliciores *codd.*

LIX, **1** iidem D^2 (*marg.*) D^4. *dett. aliq.* : inde *ω.v?D?*A^2 indie *LRD?* iam die *A* || potestati *M.F.D, Gron.* : potestatis $M^1F^1D^3$. *cett.*

nos ennemis sont suffisants ; aussi cette année je ne laisserai plus assigner ni emprisonner qui que ce soit. Il ne convient pas de revenir sur de vieilles fautes aujourd'hui effacées, maintenant que les plus récentes sont expiées par le châtiment des décemvirs, et, d'autre part, on n'en commettra plus qui nécessitent une action énergique des tribuns, si j'en crois la vigilance continuelle des deux consuls à défendre votre liberté. » Le premier effet de cette modération du tribun fut de dissiper la frayeur des patriciens ; mais, en même temps, elle augmenta leur ressentiment contre les consuls : « Ils étaient donc si foncièrement les créatures de la plèbe que le salut et l'indépendance des patriciens préoccupaient plus un magistrat de la plèbe que ceux de la noblesse ; leurs ennemis avaient commencé à se dégoûter des supplices avant que les consuls eussent manifesté l'intention d'arrêter leurs excès ». Beaucoup regrettaient la faiblesse qu'avait montrée le sénat dans ses délibérations, en approuvant leurs projets de loi ; et il était bien évident que, dans le trouble de la situation politique, ils avaient cédé aux circonstances.

Campagne contre les Èques, les Volsques et les Sabins.

LX. Les consuls, ayant rétabli l'ordre en ville et consolidé la condition de la plèbe, rejoignirent chacun leur poste. Valérius, opposé aux armées des Èques et des Volsques déjà réunies sur l'Algide, prit le parti de temporiser : car, s'il s'était hâté de tenter la chance, étant donné l'état d'esprit où les campagnes malheureuses[1] des décemvirs avaient mis les Romains et les ennemis, il est probable qu'un engagement eût été absolument désastreux. Il avait donc établi son camp à un mille de l'ennemi et y maintenait ses troupes. L'ennemi

reuse et malfaisante jusqu'à ce qu'elle soit assouvie ou conjurée. Mais pour Tite-Live, bien entendu, simple occasion à une conclusion poétiquement dramatique.

1. *Infelicibus auspiciis* évoque, outre le résultat défavorable des

nostrae et poenarum ex inimicis satis est ; itaque hoc anno nec diem dici cuiquam nec in uincla duci quemquam sum passurus. [3]Nam neque uetera peccata repeti iam oblitterata placet, cum noua expiata sint decemuirorum suppliciis, et nihil admissum iri quod uim tribuniciam desideret spondet perpetua consulum amborum in libertate uestra tuenda cura. » [4]Ea primum moderatio tribuni metum patribus dempsit, eademque auxit consulum inuidiam, 'quod adeo toti plebis fuissent ut patrum salutis libertatisque prior plebeio magistratui quam patricio cura fuisset, et ante inimicos satietas poenarum suarum cepisset quam obuiam ituros licentiae eorum consules appareret'. [5]Multique erant qui mollius consultum dicerent, quod legum ab iis latarum patres auctores fuissent ; neque erat dubium quin turbato rei publicae statu tempori succubuissent.

LX. [1]Consules, rebus urbanis compositis fundatoque plebis statu, in prouincias diuersi abiere. Valerius aduersus coniunctos iam in Algido exercitus Aequorum Volscorumque sustinuit consilio bellum : [2]quod si extemplo rem fortunae commisisset, haud scio an, qui tum animi ab decemuirorum infelicibus auspiciis Romanis hostibusque erant, magno detrimento certamen staturum fuerit. [3]Castris mille passuum ab hoste positis copias continebat ; hostes me-

Des. *V. E. T.*

LIX, **3** uetera D^4. *dett. aliq.*, *Ed. Rom. 1469* : uestra *D? cett.* || placet, cum *det. unus*, *Rhenan.* : placet et cum *Mυ* placet cum et *cett.* || **4** dempsit ω.P^2D^1 : demsit *LRD* demisit *P* depressit *O*.

LX, **1** abiere ω.M^1B^1 : abire *M.B.H* || Valerius : M. Valerius *υ* || **2** an, qui tum ω.$U^2D^3A^2$: an qui tamen *S* antiquum *LRDA* anquia tum *U* || animi ab ω.D^3A^2 : animi *M.O.H* animalib. *LRDA* || **3** continebat R^2A^3 : continebant *RA. cett.*

couvrait l'intervalle entre les deux camps, s'y formait en ligne déployée et défiait les Romains au combat, sans obtenir de réponse. Enfin, fatigués de rester l'arme au pied et d'attendre en vain la bataille, Èques et Volsques, à peu près sûrs qu'on leur abandonnait la victoire, partent qui chez les Herniques, qui chez les Latins pour piller, laissant dans leur camp un simple détachement de garde et non des forces suffisantes pour combattre. Ce que voyant, le consul prend sa revanche des menaces précédentes, déploie son armée et, à son tour, provoque l'ennemi. Comme celui-ci, ne se sentant pas en force, refusait le combat, les Romains reprirent aussitôt courage et tenaient pour battus ces poltrons enfermés dans leur retranchement. Après un jour entier passé l'arme au pied à attendre un engagement, ils se retirèrent pour la nuit. Les Romains, pleins d'optimisme, se traitaient bien ; l'ennemi, loin d'avoir le même moral, envoie des messagers de toutes parts et, tout tremblant, rappelle les pillards. Les plus proches rentrent à la hâte ; les plus éloignés ne furent pas rejoints. Dès l'aube, les Romains sortent du camp, prêts à donner l'assaut au retranchement, si on n'accepte pas le combat. Et le jour s'avançait déjà sans que l'ennemi fît le moindre mouvement, quand le consul lança l'ordre d'attaquer ; en voyant s'ébranler nos lignes, Èques et Volsques eurent honte, eux les vainqueurs, de compter sur des retranchements plutôt que sur leur courage et leurs armes pour se défendre. Eux aussi réclamèrent de leurs généraux le signal du combat et l'obtinrent. Une partie d'entre eux étaient déjà en dehors des portes ; derrière eux les autres étaient rassemblés pour se rendre chacun à son poste ; alors le consul romain, sans laisser aux ennemis le temps de mettre toutes leurs forces en ligne, les attaqua ; livrant bataille à des troupes

campagnes précédentes, d'abord la conception qui compte comme vertu essentielle du général la *felicitas* ou bonheur personnel (cf. Cic., *Sur le commandement de Cn. Pompée*, 47-48), ensuite l'indignité reli-

dium inter bina castra spatium acie instructa complebant, prouocantibusque ad proelium responsum Romanus nemo reddebat. [4]Tandem fatigati stando ac nequiquam exspectando certamen Aequi Volscique, postquam concessum propemodum de uictoria credebant, pars in Hernicos, pars in Latinos praedatum abeunt; relinquitur magis castris praesidium quam satis uirium ad certamen. [5]Quod ubi consul sensit, reddit inlatum antea terrorem, instructaque acie ultro hostem lacessit. [6]Vbi illi, conscientia quid abesset uirium, detractauere pugnam, creuit extemplo Romanis animus, et pro uictis habebant pauentes intra uallum. [7]Cum per totum diem stetissent intenti ad certamen, nocti cessere. Et Romani quidem pleni spei corpora curabant; haudquaquam pari hostes animo nuntios passim trepidi ad reuocandos praedatores dimittunt. Recurritur ex proximis locis : ulteriores non inuenti. [8]Vbi inluxit, egreditur castris Romanus, uallum inuasurus ni copia pugnae fieret. Et postquam multa iam dies erat neque mouebatur quicquam ab hoste, iubet signa inferri consul; motaque acie, indignatio Aequos et Volscos incessit si uictores exercitus uallum potius quam uirtus et arma tegerent. Igitur et ipsi efflagitatum ab ducibus signum pugnae accepere. [9]Iamque pars egressa portis erat deincepsque alii seruabant ordinem, in suum quisque locum descendentes, cum consul Romanus, priusquam totis uiribus fulta constaret hostium acies, intulit signa; [10]ador-

Des. *V. E. T.*

LX, **5** reddit *M.O.H.LRD* : reddidit D^x. *cett.* || **6** detractauere ω.A^1 : detracuere *H* detrectauere *S.O.*R^2A || **8** tegerent ω.R^2D^1 : egerent *H.LRD* || **9** fulta ω.$M^2P^2R^{1-2}D^x$: fuilta *P* fuita *M.LRD?* fuit aut *O* || constaret : contrastaret *M.*

encore incomplètement sorties [du camp], et, quand elles l'étaient, mal déployées, il tombe sur une masse déjà flottante, sur des hommes qui courent çà et là, promènent leurs regards sur eux et sur leurs camarades et qu'achèvent d'affoler les cris et la charge[1]. Les ennemis commencèrent par lâcher pied ; puis, rassemblant leur courage et entendant tous leurs officiers leur demander avec indignation « s'ils vont céder à des vaincus », ils rétablissent le combat.

LXI. Le consul, de l'autre côté, rappelle aux Romains « que c'est le premier jour où, redevenus libres, ils combattent pour Rome libre. C'est pour eux-mêmes qu'ils vont vaincre, et non pour devenir, vainqueurs, la proie des décemvirs. Ce n'est pas un Appius[2] qui commande l'action, c'est le consul Valérius, fils des libérateurs de Rome, et lui-même son libérateur. Qu'ils montrent que, dans les précédents combats, c'était la faute des généraux et non celle des hommes s'ils n'étaient pas vainqueurs. Quelle honte de montrer plus de courage contre des compatriotes que contre l'ennemi, de craindre le joug des siens et non celui de l'étranger. Virginie était la seule dont la vertu fût en péril pendant la paix ; un seul citoyen, Appius, était un danger à cause de ses passions ; mais, si les hasards de la guerre leur sont contraires, leurs enfants à eux tous auront à redouter des milliers d'ennemis ; il ne veut d'ailleurs pas évoquer[3] un malheur que Jupiter et Mars leur ancêtre voudront épargner à une ville fondée sous de tels auspices ». Il leur rappelle l'Aventin et le Mont Sacré : « dans ces lieux où ils ont conquis leur liberté il y a quelques mois, ils doivent rapporter leur puissance intacte, montrer que l'esprit militaire des Romains depuis

gieuse des décemvirs, dont les « auspices » portent la tare du parjure qu'ils ont commis en se perpétuant dans leurs pouvoirs.

1. La phrase latine, très dense et de structure heurtée, peint avec beaucoup d'art le désordre de l'action.

2. Bien qu'Appius n'ait pas été à l'armée ; mais il représente la tyrannie décemvirale (d'où le chiasme *Appio duce... consule Valerio*).

3. Le seul énoncé d'un fait pouvant, selon l'antique croyance, le

tusque nec omnes dum eductos nec, qui erant, satis explicatis ordinibus, prope fluctuantem turbam trepidantium huc atque illuc circumspectantiumque se ac suos, addito turbatis mentibus clamore atque impetu, inuadit. [11]Rettulere primo pedem hostes ; deinde cum animos collegissent et undique duces 'uictisne cessuri essent' increparent, restituitur pugna.

LXI. [1]Consul ex altera parte Romanos 'meminisse' iubebat 'illo die primum liberos pro libera urbe Romana pugnare : sibimet ipsis uicturos, non ut decemuirorum uictores praemium essent. [2]Non Appio duce rem geri, sed consule Valerio, ab liberatoribus populi Romani orto, liberatore ipso. Ostenderent prioribus proeliis per duces, non per milites stetisse ne uincerent. [3]Turpe esse contra ciues plus animi habuisse quam contra hostes et domi quam foris seruitutem magis timuisse. [4]Vnam Verginiam fuisse cuius pudicitiae in pace periculum esset, unum Appium ciuem periculosae libidinis : at, si fortuna belli inclinet, omnium liberis ab tot milibus hostium periculum fore ; [5]nolle ominari quae nec Iuppiter nec Mars pater passuri sint his auspiciis conditae urbi accidere'. Auentini Sacrique montis admonebat, 'ut, ubi libertas parta esset paucis ante mensibus, eo imperium inlibatum referrent, [6]ostenderentque eandem indolem militibus

Des. *V* (*usque ad* LX, **10** : prope fluctuan-]). *E. T.*

It. LX, **11** : et undique duces *ante* increparent *V*.

LX, **10** nec omnes dum *ω.P* (*sed* dūc) *A* : necdum omnes P^2*FBS. U.*$A^{2\text{-}3}$ || **11** Rettulere (*uel* retul-) *ω* : pertulere *FB*.

LXI, **1** Consul : cons̄s̄ *V* || ipsis *ω.*$R^{1\text{-}2}$: ipsi *V* ipsos *FB.R* || **2** Valerio *ω.*$M^{1\text{-}2}R^xD^x$: m ualerio *Mv.RD* || **4** belli *ω.*$M^{1\text{-}2}$: libelli *M* bellum *U* || **5** his (*uel* hiis *uel* iis) : *om. O* || urbi *ω.*$P^2D?A^1$: ubbi *P* urbis *H.*LD^1 (*uel D*) *A* || inlibatum *ω.*D^3 : inlibertum *LRD* in libertatem *H* in libertate *O*.

la chute des décemvirs est le même qu'avant leur création, et que l'égalité n'a pas affaibli le courage de la nation ». Après avoir ainsi harangué les corps d'infanterie, il vole vers la cavalerie : « Allons, jeunes gens[1] », dit-il, « montrez-vous supérieurs à l'infanterie par le courage autant que par l'honneur et la noblesse. Au premier choc, l'infanterie a fait lâcher pied à l'ennemi : à votre tour chargez pour le mettre en déroute et le chasser du terrain. Il ne soutiendra pas votre attaque : et déjà il balance plutôt qu'il ne résiste. » Ils excitent leurs chevaux et chargent l'ennemi déjà bousculé par l'infanterie, enfoncent ses rangs, poussent jusqu'à la dernière ligne ; là un certain nombre trouvant le terrain libre reviennent en arrière sur les fuyards en désordre, en détournent un grand nombre du camp, dont ils interdisent l'accès en se glissant tout le long des retranchements. L'infanterie, le consul en personne et le gros de l'armée se portent vers le camp et s'en emparent en faisant un carnage immense et un butin plus grand encore[2].

La nouvelle de cette victoire parvint, non seulement à Rome, mais jusqu'en Sabine, à l'autre armée ; Rome la célébra dans la joie, mais l'armée brûla d'imiter ce glorieux exploit. Déjà en les pliant à des coups de main, en les mettant à l'épreuve par des escarmouches, Horatius avait amené ses hommes à prendre plus de confiance en eux-mêmes et à moins songer à l'affront reçu sous les ordres des décemvirs, et ces succès de détail leur avaient donné bon espoir pour l'ensemble des opérations. D'autre

provoquer (*omen*). Mais à cette crainte s'opposent les auspices de fondation (le mot *his* indique qu'ils sont bien connus comme émanés de Mars et de Jupiter, soutiens militaires de Rome : cf. II, 45, 14).

1. Ce sont les patriciens les plus jeunes (*iuniores*) qui servent dans la cavalerie. Encore faut-il qu'ils soient assez riches pour entretenir leur monture (cf. le cas de L. Tarquitius Flaccus : 27, 1).

2. Le récit de cette bataille est notable par la complication et la variété des détails tactiques, dont rien ne se retrouve chez Denys, bien que les préliminaires en soient rapportés par lui de façon tout à fait semblable (XI, 47). Le caractère artificiel s'en trahirait par la

Romanis post exactos decemuiros esse quae ante creatos fuerit, nec aequatis legibus imminutam uirtutem populi Romani esse'. [7]Haec ubi inter signa peditum dicta dedit, auolat deinde ad equites : « Agite, iuuenes, inquit, praestate uirtute peditem ut honore atque ordine praestatis. [8]Primo concursu pedes mouit hostem ; pulsum uos immissis equis exigite de campo. Non sustinebunt impetum, et nunc cunctantur magis quam resistunt. » [9]Concitant equos permittuntque in hostem pedestri iam turbatum pugna ; et perruptis ordinibus elati ad nouissimam aciem, pars libero spatio circumuecti, iam fugam undique capessentes plerosque a castris auertunt praeterequitantesque absterrent. [10]Peditum acies et consul ipse uisque omnis belli fertur in castra, captisque cum ingenti caede, maïore praeda potitur.

Huius pugnae fama perlata non in Vrbem modo, sed in Sabinos ad alterum exercitum, [11]in Vrbe laetitia celebrata est, in castris animos militum ad aemulandum decus accendit. [12]Iam Horatius eos excursionibus su*b*iciendo proeliisque leuibus experiundo adsuefecerat sibi potius fidere quam meminisse ignominiae decemuirorum ductu acceptae ; paruaque certamina in summam totius profecerant spei. [13]Nec cessabant Sabini, feroces ab re priore anno bene gesta, lacessere atque instare, rogitantes 'quid latrocinii modo pro-

Des. *E. T.*

LXI, **7** dicta dedit Σ : dedit dic.. *V* || auolat *V?* (*ut e spatio relicto uidetur*) *H.LRD* : aduolat *D*$^{3-4}$. *cett.* || ordine *om.* *PFBS.U* || **8** mouit ω.*A* : .. (*uel* ....) uit *V* mouebit *M.A*^{2} || de campo *V.M* : ae campo *FB* e campo *cett.* (*sed*-campos *O*) || sustinebunt impetum Σ : sustinebant impetu *V* || **9** auertunt ω : euertunt *PFBS.U* || praeterequitantesque ω.*M*ϱ : praeterequitantesqui *DA* praeequitantesque *M*$^{1-2}$.*A*^{2} || **11** laetitia *V* : laetitia modo Σ || **12** subiciendo *ego* : sufficiendo Σ *nostri* assuefaciendo *det. unus* ; *om.* *V* || leuibus *V.A*$^{3-4}$: lenibus *A*.ω lenius *PFBS.U* || **13** latrocinii ω.*D*^{3} : latronicii *U* latrocinio *V.LR*.

part, les Sabins, fiers de leurs succès d'antan[1], ne cessaient de les harceler et de leur demander avec insistance « pourquoi imiter les brigands[2]? pourquoi passer leur temps à partir en expédition par petits groupes pour rentrer bien vite, et morceler en mille actions de détail une seule et même guerre? Pourquoi ne pas livrer bataille et laisser la Fortune décider une bonne fois? »

LXII. D'eux-mêmes, les Romains avaient déjà suffisamment repris courage : l'indignation acheva de les enflammer : « Voici que l'autre armée allait rentrer victorieuse à Rome, et eux l'ennemi se permettait de les insulter outrageusement. Quand donc lui tiendraient-ils tête, sinon aujourd'hui? » Dès que le consul vit qu'on murmurait ainsi dans le camp, il ordonna le rassemblement et dit : « Les résultats obtenus sur l'Algide sont venus, je pense, à vos oreilles, soldats. L'armée d'un peuple libre a été ce qu'elle devait être : l'habileté de mon collègue et la valeur de ses troupes ont gagné la victoire. Quant à moi, mon plan et mes intentions dépendent uniquement de vous, soldats[3]. Il peut être avantageux de temporiser, on peut aussi en finir rapidement. Dans le premier cas, je développerai de jour en jour votre confiance et votre valeur par les méthodes déjà employées ; mais, si dès maintenant vous avez assez de cœur, et que vous vouliez en finir, alors poussez ici votre cri de guerre, pour montrer votre détermination et votre courage. » Pleins d'enthousiasme,

seule contradiction entre ce qui est dit de l'état moral des Romains 57, 9, et 60, 2. La rhétorique et la poésie (cf. la formule 61, 7 : *haec ubi dicta dedit*) sont mises au service d'une idée symbolique : renaissance de la valeur militaire en même temps que de la liberté politique.

1. *Priore anno* (la guerre ne se faisant qu'à la belle saison) indique très nettement que, pour Tite-Live, l'année consulaire Valérius-Horatius est la quatrième depuis l'entrée en charge des décemvirs.

2. L'outrage est d'autant plus sanglant que les Romains se piquaient de livrer des batailles « régulières », laissant à leurs adversaires montagnards la tactique des détachements volants (*latrocinium*).

3. Réplique affaiblie du thème psychologique développé II, 45.

cursantes pauci recurrentesque tererent tempus et in multa proelia paruaque carperent summam unius belli? [14]Quin illi congrederentur acie inclinandamque semel Fortunae rem darent?'

LXII. [1]Ad id quod sua sponte satis collectum animorum erat, indignitate etiam Romani accendebantur : 'Iam alterum exercitum uictorem in Vrbem rediturum ; sibi ultro per contumelias hostem insultare. Quando autem se, si tum non sint, pares hostibus fore?' [2]Vbi haec fremere militem in castris consul sensit, contione aduocata, « Quemadmodum, inquit, in Algido res gesta sit, arbitror uos, milites, audisse. Qualem liberi populi exercitum decuit esse, talis fuit : consilio collegae, uirtute militum uictoria parta est. [3]Quod ad me attinet, id consilii animique habiturus sum, quod uos mihi, *milit*es, feceritis. Et trahi bellum salubriter et mature perfici potest. [4]Si trahendum est, ego ut in dies spes uirtusque uestra crescat, eadem qua institui disciplina, efficiam ; si iam satis animi est decernique placet, agite dum, clamorem qualem in acie sublaturi estis tollite hic, indicem uoluntatis uir-

Des. *E. T.*

Om. LXI, **13** : pauci recurrentes *RD* (*rest.* D^4) ; – pauci recurrentesque *L.*

LXI, recurrentesque Σ : recursantesque *V* || tererent (*uel* terr-) Σ : terrentes (et *post* tempus *omisso*) *V* || carperent ω : caperent *V.S.O.H.*

LXII, **1** indignitate : indignitatem *V* || rediturum : redicturum *V* || se si ω.D^x : sensi *LRD* si *V* || **2** consilio R^2 *(ut alt. lect.)* A^2 : ...silio *V* consul consilio *P* consul consilto P^1 Gy (= cos.) consulto *H* consilio consulto *M.L* consilto P^2*FB* consulto *A. cett.* || **3** mihi, milites, feceritis *Frigell* : mihi .... feceritis *P* mihi effeceritis P^2*FBS.U.*D^3 .. hi f .. eritis ...... s *V* mini tegaritis feceritis *O* milites geritis *Mv.*A^2 michi .... geritis *D* mihi tegeritis *LR* tegeritis *H* mihi feceritis *Crevier* || **4** agite dum ω.$U^2D^3A^2$ρ : agedum *U* agite cum *LRDA* agite *V* || acie ω.A^2 : aciem *LRDA* || hic ω.A^2 : hinc *V.B.DA.*

ils élèvent leur clameur ; alors il souhaite « que la chance les favorise, car il promet de faire ce qu'ils désirent et dès le lendemain de les conduire au combat ». Le reste de la journée fut employé à mettre en état les armes.

Le lendemain, aussitôt qu'ils voient les Romains se ranger en ligne, les Sabins, qui, depuis longtemps, désiraient se battre, sortent de leur côté. La rencontre fut celle de deux armées également confiantes en elles-mêmes, l'une avec son passé de gloire ininterrompue, l'autre orgueilleuse depuis peu de sa récente victoire. Les Sabins mirent, en outre, la tactique au service de la force : ayant formé un front égal à celui de l'ennemi[1], ils tinrent en réserve 2,000 hommes, chargés de tomber sur la gauche des Romains au plus fort de l'action. Cette attaque de flanc faillit envelopper et écraser notre aile, quand la cavalerie de deux légions, 600 hommes environ, saute de cheval comme les nôtres cédaient, et court en première ligne[2] ; elle obtient ce double résultat de tenir tête à l'ennemi et d'enflammer le courage de l'infanterie en partageant ses dangers et aussi en lui faisant honte[3] : « quel déshonneur de voir la cavalerie remplir à la fois son office et celui des autres, et eux, les fantassins, faire une moins bonne infanterie que des cavaliers démontés ! »

LXIII. Ils reprennent donc le combat interrompu de leur côté, regagnent la position qu'ils avaient dû abandonner, rétablissent en un instant la situation et font même plier l'aile des Sabins. La cavalerie, couverte par les lignes de l'infanterie, retourne à ses chevaux, galope jusqu'à l'autre

1. L'égalisation de la longueur des lignes de combat est un principe essentiel de la conduite de la guerre à l'époque classique.

2. Cette initiative révèle (comme déjà II, 20, 10) le caractère d'infanterie montée que conserve très longtemps la cavalerie romaine. On sait qu'à la bataille de Cannes encore (en 216 av. J.-Chr.), elle mit pied à terre au moment critique, de façon tout à fait inopportune et contrairement à tous les enseignements de la stratégie hellénistique (Liv., XXII, 49, 1-5).

3. Opposition nette (cf. II, 43, 7-9) entre l'infanterie plébéienne et la cavalerie aristocratique, à laquelle ces deux récits de bataille font tendancieusement la part la plus belle.

tutisque uestrae. » [5]Postquam ingenti alacritate clamor est sublatus, 'quod bene uertat, gesturum se illis morem posteroque die in aciem deducturum' adfirmat. Reliquum diei apparandis armis consumptum est.

[6]Postero die simul instrui Romanam aciem Sabini uidere, et ipsi, iam pridem auidi certaminis, procedunt. Proelium fuit quale inter fidentes sibimet ambo exercitus, ueteris perpetuaeque alterum gloriae, alterum nuper noua uictoria elatum. [7]Consilio etiam Sabini uires adiuuere; nam, cum aequassent aciem, duo extra ordinem milia quae in sinistrum cornu Romanorum in ipso certamine impressionem facerent tenuere. [8]Quae ubi inlatis ex transuerso signis degrauabant prope circumuentum cornu, equites duarum legionum, sescenti fere, ex equis desiliunt cedentibusque iam suis prouolant in primum, simulque et hosti se opponunt et aequato primum periculo, pudore deinde animos peditum accendunt : [9]uerecundiae erat 'equitem suo alienoque Marte pugnare, peditem ne ad pedes quidem degresso equiti parem esse'.

LXIII. [1]Vadunt igitur in proelium ab sua parte omissum et locum ex quo cesserant repetunt; momentoque non restituta modo pugna, sed inclinatur etiam Sabinis cornu. [2]Eques inter ordines peditum tectus se ad equos recipit; transuolat inde in partem

Des. *E. T.*

Om. LXII, **5-6** : die in aciem ... Postero *V.A* (*rest.* A^2).

LXII, **5** consumptum est ω : consumptum *PFBS.U* || **6** instrui : intrui *V* || gloriae Σ : uictoriae *V* || nuper noua Σ : noua nuper *V* || **7** milia ω.P^x : militia *PFB* militiae *S.U* || cornu ω : cornum *V.B* || **8** cornu $M^{1\text{-}2}$.*S.U.O.*R^x*A* : cornum *MR. cett.* || duarum Σ : earum *V* || sescent *Edd. uet.* : sescentis *V* ac (= DC) Σ || desiliunt Σ : exiliunt *V* || transuolat : trauolat *V*.

aile en annonçant aux siens la victoire, et, en même temps, comme l'ennemi était troublé par la défaite de son aile la plus forte, elle charge contre lui. Aucun corps dans cette bataille ne montra de qualités plus brillantes. Le consul veille à tout, félicite les braves, fait des reproches, si sur un point le combat faiblit. Ceux qu'il blâmait déployaient aussitôt la même ardeur que les braves, animés par la honte comme les autres par les éloges. Poussant à nouveau leur cri de guerre, sur tout le front tous d'un même effort font tourner le dos à l'ennemi ; et, dès ce moment, la force romaine fut irrésistible. Les Sabins se dispersent à travers champs, laissant leur camp en proie à l'ennemi. Là ce n'étaient plus les biens des alliés, comme sur l'Algide, mais leurs propres biens, perdus dans le pillage de leurs terres, que reprenaient les Romains.

Tendances opposées dans le tribunat de la plèbe.

Pour cette double victoire remportée en deux endroits dans deux batailles, le sénat, mal disposé, ne décréta qu'un seul jour d'actions de grâces au nom des consuls. Mais, sans son ordre, le peuple vint encore en foule un second jour remercier les dieux, et même montra presque plus d'empressement à se rendre à cette cérémonie improvisée et populaire. Les consuls s'entendirent pour rentrer à Rome à un jour d'intervalle[1] et réunirent le sénat au Champ de Mars. Là, pendant le compte-rendu de la campagne, les principaux sénateurs se plaignirent qu' « on réunît le sénat au milieu des troupes exprès pour l'intimider ». Aussi les consuls, pour ne pas donner prise aux reproches, invitèrent le sénat à se transporter dans les Prés Flaminiens, à l'endroit où se trouve aujourd'hui le temple d'Apollon[2], et qu'on appelait déjà « Domaine d'Apollon ». Là, à une très forte majorité, le sénat refusa

1. Pour signifier que chacun d'eux a bien remporté *sa* victoire.

2. Un général ne peut prétendre au triomphe qu'avant d'être rentré dans Rome ; mais, consul, il a le droit de convoquer le sénat hors ville,

alteram suis uictoriae nuntius ; simul et in hostis iam pauidos, quippe fuso suae partis ualidiore cornu, impetum facit. Non aliorum eo proelio uirtus magis enituit. [3]Consul prouidere omnia, laudare fortis, increpare sicubi segnior pugna esset. Castigati fortium statim uirorum opera edebant, tantumque hos pudor quantum alios laudes excitabant. [4]Redintegrato clamore, undique omnes conisi hostem auertunt ; nec deinde Romana uis sustineri potuit. Sabini fusi passim per agros castra hosti ad praedam relinquunt. Ibi non sociorum sicut in Algido res, sed suas Romanus populationibus agrorum amissas recipit.

[5]Gemina uictoria duobus bifariam proeliis parta, maligne senatus in unum diem supplicationes consulum nomine decreuit. Populus iniussu et altero die frequens iit supplicatum ; et haec uaga popularisque supplicatio studiis prope celebratior fuit. [6]Consules ex composito eodem biduo ad Vrbem accessere senatumque in Martium campum euocauere. Vbi cum de rebus ab se gestis agerent, questi primores patrum 'senatum inter milites dedita opera terroris causa haberi'. [7]Itaque inde consules, ne criminationi locus esset, in prata Flaminia, ubi nunc aedes Apollinis est — iam tum Apollinare appellabant — auocauere senatum. [8]Vbi cum ingenti consensu patrum negaretur

Des. *E. T.*

Om. LXIII, **5** : frequens iit *V* ; — LXIII, **6** : senatumque ... euocauere *S* (*rest.* $S^{1\text{-}2}$ *in marg.*).

LXIII, **2** et in hostes Σ : et hostis *V* ‖ fuso ω.$R^{1\text{-}2}D^{1\text{-}2}A^{3}$: fuse *A* fusos *M.H.LRD* ‖ **3** laudare : laudere *V* ‖ opera ω.A^{x} : operam *DA* ‖ edebant ω : edebat *L* debebant *V* ‖ **4** conisi ω : quonisi *FB* consii *υ* ċ sii *M* conixi $A^{2\text{-}3}$ ‖ recipit Σ : recepit *V* ‖ **5** in *om.* *V* ‖ Populus iniussu Σ : populi iussu *V* ‖ supplicatum *Ed. Frob. 1531* : supplicatumque est *codd.* ‖ **6** euocauere Σ : uocauere *V* ‖ ab se : ad se *V* ‖ **7** Apollinare *V*, *dett. duo* : apollinarem *υ*.P^{2}*FB.U.H.LR* appollinarem *M.S.O.DA* apollinarum *P* Apollinar *Gron.* ‖ auocauere : aduocauere *V*.

le triomphe ; alors, Lucius Icilius, tribun de la plèbe, proposa devant l'assemblée populaire le triomphe pour les consuls ; mais il se présenta de nombreux contradicteurs, en particulier Gaius Claudius : à l'entendre, « c'était du sénat et non de l'ennemi que les consuls voulaient triompher ; ils réclamaient le prix de services personnels rendus au tribun, et non l'hommage dû à leur valeur. Jamais encore on n'avait fait discuter un triomphe par le peuple ; toujours cet honneur avait été laissé à l'appréciation et à la décision du sénat. Les rois eux-mêmes n'avaient pas empiété sur les prérogatives de la haute assemblée[1] ; que les tribuns se gardent d'étendre ainsi partout leur pouvoir, au point d'annuler complètement le conseil de l'État. Il n'y aura de liberté et d'égalité que si chaque ordre conserve ses droits et ses prérogatives ». Mais tous les vieux sénateurs eurent beau abonder dans le même sens, les tribus à l'unanimité adoptèrent la proposition. C'est le premier triomphe accordé par le peuple sans l'avis du sénat[2].

LXIV. Cette victoire des tribuns et de la plèbe faillit prendre la tournure d'un dangereux abus : car les tribuns convinrent entre eux de se faire réélire, et, pour rendre leur ambition moins apparente, de faire également proroger les pouvoirs des consuls. Ils donnaient comme raison que « les sénateurs s'étaient mis d'accord pour ruiner les droits du peuple en outrageant les consuls. Qu'arriverait-il, avec une constitution si peu solide encore, si l'on

pourvu que ce soit dans un lieu consacré, souvent, plus tard, le temple d'Apollon (voué en 434 Varr. seulement : IV, 25, 3) ou celui de Bellona, même un camp, comme en 211, lorsque Hannibal menaçait Rome (XXVI, 10, 2). Mais le Champ de Mars est le *templum* propre de l'Assemblée centuriate, c'est-à-dire de l'armée, et le sénat, en conflit avec les consuls, peut craindre une pression militaire. Le choix des Prés Flaminiens, hors ville et en bordure du Champ de Mars (cf. 54, 15), représente un compromis.

1. La pensée de Tite-Live semble toute générale. Denys, pourtant (III, 59), faisait triompher Tarquin l'Ancien « sur vote du sénat et du peuple ».

2. Et rarement plus tard (VII, 17, 9 ; X, 37, 8). Il y eut même des

triumphus, L. Icilius tribunus plebis tulit ad populum de triumpho consulum, multis dissuasum prodeuntibus, maxime C. Claudio uociferante [9]'de patribus, non de hostibus consules triumphare uelle; gratiamque pro priuato merito in tribunum, non pro uirtute honorem peti. Nunquam ante de triumpho per populum actum; semper aestimationem arbitriumque eius honoris penes senatum fuisse. [10]Ne reges quidem maiestatem summi ordinis imminuisse; ne ita omnia tribuni potestatis suae implerent ut nullum publicum consilium sinerent esse. Ita demum liberam ciuitatem fore, ita aequatas leges, si sua quisque iura ordo, suam maiestatem teneat'. [11]In eandem sententiam multa et a ceteris senioribus patrum cum essent dicta, omnes tribus eam rogationem acceperunt. Tum primum sine auctoritate senatus populi iussu triumphatum est.

LXIV. [1]Haec uictoria tribunorum plebisque prope in haud salubrem luxuriam uertit, conspiratione inter tribunos facta ut îdem tribuni reficerentur, et, quo sua minus cupiditas emineret, consulibus quoque continuarent magistratum. [2]Consensum patrum causabantur, 'quo per contumeliam consulum iura plebis labefactata essent. [3]Quid futurum nondum firmatis

Des. *E. T.*

Add. LXIV, **1** (*post* Haec) : triumphata *U.O.*

Om. LXIV, **3** : quid ... adorti essent *F.*

LXIII, **8** L. Icilius Σ : q. sili. .us *V* || **9** tribunum *V.*M^3 : tributum ω.*MR*A^2 tributo *A* tribunatum R^2 (*ut alteram lectionem*) tribunos A^2 (*marg., ut alteram lectionem*) || **11** a ceteris ω.R^2D^2 : ceteris *Mυ.H.LRD.*

LXIV, **1** uertit ω.D^1 : uerti (*cum* i *longa*) *H* uerti *LRD* || consulibus Σ : conss̄ *V* consules *Madυ.* || **2** iura plebis : iuratr. pl. *V* || labefactata R^2DA^3 : labe factata *A* labefacta tum *V* labefactor *F* labefacta *υR. cett.*

avait des tribuns sans expérience, et si les sénateurs s'appuyaient sur des consuls de leur faction[1] pour les attaquer? Car on n'aurait pas toujours pour consuls des Valérius et des Horatius, disposés à sacrifier leur puissance à la liberté du peuple ». Par un hasard heureux dans la circonstance, le sort désigna en première ligne pour présider les élections Marcus Duillius, homme d'expérience, qui voyait dans la continuité du pouvoir une source de haines immédiates. Comme il déclarait qu'il ne tiendrait compte des suffrages obtenus par aucun des anciens tribuns, ses collègues le sommaient « de laisser aux tribus la liberté de leur vote ou d'abandonner ses fonctions électorales à des collègues qui feraient les élections d'après la loi et non d'après le bon plaisir des patriciens »; à la suite de cette polémique, Duillius pria les consuls de venir aux bancs [des tribuns][2] et leur demanda quelles étaient leurs intentions pour les élections consulaires; ils répondirent qu'ils feraient nommer de nouveaux consuls; voyant ces démocrates exprimer des sentiments si peu démocratiques, il se rendit avec eux à l'assemblée. Là il fit paraître les consuls devant le peuple et leur demanda[3] ce qu'ils feraient « si le peuple romain, en mémoire de la liberté civile qu'ils lui avaient rendue et de leurs succès militaires, les nommait de nouveau consuls », et, comme ils ne variaient pas dans leur réponse, il les félicita de rester jusqu'au bout différents des décemvirs et ouvrit les élections. Quand on eut nommé cinq tribuns, comme les efforts des neuf tribuns sortants, qui faisaient campagne ouvertement, empêchaient les autres candidats d'obtenir le

triomphes célébrés à titre privé, mais aux frais, bien entendu, du triomphateur (X, 37, 10; XLII, 21, 7).

1. Le même reproche se renvoie des uns aux autres : la *factio* aristocratique s'opposant à la « coalition » (*conspiratio* : § 1) des tribuns de la plèbe.

2. Le *subsellium*, bas, sans dossier ni appuie-pieds, s'oppose à la *sella curulis* des magistrats patriciens. Le pluriel indique que d'autres tribuns siègent auprès de Duillius (qui seul agit, comme président), sans doute en un local voisin du lieu d'assemblée.

3. Avant le passage au vote, le magistrat qui a convoqué la *contio* peut produire devant elle et interroger qui il veut. Que ce soient ici

legibus, si nouos tribunos per factionis suae consules adorti essent? Non enim semper Valerios Horatiosque consules fore, qui libertati plebis suas opes postferrent'. [4]Forte quadam utili ad tempus ut comitiis praeesset potissimum M. Duillio sorte euenit, uiro prudenti et ex continuatione magistratus inuidiam imminentem cernenti. [5]Qui cum 'ex ueteribus tribunis' negaret 'se ullius rationem habiturum', pugnarentque collegae 'ut liberas tribus in suffragium mitteret aut concederet sortem comitiorum collegis, habituris e lege potius comitia quam ex uoluntate patrum', [6]iniecta contentione Duillius consules ad subsellia accitos cum interrogasset quid de comitiis consularibus in animo haberent, respondissentque 'se nouos consules creaturos', auctores popularis sententiae haud popularis nactus in contionem cum iis processit. [7]Vbi cum consules producti ad populum interrogatique, 'si eos populus Romanus, memor libertatis per illos receptae domi, memor militiae rerum gestarum, consules iterum faceret, quidnam facturi essent', nihil sententiae suae mutassent, [8]conlaudatis consulibus 'quod perseuerarent ad ultimum dissimiles decemuirorum esse', comitia habuit; et, quinque tribunis plebi creatis, cum prae studiis aperte petentium nouem tribunorum alii candidati tribus non explerent, concilium dimisit nec deinde comitiorum causa habuit. [9]Satisfactum legi aiebat, 'quae, numero nus-

Des. *E. T.*

Om. LXIV, **7** : memor libertatis... domi *S.*

LXIV, **3** factionis suae *M?*, *Madv.* : factionis sua *V* factiones suas *M*[2.1]. *cett.* || **4** sorte : sorti *V* || **6** popularis sententiae haud popularis *det. unus* : popularis sententiae haud populari *V* popularis sententiae haud populares Σ *nostri* populares sententiae haud popularis *Stroth* || **7** militiae rerum *Iac. Gron.* : militiae rerumque Σ militiae quae rerum *V* || **8** causa ω.ρ : causam *V.U.O.H.*

nombre de voix nécessaire, il leva la séance et ne convoqua plus les électeurs[1]. Il prétendait avoir satisfait à la loi : « elle l'obligeait simplement à laisser après lui des tribuns, sans nulle part en spécifier le nombre, et chargeait ceux qui étaient élus de se choisir des collègues[2] » ; et il citait le texte de la loi, ainsi conçu : « On fera nommer dix tribuns de la plèbe ; si, au jour dit, moins de dix tribuns de la plèbe sont élus, ils se choisiront des collègues qui seront légalement tribuns de la plèbe au même titre que ceux qui auront été élus tribuns de la plèbe ledit jour. » Duillius tint bon jusqu'au bout, affirmant que la constitution ne permettait pas à la plèbe d'avoir quinze tribuns[3], et il triompha de l'ambition de ses collègues. Il emporta l'estime aussi bien des patriciens que de la plèbe en sortant de charge.

LXV. Les nouveaux tribuns de la plèbe choisirent leurs collègues de manière à flatter les désirs des patriciens : ils allèrent jusqu'à désigner deux patriciens anciens consuls, Spurius Tarpéius et Aulus Aternius[4]. Spurius Herminius et Titus Verginius Caelimontanus, nommés consuls, n'avaient pas de tendances aristocratiques ou démocratiques marquées et la paix régna au dedans comme au dehors. Lucius Trébonius, tribun de la plèbe, qui en voulait aux patriciens pour l'avoir, disait-il, dupé et fait trahir par ses collègues dans le choix par cooptation des tribuns, déposa un projet de loi portant que « quiconque ferait élire des tribuns de la plèbe par la plèbe conti-

les consuls patriciens peut paraître anachronique, comme est étrange la mention du *populus*, alors qu'il s'agit d'une assemblée de la plèbe.

1. Les votes des assemblées tributes devaient être acquis dans l'espace d'une seule journée.

2. La première obligation résulte du plébiscite, 55, 14 ; la cooptation a joué dès l'origine du tribunat (II, 33, 2). Mais le « verset formulaire » (*carmen*) qui suit apparaît ici pour la première fois : il est forcément postérieur à l'élévation à 10 du nombre des tribuns (III, 30, 7).

3. Les cinq nouvellement élus et les dix de l'année précédente, sur lesquels se sont dispersées des voix (très nombreuses, doit-on supposer) dont Duillius a refusé de tenir compte.

4. Consuls de l'année 453 Varr. (31, 5), présentés par Denys (X, 50 et 52) comme dès lors favorables à la plèbe. La cooptation permet à

quam praefinito, tribuni modo ut relinquerentur sanciret et ab iis qui creati essent cooptari collegas iuberet'; [10]recitabatque rogationis carmen in quo : « Si tribunos plebei decem rogabo, si qui uos minus hodie decem tribunos plebei feceritis, tum ut *ii* quos hi sibi collegas cooptass*i*nt legitimi eadem lege tribuni plebei sint ut illi quos hodie tribunos plebei feceritis. » [11]Duillius cum ad ultimum perseuerasset, negando quindecim tribunos plebei rem publicam habere posse, uicta collegarum cupiditate pariter patribus plebeique acceptus magistratu abiit

LXV. [1]Noui tribuni plebis in cooptandis collegis patrum uoluntatem fouerunt; duos etiam patricios consularesque, Sp. Tarpeium et A. Aternium, cooptauere. [2]Consules creati Sp. Herminius, T. Verginius Caelimontanus, nihil magnopere ad patrum aut plebis causam inclinati, otium domi ac foris habuere. [3]L. Trebonius tribunus plebis, infestus patribus quod se ab îs in cooptandis tribunis fraude captum proditumque a collegis aiebat, rogationem tulit [4]'ut qui plebem Romanam tribunos plebei rogaret, is usque eo rogaret dum decem tribunos plebei faceret'; insec-

Des. *E. T.*

Om. LXV, **1** : in cooptandis ... duos etiam *necnon* (pariciosnetl *scribens*) consularesque ... Aternium *V*.

LXIV, **9** tribuni *V*.M^{1-2}, *Klockius* : tribunis *M*. *cett.* || in quo *codd.* : in quo sic erat *H. J. Mueller* in quo est *Madv.* in quo sic esset *Conway* || **10** decem tribunos Σ : ex tribuni *V* || feceritis *V? Fragm. Haverk.*^{2} : fecerint his *U* fecerint iis *PFBS* (*in quo* —hiis). *O.H* fecerint ii *Mv.LRD*^{3} fecerint. ut *D?A* fecerint hi A^{4} || tum ut ii *Weissenb.* : tum uti *codd.* || quos hi sibi *V.U* : quos sibi *cett.* || cooptassint *Rhenan.* : cooptassent *V* cooptassent ut illi Σ (*sed* coapt- *S.U*), *duo uocabula ex uersu subsequenti inserentes.*

LXV, **1** A. Aternium *D?*, *Alsch.* : a. aeternium (*uel* aeth-, *uel* et-) D^{3}. *cett.* (*sed* a. aeternum *H*) || **2** causam : causa *V* || **4** usque eo *M.O.H.* $R^{2}D^{1-3}A$: uso eo *LRD* usque *PFBS.U* adeo *V*.

nuerait les opérations, jusqu'à l'élection de dix tribuns de la plèbe[1] ». Ses attaques contre les patriciens, qui lui valurent le surnom d'Asper, occupèrent tout son tribunat.

Les consuls ne peuvent plus lever de troupes contre l'ennemi.

Puis Marcus Géganius Macérinus et Gaius Julius, devenus consuls, apaisèrent une campagne entamée par les tribuns contre la jeunesse noble sans attaquer le tribunat lui-même[2] et tout en sauvegardant la dignité des patriciens. Pour empêcher la plèbe de se soulever contre un décret de mobilisation contre les Volsques et les Èques, ils en suspendirent l'exécution, en disant que, « tant que la ville restait calme, la paix régnait également au dehors ; seul le désaccord entre citoyens donnait du cœur aux étrangers ». Le désir de paix maintint aussi l'union intérieure. Mais toujours l'un des deux ordres abusait de la modération de l'autre : la plèbe était tranquille, les jeunes patriciens se mirent à la molester. L'intervention des tribuns en faveur des petites gens fut dès le début inefficace ; bientôt eux-mêmes ne furent plus à l'abri des violences, surtout dans les derniers mois : car alors les grands se concertaient pour violer la loi, et l'autorité de tous les magistrats s'affaiblissait un peu en général vers la fin de l'année[3]. La plèbe ne comptait plus guère sur le tribunat, « à moins d'avoir des Icilius pour tribuns ; mais, depuis deux ans, il n'y avait plus de tribuns que de nom ». D'autre part, les vieux patriciens, tout en trouvant exagérée l'audace de leurs cadets, aimaient encore mieux, si l'on devait passer les bornes, voir cet excès d'orgueil chez les leurs que chez leurs adversaires. Qu'il est difficile

des patriciens de devenir tribuns (cf. V. 10, 11 et 11, 2), pourvu sans doute qu'ils renoncent à leur statut pour passer dans la plèbe (IV, 16, 3). — Herminius est prénommé Lucius par Denys (XI, 51, 1).

1. Mais on doit supposer que la loi ne fut pas votée (cf. p. 101, n. 4).

2. Tite-Live emploie ici techniquement le mot *potestas*, qui s'oppose à la fois à l'*imperium* du magistrat supérieur et à la *maiestas* patricienne. Voir Appendice, I et V.

3. Faiblesse, justement notée, de magistratures trop brèves, à la

tandisque patribus, unde Aspero etiam inditum est cognomen, tribunatum gessit.

[5]Inde M. Geganius Macerinus et C. Iulius consules facti contentiones tribunorum aduersus nobilium iuuentutem ortas, sine insectatione potestatis eius conseruata maiestate patrum, sedauere ; [6]plebem, decreto ad bellum Volscorum et Aequorum dilectu, sustinendo rem ab seditionibus continuere, 'urbano otio foris quoque omnia tranquilla esse' adfirmantes, 'per discordias ciuilis externos tollere animos'. [7]Cura pacis concordiae quoque intestinae causa fuit. Sed alter semper ordo grauis alterius modestiae erat : quiescenti plebi ab iunioribus patrum iniuriae fieri coeptae. [8]Vbi tribuni auxilio humilioribus essent, in primis parum proderat ; deinde ne ipsi quidem inuiolati erant, utique postremis mensibus, cum et per coitiones potentiorum iniuria fieret et uis potestatis omnis aliquanto posteriore anni parte languidior ferme esset. [9]Iamque plebs ita in tribunatu ponere aliquid spei, 'si similes Icilio tribunos haberet : nomina tantum se biennio habuisse'. [10]Seniores contra patrum ut nimis feroces suos credere iuuenes, ita malle, si modus excedendus esset, suis quam aduersariis superesse animos. [11]Adeo moderatio tuendae libertatis, dum aequari uelle simulando ita se quisque

Des. *E. T.*

LXV, **4** inditum est ω.*$M^{1\text{-}2}D^1$* : indictum est *MFBS.U* inditum ei *D* .... m *V* (*unde* inditum *coniciendo non male scripseris*) || **5** M.ω : cn. *M* || Macerinus *Sigon.* (*cf. infra IV, 8, 1, et 17, 7*) : macrinus *U.O* m. acrinus *S* $\overline{\text{m}}$. acrinus *M.PFB* $\overline{\text{m}}$. agrinus *H.LRDA* ; *def. V* || contentiones *V.$A^{3\text{-}2}$* : contiones *A. cett.* || **6** continuere : continueret *V* || otio foris quoque *V* : quoque otio foris Σ || **10** Seniores : senioris *V* || iuuenes ω.*A* : iuuenes esse *A^3* iuuenes essent *M.LRD* ; *def. V* || excedendus ω.*R^2* (*ut alteram lectionem*) : exercendus *H.LRDA* excedendi *D^4* (*ut alteram lectionem*) ; *def. V.*

de rester modéré en défendant sa liberté ! Sous prétexte de vouloir l'égalité, on s'élève et l'on rabaisse autrui ; en cherchant à échapper à la crainte, on se fait craindre soi-même, et quand on se débarrasse d'un abus, on dirait qu'il faut en être ou la victime ou l'auteur, car on le fait peser sur les autres.

LXVI. Titus Quinctius Capitolinus pour la quatrième fois et Agrippa Furius devinrent ensuite consuls et ne trouvèrent ni sédition au dedans, ni guerre au dehors ; mais l'une et l'autre étaient menaçantes. On ne pouvait contenir plus longtemps le désaccord entre citoyens, parce que les tribuns et la plèbe étaient très montés contre les patriciens, et que quelque assignation d'un grand personnage amenait sans cesse de nouveaux débats qui troublaient les assemblées[1]. Au premier bruit de ces troubles comme à un signal donné, Èques et Volsques prirent les armes, persuadés d'ailleurs par des généraux avides de pillage que « l'année précédente le décret de mobilisation n'avait pu être exécuté, parce que les plébéiens refusaient déjà obéissance[2] : aussi n'avait-on pas envoyé de troupes contre eux. L'indiscipline détruisait les qualités militaires, et Rome n'était plus patrie commune [à ses enfants]. Toutes leurs colères envers les étrangers, tous leurs désaccords avec eux étaient maintenant tournés contre eux-mêmes. Pendant que ces loups[3] étaient aveuglés par leur fureur intestine, c'était le moment de les abattre ». Leurs armées réunies commencent par ravager à fond le Latium ; comme ils n'y rencontraient aucune résistance, alors le parti de la guerre exulta, et ils portèrent leurs ravages jusqu'aux murailles mêmes de Rome, du côté de la porte Esquiline, dévastant ostensiblement les campagnes pour

succession desquelles il a été pourvu, en principe, dès le milieu de l'année civile.

1. Les réunions « d'information » préliminaires au jugement, mais sans doute aussi toutes les assemblées où ces procès étaient évoqués.

2. Interprétation tendancieuse, plutôt que contradiction à 65, 6? Cf. cependant 68, 8.

3. Le caractère sacré du loup chez les Romains, le rôle de la louve nourrice de Romulus rendent naturelle cette image violente. On com-

extollit ut deprimat alium, in difficili est, cauendoque ne metuant, homines metuendos ultro se efficiunt, et iniuriam ab nobis repulsam, tamquam aut facere aut pati necesse sit, iniungimus aliis.

LXVI. [1]T. Quinctius Capitolinus quartum et Agrippa Furius consules inde facti nec seditionem domi nec foris bellum acceperunt; sed imminebat utrumque. [2]Iam non ultra discordia ciuium reprimi poterat, et tribunis et plebe incitata in patres, cum dies alicui nobilium dicta nouis semper certaminibus contiones turbaret. [3]Ad quarum primum strepitum, uelut signo accepto, arma cepere Aequi ac Volsci, simul quod persuaserant iis duces, cupidi praedarum, 'biennio ante dilectum indictum haberi non potuisse, abnuente iam plebe imperium : [4]eo aduersus se non esse missos exercitus. Dissolui licentia militandi morem, nec pro communi iam patria Romam esse : quicquid irarum simultatiumque cum externis fuerit in ipsos uerti. Occaecatos lupos intestina rabie opprimendi occasionem esse'. [5]Coniunctis exercitibus Latinum primum agrum perpopulati sunt; deinde, postquam ibi nemo uindex occurrebat, tum uero exsultantibus belli auctoribus ad moenia ipsa Romae populabundi regione portae Esquilinae accessere, uastationem agrorum per contumeliam urbi ostentantes.

Des. *E. T.*

LXV, **11** extollit ω.P^2 : extollat *LRDA* se extollit *P* (*dum* quis *pro* quisque *scribit*) *FB* || ab nobis *M.H* : a nobis ω nobis *V*.

LXVI, **2** non ultra Σ : nec ultra *V* || **3** Aequi ac Volsci : aequi uols.. qu.. (*i. e.* uolsciquae) *V* || haberi ω.A^3 : habere habere *F* habere *B.LRDA* || non esse Σ : non nosse *V* || **4** Romam : roma *V* || simultatiumque ω.D^x : simultaque tumque *H* simul tacitumque *LRD* || **5** perpopulati *M.O.H.*$A^{2\text{-}3}$: propopulati *PFBS* propulati *U* ..... pulati *V* populati *LRDA*.

faire affront à la ville. Puis, sans être inquiétés, poussant devant eux leurs prises, ils se retirèrent en bon ordre sur Corbion[1]. Alors le consul Quinctius réunit le peuple.

Discours de T. Quinctius Capitolinus.

LXVII. Là il parla, dit-on, en ce sens :

« Quoique je n'aie aucune faute à me reprocher, citoyens, je suis pourtant pénétré de honte en paraissant devant votre assemblée, sous vos regards. Car vous savez et la postérité se souviendra que les Èques et les Volsques, qui naguère valaient à peine les Herniques[2], ont pu, sous le quatrième consulat de Titus Quinctius, arriver impunément en armes jusqu'aux murs de la ville de Rome ! Bien que depuis longtemps votre conduite ne me présage rien de bon, si j'avais prévu qu'une telle honte dût arriver précisément cette année, je m'y serais dérobé par l'exil ou par la mort, à défaut d'autre moyen d'échapper à vos suffrages. Ainsi donc si de bons soldats[3] avaient tenu les armes qui étaient à nos portes, Rome pouvait être prise sous mon consulat ! J'avais occupé assez de charges ; j'avais assez et trop vécu : il fallait mourir après mon troisième consulat.

« Mais, après tout, qui donc encourt le mépris des plus lâches de nos ennemis? Nous, les consuls? ou vous, Romains? Si les torts sont de notre côté, enlevez le commandement à deux incapables et, si cela ne suffit pas, infligez-leur, en outre, un châtiment. S'ils sont du vôtre, puissent les hommes et les dieux ne pas chercher à vous en punir, Quirites ; qu'il vous suffise de vous en repentir vous-mêmes. Non : vos ennemis n'ont ni mépris pour votre lâcheté ni confiance en leur propre courage : après avoir

parera les paroles prêtées à Mithridate par Trogue Pompée (Justin, XXXVIII, 6, 8), au Samnite Pontius Télésinus par Velleius Paterculus (II, 27, 3).

1. Sur la voie Latine. Sans doute pour y déposer leur butin.
2. Il n'a pas été question plus haut de cette supériorité des Herniques, depuis longtemps déjà simples « alliés » de Rome.
3. Au lieu de simples pillards.

[6]Vnde postquam inulti, praedam prae se agentes, retro ad Corbionem agmine iere, Quinctius consul ad contionem populum uocauit.

LXVII. [1]Ibi in hanc sententiam locutum accipio : « Etsi mihi nullius noxae conscius, Quirites, sum, tamen cum pudore summo in contionem in conspectum uestr*um* processi. Hoc uos scire, hoc posteris memoriae traditum iri Aequos et Volscos, uix Hernicis modo pares, T. Quinctio quartum consule ad moenia urbis Romae impune armatos uenisse ! [2]Hanc ego ignominiam, quamquam iam diu ita uiuitur [is status rerum est] ut nihil boni diuinet animus, si huic potissimum imminere anno scissem, uel exsilio uel morte, si alia fuga honoris non esset, uitassem. [3]Ergo si uiri arma illa habuissent quae in portis fuere nostris, capi Roma me consule potuit ! Satis honorum, satis superque uitae erat ; mori consulem tertium oportuit.

[4]« Quem tandem ignauissimi hi hostium contempsere? nos consules an uos Quirites? Si culpa in nobis est, auferte imperium indignis et, si id parum est, insuper poenas expetite ; [5]si in uobis, nemo deorum nec hominum sit qui uestra puniat peccata, Quirites : uosmet tantum eorum paeniteat. Non illi uestram ignauiam contempsere nec suae uirtuti confisi sunt ; quippe totiens fusi fugatique, castris exuti, agro mul-

Des. *E. T.*

LXVI, **6** Vnde ω : undique *R* inde *P*$^{1-2}$*FB*.

LXVII, **1** sententiam : sententia *V* || mihi : .ihil *V* || Quirites *om.* *V* || in contionem in conspectum uestrum *Walters* : in contionem uestram Σ in conspectum ues...m *V* || iri : ire *V* || pares, T. : pars est *V* || **2** uiuitur is status Σ (*sed* uiuitiris– *B*) : uictu .... atus *V* || is status rerum est *seclus. Karsten* || diuinet : diuindet *V* || si huic ω : huic *PFBS.U* || scissem : scisse *V* || **4** hi hostium *V* : hostium Σ || **5** si in *V.U.O.R*^{2}*D*^{3}*A* : sim *S* sin *M.PF.H.LR?D* sint *B*.

tant de fois lâché pied et pris la fuite, abandonné leur camp, perdu de leurs terres et passé sous le joug[1], ils ont appris à vous connaître et à se connaître. Mais la lutte de classes, toutes ces querelles entre patriciens et plébéiens, qui empoisonnent la ville, nos excès dans l'autorité, les vôtres dans la liberté, votre aversion pour les magistrats de la noblesse, la nôtre pour ceux de la plèbe, voilà ce qui a relevé leur courage.

« Mais, grands dieux ! où voulez-vous en venir? Vous avez désiré des tribuns de la plèbe : nous avons fait à la concorde cette concession. Vous avez réclamé des décemvirs : nous les avons laissé nommer. Vous en avez eu assez des décemvirs : nous les avons forcés[2] à quitter le pouvoir. Votre colère les a suivis dans leur vie privée : nous avons laissé mourir ou partir en exil de grands personnages qui avaient rempli les plus hautes fonctions. Il vous fallait rétablir le tribunat : vous l'avez rétabli ; nommer deux consuls démocrates : malgré leurs injustices évidentes envers les patriciens, nous avons vu même la magistrature patricienne donnée en cadeau à la plèbe[3]. L'appui des tribuns, l'appel au peuple, l'obéissance des patriciens aux plébiscites, la suppression de nos privilèges sous prétexte d'égalité[4], tout cela nous l'avons souffert et le souffrons encore. Quel terme y aura-t-il à nos discordes? Quand pourrons-nous former une seule ville? Quand pourra-t-elle être notre patrie commune? Vaincus, nous gardons plus de sang-froid et de calme que vous, les vainqueurs.

« Ainsi, il vous suffit que nous soyons seuls à vous craindre? Contre nous on prend l'Aventin ; contre nous on saisit le mont Sacré ; mais, quand nous avons vu les

1. Cf. II, 25, 4-6, et III, 28, 10-11.

2. Par pression sénatoriale, nul ne pouvant légalement les y contraindre (du fait de leur *imperium*).

3. Exagération rhétorique. — Ou, en considérant *plebi* non comme un datif, mais comme un génitif : « devenu cadeau de la plèbe », c'est-à-dire offerte par elle à des patriciens sans doute (L. Valérius et M. Horatius), mais de sentiments tout démocrates (*uestrarum partium*).

4. La loi des XII Tables est ici présentée comme une entreprise d'égalisation plus que de laïcisation du droit. Voir APPENDICE, III.

tati, sub iugum missi, et se et uos nouere : [6]discordia ordinum et uenenum urbis huius, patrum ac plebis certamina, dum nec nobis imperii nec uobis libertatis est modus, dum taedet uos patriciorum, nos plebeiorum magistratuum, sustulere illi*s* animos.

« [7]Pro deum fidem, quid uobis uoltis ? Tribunos plebis concupistis : concordiae causa concessimus. Decemuiros desiderastis : creari passi sumus. Decemuirorum uos pertaesum est : coegimus abire magistratu. [8]Manente in eosdem priuatos ira uestra, mori atque exulare nobilissimos uiros honoratissimosque passi sumus. [9]Tribunos plebis creare iterum uoluistis : creastis. Consules facere uestrarum partium : etsi patribus uidebamus iniquos, patricium quoque magistratum plebi donum fieri uidimus. Auxilium tribunicium, prouocationem ad populum, scita plebis iniuncta patribus, sub titulo aequandarum legum nostra iura oppressa tulimus et ferimus. [10]Qui finis erit discordiarum ? Ecquando unam urbem habere, ecquando communem hanc esse patriam licebit ? Victi nos aequiore animo quiescimus quam uos uictores.

[11]« Satisne est nobis uos metuendos esse ? Aduersus nos Auentinum capitur, aduersus nos Sacer occupatur mons ; Esquiliasq*ue ut* uid*im*u*s* ab hoste prope captas

Des. *E. T.*

Om. LXVII, **10** : unam urbem habere ecquando *V*.

LXVII, **5** nouere ω.H^1 : mouere *H* non uere *V* || **6** discordia : discordiam *V* || et uenenum *V.D?, Madv.* : est uenenum D^x. *cett.* || urbis huius ω : huius urbis *V.U* || modus dum Σ : modus *V* || nos *V*, *Gruter* : hos Σ || magistratuum : magistratum *V* || illis *Clericus* : illi *codd.* (*sed om. O*) || **7** causa ω.$M^{1-2}D^x$: causam *V.M.LD* || **8** exulare *U.R*A^{2-3} : exulari *A. cett.* ; *def. V* || **9** uidebamus : uidebatur *U* || iniquos *P.O.H. LRD* : iniquum P^2*F. cett.* ; *def. V* || **11** -que ut uidimus *ego* : quidem Σ quid .. *V* uidimus *Welz* || captas et ω.D^3 : capta set *M* capta esset M^3 capta se *LRD* captas *O*.

Esquilies presque prises par l'ennemi et le Volsque escalader le rempart, personne n'a repoussé l'ennemi : c'est contre nous que vous êtes braves, contre nous que vous portez les armes[1].

LXVIII. « Allons, soit ! Mettez ici le siège devant le sénat, menacez le forum, remplissez la prison des meilleurs citoyens, mais ensuite avec cette même fougue faites une sortie par la porte Esquiline ; ou bien, si vous n'avez même pas ce courage, du haut des murs regardez vos terres ravagées par le fer et le feu, le butin qu'on emmène, les incendies qui fument partout. — Mais, au fait, c'est l'État que mettent en mauvaise posture tous ces maux : incendie des campagnes, siège de la ville, succès militaires de l'ennemi. — Oui : mais après tout, vos biens à vous, en quel état sont-ils? Bientôt chaque particulier va recevoir de la campagne le détail des dommages qu'il a subis. Et alors est-ce ici que vous trouverez de quoi y faire face? Les tribuns vont-ils rembourser et réparer vos pertes? Des discours, des mots, ils vous en fourniront tant que vous voudrez : accusations contre les grands, montagnes de projets de loi, et harangues dans vos assemblées, ces assemblées d'où pas un de vous n'est jamais rentré chez lui plus riche. Qu'en rapportez-vous à vos femmes et à vos enfants? Rien que haines, rivalités, inimitiés publiques ou privées, dont vous n'arrivez pas toujours à vous préserver par votre seule vertu et par votre intégrité, sans recourir à l'intervention d'autrui[2]. Ah ! grands dieux ! quand nous étions vos chefs, nous, les consuls, au lieu de vos tribuns, quand vous faisiez la guerre dans les camps

1. Texte incertain, diversement corrigé et ponctué. Notre interprétation vise à mettre en valeur la double opposition (collines occupées par la plèbe contre les patriciens ; collines assaillies par l'ennemi sans que la plèbe les défende) qui aboutit à la conclusion oratoire, déjà annoncée : « Vous n'êtes braves que contre nous. »

2. L'*auxilium* des tribuns, responsables des faits mêmes qui le rendent nécessaire.

et scandentem in aggerem Volscum, hostem nemo summouit : in nos uiri, in nos armati estis.

LXVIII. [1]« Agitedum, ubi hic curiam circumsederitis et forum infestum feceritis et carcerem impleueritis principibus, [2]isdem istis ferocibus animis egredimini extra portam Esquilinam, aut, si ne hoc quidem audetis, ex muris uisite agros uestros ferro ignique uastatos, praedam abigi, fumare incensa passim tecta. — [3]At enim communis res per haec loco est peiore : ager uritur, urbs obsidetur, belli gloria penes hostis est... Quid tandem? priuatae res uestrae quo statu sunt? Iam unicuique ex agris sua damna nuntiabuntur. Quid est tandem domi unde ea expleatis? [4]Tribuni uobis amissa reddent ac restituent? Vocis uerborumque quantum uoletis ingerent, et criminum in principes et legum aliarum super alias et contionum; sed ex illis contionibus nunquam uestrum quisquam re [fortuna] domum auctior rediit. [5]Ecquis rettulit aliquid ad coniugem ac liberos praeter odia, offensiones, simultates publicas priuatasque, a quibus semper non uestra uirtute innocentiaque, sed auxilio alieno tuti sitis? [6]At, Hercules, cum stipendia nobis consulibus, non tribunis ducibus, et in castris, non in foro faciebatis, et in acie uestrum clamorem

Des. *E. T.*

LXVII, **11** Volscum. Hostem *interpunxit Madv.* || summouit : submouit ω subcubuit *B* subuit *F*.

LXVIII, **2** incensa passim : passim incensa *V* || **3** quo statu *Mv. PFBS.O* : in quo statu *V.H.LRDA* quo in statu *U* || nuntiabuntur Σ : nuntiabantur *V* || expleatis ω : expletis (*i. e.* expleti sunt) *FB* expletas *V* || **4** re *Rhenanus* : re fortuna *V.Mv.PFBS.O* fortuna re *H.LRDA*? fortuna uel re (uel *suprascr.*) R^2 re fortunaque $A^{2\text{-}3}$ fortuna *dett.* || **5** Ecquis *M* : et quis M^3*.PFBS.U.O* ac quis *H.LRDA* ; *def. V* || **6** At hercules ω : –herculae *H* –hercule P^2*S.U* adercules *B* adher..... *V*.

et non au forum, quand vos cris glaçaient d'effroi les ennemis dans la bataille et non les patriciens romains dans l'assemblée, alors vous enleviez du butin, vous faisiez des conquêtes, puis comblés de richesses et couverts de gloire, vous et votre patrie, vous reveniez en triomphe chez vous, dans vos foyers. Aujourd'hui, vous laissez partir l'ennemi chargé de vos dépouilles. Soit ! Restez cloués dans vos assemblées ; passez votre vie au forum[1] : il vient vous y relancer, ce devoir militaire auquel vous vous dérobez. Il vous en coûtait de partir contre les Èques et les Volsques : la guerre est à nos portes. Si vous ne l'en chassez pas, demain elle sera dans nos murs, elle escaladera la citadelle et le Capitole[2], elle vous poursuivra jusque dans vos maisons. Voilà plus d'un an que le sénat a ordonné de lever des troupes et de marcher sur l'Algide : mais nous restons bien tranquillement chez nous à nous quereller comme des commères, heureux d'être aujourd'hui en paix, sans voir que cet instant de calme nous rapportera des guerres au centuple !

« Vous préféreriez un autre langage, je le sais ; mais je dis la vérité sans flatterie : c'est mon caractère et c'est surtout un devoir impérieux. Je voudrais certes vous plaire, Quirites, mais j'aime bien mieux vous sauver, quoi qu'il puisse en résulter pour ma réputation. Car c'est une loi de la nature : un orateur plaît mieux à la foule, s'il pense uniquement à lui, que s'il ne pense qu'à l'intérêt général. Car vous ne vous imaginez sans doute pas que ces flatteurs du peuple, ces courtisans de la plèbe, qui ne vous laissent ni prendre les armes ni vivre en paix, vous excitent et vous irritent pour votre bien? Vos soulèvements leur valent honneur ou profit, et, voyant que dans l'union des classes ils ne sont plus absolument rien, ils aiment mieux employer au mal leur autorité que de la perdre, se faire chefs de troubles et de séditions. Si ces façons d'agir

1. Évocation anachronique de la plèbe des derniers temps républicains : fainéante et adonnée aux intrigues de place publique.

2. Les deux sommets, l'un militaire, l'autre sacré, de la même colline, considérée comme le réduit de toute la grandeur romaine.

hostes, non in contione patres Romani horrebant, praeda parta agro ex hoste capto pleni fortunarum gloriaeque simul publicae simul priuatae triumphantes domum ad penatis redibatis : nunc oneratum uestris fortunis hostem abire sinitis. 7Haerete adfixi contionibus et in foro uiuite : sequitur uos necessitas militandi quam fugitis. Graue erat in Aequos et Volscos proficisci : ante portas est bellum. Si inde non pellitur, iam intra moenia erit et arcem et Capitolium scandet et in domos uestras uos persequetur. 8Biennio ante senatus dilectum haberi et educi exercitum in Algidum iussit : sedemus desides domi mulierum ritu inter nos altercantes, praesenti pace laeti nec cernentes ex otio illo breui multiplex bellum rediturum !

« 9His ego gratiora dictu alia esse scio ; sed me uera pro gratis loqui, etsi meum ingenium non moneret, necessitas cogit. Vellem equidem uobis placere, Quirites ; sed multo malo uos saluos esse, qualicumque erga me animo futuri estis. 10Natura hoc ita comparatum est, ut qui apud multitudinem sua causa loquitur gratior eo sit cuius mens nihil praeter publicum commodum uidet ; nisi forte adsentatores publicos, plebicolas istos, qui uos nec in armis nec in otio esse sinunt, uestra uos causa incitare et stimulare putatis ? 11Concitati aut honori aut quaestui illis estis ; et, quia in concordia ordinum nullos se usquam esse uident, malae rei se quam nullius, turbarum ac seditio-

Des. *E. T.*

Def. LXVIII, 8 (*post* exercitum in Algidum⌋) *V.*

Iter. LXVIII, 10 : cuius mens *P* (*del* *P*²).

LXVIII, 6 capto : capta *V* ‖ redibatis *V.D*ˣ*A*¹ : rediebatis *DA. cett.* ‖ 7 sequitur Σ : sequetur *V* ‖ fugitis : fungitis *V* ‖ Aequos et : Aequos ac *V* ‖ pellitur ω : repellitur *U* ; *def.* *V* ‖ persequetur Σ : persequentur *V* ‖ 8 haberi et educi : abierieduci *V* ‖ 10 plebicolas *om. R.*

peuvent enfin vous inspirer du dégoût, si vous voulez préférer les vieilles mœurs ancestrales, qui étaient aussi les vôtres[1], à ces pratiques nouvelles, je consens à subir n'importe quel supplice si, dans quelques jours, je n'ai pas chassé et dispersé ces pillards de nos campagnes, enlevé leur camp et transporté de nos portes et de nos murailles jusqu'à leurs villes cette guerre dont la crainte vous consterne actuellement. »

Victoire de T. Quinctius Capitolinus.

LXIX. On vit rarement les discours démagogiques d'un tribun mieux accueillis du peuple que ne le fut ce jour-là la rude semonce du consul. La jeunesse elle-même, qui, d'ordinaire, dans des circonstances aussi alarmantes, considérait le refus du service militaire comme sa meilleure machine de guerre contre les patriciens, ne rêvait plus qu'armes et combats. La fuite des paysans, les malheureux dépouillés et blessés dans la campagne, racontant des atrocités pires encore que celles qu'ils étalaient aux yeux, remplirent toute la ville de colère. Mais, le sénat une fois réuni, ce fut alors que tous les regards se tournèrent vers Quinctius comme vers l'unique champion de l'honneur de Rome. Les principaux sénateurs déclaraient que « son discours avait été digne de son autorité de consul, digne de tous ses consulats antérieurs, digne de sa vie entière, consacrée à exercer tant de charges et qui en méritait encore davantage. D'autres consuls ou bien trahissaient le prestige de la noblesse pour courtiser la plèbe, ou bien, par leur âpreté à défendre les privilèges de leur caste, exaspéraient la foule en voulant la dompter ; tandis que Titus Quinctius dans son discours avait songé à la fois à l'honneur de la noblesse, à l'union des classes, et surtout aux circonstances présentes.

1. L'attachement au *mos maiorum* aussi immuable que possible est un des fondements à la fois de la conduite morale et du gouvernement de Rome.

num duces esse uolunt. [12]Quarum rerum si uos taedium tandem capere potest et patrum uestrosque antiquos mores uoltis pro his nouis sumere, nulla supplicia recuso, [13]nisi paucis diebus hos populatores agrorum nostrorum fusos fugatosque castris exuero et a portis nostris moenibusque ad illorum urbes hunc belli terrorem quo nunc uos attoniti estis transtulero. »

LXIX. [1]Raro alias tribuni popularis oratio acceptior plebi quam tunc seuerissimi consulis fuit. [2]Iuuentus quoque, quae inter tales metus detractationem militiae telum acerrimum aduersus patres habere solita erat, arma et bellum spectabat. Et agrestium fuga spoliatique in agris et uolnerati, foediora is quae subiciebantur oculis nuntiantes, totam urbem ira impleuere. [3]In senatum ubi uentum est, ibi uero in Quinctium omnes uersi ut unum uindicem maiestatis Romanae intueri, et primores patrum 'dignam' dicere 'contionem imperio consulari, dignam tot consulatibus ante actis, dignam uita omni, plena honorum saepe gestorum, saepius meritorum. [4]Alios consules aut per proditionem dignitatis patrum plebi adulatos aut acerbe tuendo iura ordinis asperiorem domando multitudinem fecisse : T. Quinctium orationem memorem maiestatis patrum concordiaeque ordinum et temporum in primis habuisse. [5]Orare eum colle-

Des. *V. E. T.*

Iter. LXIX, 2 (*post* quoque) : popularis ... seuerissimi *P* (*delet* P^{2}).

LXVIII, 11 turbarum ac seditionum *forsitan ut glossema, post Karsten, expellere malis.*

LXIX, 1 alias $\omega.A^{3}$: alia *H.LRDA* || 2 quoque *om. FBS.U*, *del.* P^{2} ||
detractationem $PFBS.U.H.A^{2}$: detractionem *A. cett.* || 3 unum ω :
in unum *PFBS.U* || uita $\omega.B^{1}D^{1}$: uitam *M.B.H.LRD?* || plena $\omega.D^{1}$:
plenam *M.LRD* || 4 fecisse $M^{1\text{-}2}.O.H.R^{2}A^{1\text{-}2}$: fecisset ω.*MRA* fecis-
sent *U*.

Ils le priaient, lui et son collègue, de prendre en main la situation ; ils priaient les tribuns d'être de cœur avec les consuls pour repousser la guerre loin de Rome et de ses murailles, et pour rendre la plèbe docile au sénat à une heure si critique ; c'est la patrie commune qui avait recours aux tribuns et sollicitait leur appui pour ses campagnes ravagées et sa capitale presque assaillie ». A l'unanimité, l'enrôlement est voté et mis à exécution. Les consuls déclarèrent devant le peuple qu' « on n'avait pas le temps d'examiner les cas d'exemption ; rassemblement des plus jeunes classes le lendemain dès l'aube au Champ de Mars ; on prendrait le temps d'examiner le cas de ceux qui ne répondraient pas à l'appel à la fin de la guerre ; on déclarerait déserteur quiconque n'aurait pas de motif valable[1] ». Toute la jeunesse était là le lendemain. Chaque cohorte désigna ses centurions[2] ; elle reçut deux sénateurs comme commandants ; le tout fut terminé de si bonne heure, nous dit-on, que ce même jour les questeurs allèrent chercher les enseignes au Trésor public[3] et les apportèrent au Champ de Mars, et qu'à dix heures du matin, on quittait le Champ de Mars ; et cette armée de jeunes soldats, juste suivie de quelques bataillons de vétérans volontaires, fit une étape de dix milles. Le lendemain, elle était en vue de l'ennemi et faisait sa jonction avec l'armée de Corbion. Le surlendemain, les Romains, enflammés de colère, et les ennemis, responsables de tant de guerres, poussés par le sentiment de leurs fautes et par le désespoir, en vinrent aux mains sans plus tarder.

LXX. Dans l'armée romaine, les deux consuls avaient une autorité égale. Mais, suivant un principe excellent

1. On pouvait être appelé de dix-sept à quarante-six ans. Le déserteur était emprisonné, vendu comme esclave, ou même puni de mort.

2. La cohorte, comprenant trois manipules de chacun deux centuries, est beaucoup plus tardive (du temps de Marius?). La nomination des centurions appartenait d'ordinaire au général.

3. Première mention de questeurs d'attributions financières (au contraire des questeurs figurant II, 41, 11 ; III, 24, 3, et 25, 2). Les enseignes, consacrées et religieusement honorées, sont en dépôt, avec le Trésor, au temple de Saturne, près du forum.

gamque ut capesserent rem publicam ; orare tribunos ut uno animo cum consulibus bellum ab Vrbe ac moenibus propulsari uellent plebemque oboedientem in re tam trepida patribus praeberent ; appellare tribunos communem patriam auxiliumque eorum implorare uastatis agris, urbe prope oppugnata'. [6]Consensu omnium dilectus decernitur habeturque. Consules cum in contione pronuntiassent 'tempus non esse causas cognoscendi : omnes iuniores postero die prima luce in campo Martio adessent ; [7]cognoscendis causis eorum qui nomina non dedissent bello perfecto se daturos tempus ; pro desertore futurum, cuius non probassent causam', omnis iuuentus adfuit postero die. [8]Cohortes sibi quaeque centuriones legerunt ; bini senatores singulis cohortibus praepositi. Haec omnia adeo mature perfecta accepimus ut signa, eo ipso die a quaestoribus ex aerario prompta delataque in Campum, quarta diei hora mota ex Campo sint, exercitusque nouus, paucis cohortibus ueterum militum uoluntate sequentibus, manserit ad decimum lapidem. [9]Insequens dies hostem in conspectum dedit, castraque ad Corbionem castris sunt coniuncta. [10]Tertio die, cum ira Romanos, illos, cum totiens rebellassent, conscientia culpae ac desperatio inritaret, mora dimicandi nulla est facta.

LXX. [1]In exercitu Romano cum duo consules essent potestate pari, quod saluberrimum in adminis-

Des. *V. E. T.*

LXIX, **6** Consules cum in contione *P²S.D³A* consules cum in contentione ***FB*** cum consules cum in contione ***P*** cum consules in contione *υ.O.H* cum in contione ***M²*** (*signis quibusdam dubiis post* cum *deletis*). ***LRD*** consules in contione ***U*** ‖ **8** quaeque ***M.O.H.LR*** : quoque *cett.*

dans la conduite des opérations importantes, Agrippa avait laissé le commandement en chef à son collègue[1] ; en échange de cet avantage et de cette complaisance à céder le pas, Quinctius prenait soin de lui faire part de ses plans et de sa gloire et de traiter en égal son inférieur. Dans la bataille, Quinctius se tint à l'aile droite, Agrippa à l'aile gauche ; Spurius Postumius Albus, lieutenant général, est chargé du centre ; l'autre lieutenant, Publius Sulpicius, prend le commandement de la cavalerie. L'infanterie de l'aile droite se battit admirablement, malgré une assez vive résistance des Volsques. Publius Sulpicius enfonça le centre ennemi avec sa cavalerie[2]. Puis, au lieu de rallier nos lignes avant que l'ennemi eût réparé le désordre des siennes, il trouva plus avantageux de l'attaquer sur ses derrières. Par cette charge, prenant les ennemis à revers et les plaçant entre deux dangers, il les aurait immédiatement mis en déroute, s'il n'avait dû faire face lui-même à une attaque de la cavalerie volsque et èque qui le retint quelque temps. Alors, Sulpicius s'écria « que ce n'était pas le moment d'hésiter ; ils étaient cernés et coupés de leurs lignes s'ils ne déployaient toutes leurs forces pour venir à bout de cette cavalerie ; et il ne suffisait pas de la disperser sans l'éprouver : il fallait l'anéantir, hommes et chevaux, l'empêcher de rentrer dans la mêlée ou de recommencer son attaque ; elle était incapable de résister à ceux qui venaient d'enfoncer les rangs serrés de l'infanterie ». Il ne parlait pas à des sourds : au premier choc, ils rompirent toute la cavalerie, en jetèrent bas une grande partie et percèrent de coups jusqu'aux chevaux. Le combat de cavalerie était terminé. Ils attaquent alors les lignes d'infanterie et font porter aux consuls la nou-

1. Les consuls pouvaient convenir, lorsqu'ils avaient réuni leurs forces, d'assumer le commandement en chef alternativement, d'ordinaire un jour l'un, un jour l'autre (XXII, 41, 3 ; 45, 5. Cf. XXII, 27, 6 et suiv.). Une renonciation totale, comme celle de Furius, est tout exceptionnelle.

2. La distinction entre ailes et centre paraît anachronique : on attend à cette cate la formation en phalange. Et, même aux temps

tratione magnarum rerum est, summa imperii concedente Agrippa penes collegam erat; et praelatus ille facilitati submittentis se comiter respondebat communicando consilia laudesque et aequando imparem sibi. [2]In acie Quinctius dextrum cornu, Agrippa sinistrum tenuit; Sp. Postumio Albo legato datur media acies tuenda; legatum alterum P. Sulpicium equitibus praeficiunt. [3]Pedites ab dextro cornu egregie pugnauere, haud segniter resistentibus Volscis. [4]P. Sulpicius per mediam hostium aciem cum equitatu perrupit. Vnde cum eadem reuerti posset ad suos priusquam hostis turbatos ordines reficeret, terga impugnare hostium satius uisum est; momentoque temporis in auersam incursando aciem ancipiti terrore dissipasset hostes, ni suo proprio eum proelio equites Volscorum et Aequorum exceptum aliquamdiu tenuissent. [5]Ibi uero Sulpicius negare 'cunctandi tempus esse; circumuentos interclusosque ab suis' uociferans 'ni equestre proelium conixi omni ui perficerent; [6]nec fugare equitem integrum satis esse: conficerent equos uirosque, ne quis reueheretur inde ad proelium aut integraret pugnam; non posse illos resistere [sibi] quibus conferta peditum acies cessisset'. [7]Haud surdis auribus dicta. Impressione una totum equitatum fudere, magnam uim ex equis praecipitauere, ipsos equosque spiculis confodere. Is finis pugnae equestris fuit. [8]Tunc adorti peditum aciem, nun-

Des. *V. E. T.*

LXX, **1** facilitati *U.R*[2] : facilitate *R. cett.* || **4** ad suos priusquam ... reficeret, terga *sic interpunxi* || auersam *A*[2.3] : aduersam *A. cett.* || **6** integrum *M.A*[2] : interdum *ω.A* in tertium *LR* interqũ *D* || reueheretur *M.P*[2]*FBS.U* : reuehereatur *P* reuereatur *H.LRDA* reuehatur *O* reuerteretur *A*[2] || quibus (*Conway*) : sibi quibus *O.H.LRD*[1.3]*A* quibus sibi *cett.*

velle de leur succès au moment où le front ennemi commençait à plier. Cette nouvelle redoubla le courage des Romains qui prenaient l'avantage et démoralisa les Èques qui lâchaient pied. Leur défaite commença par le centre, déjà bousculé par la charge de cavalerie ; puis l'aile gauche céda devant Quinctius ; à l'aile droite ce fut plus pénible. Alors Agrippa, bouillant de jeunesse et de force et voyant que dans tous les secteurs les choses allaient mieux que dans le sien, arrache les enseignes à leurs porteurs, les porte lui-même en avant et en lance même quelques-unes dans les rangs adverses[1]. La crainte du déshonneur excite les soldats et ils se jettent sur l'ennemi. Ainsi la victoire fut égale sur tous les points. A ce moment, Quinctius fit dire « qu'à la suite de son succès il menaçait maintenant le camp ennemi ; mais il ne voulait pas donner l'assaut avant d'être sûr que l'action était également terminée à l'aile gauche ; si les ennemis étaient en fuite, il fallait venir le rejoindre, pour que toute l'armée prît part au pillage ». Vainqueurs tous deux, Agrippa et son collègue échangent des félicitations et opèrent leur jonction devant le camp ennemi, défendu par une poignée d'hommes qui prirent aussitôt la fuite. Sans coup férir ils s'emparent du retranchement et ramènent leurs troupes chargées d'un butin immense, et rentrées même en possession de tous leurs biens perdus dans le pillage de nos campagnes. Le triomphe ne fut ni demandé par eux, ni décerné par le sénat, paraît-il ; cet honneur leur était-il indifférent, ou n'espéraient-ils pas l'obtenir? L'histoire ne le dit pas. A mon avis, si les conjectures sont permises au bout de tant d'années, comme les consuls Valérius et Horatius, après avoir eu la gloire de mener à bonne fin une expédition contre les Volsques et les Èques et en plus contre les Sabins, s'étaient vu refuser le triomphe par le sénat, les consuls se firent

classiques, l'action de la cavalerie s'exerce d'ordinaire sur les ailes, non au centre.

1. Ce procédé (cf. IV, 29, 3 ; VI, 8, 3, etc...) exerce une sorte de contrainte, par le sentiment à la fois de l'honneur militaire et de la religion (cf. p. 109, n. 3).

tios ad consules rei gestae mittunt, ubi iam inclinabatur hostium acies. Nuntius deinde et uincentibus Romanis animos auxit et referentes gradum perculit Aequos. [9]In media primum acie uinci coepti, qua permissus equitatus turbauerat ordines; [10]sinistrum deinde cornu ab Quinctio consule pelli coeptum; in dextro plurimum laboris fuit. Ibi Agrippa, aetate uiribusque ferox, cum omni parte pugnae melius rem geri quam apud se uideret, a*rr*epta signa ab signiferis ipse inferre, quaedam iacere etiam in confertos hostes coepit; [11]cuius ignominiae metu concitati milites inuasere hostem. Ita aequata ex omni parte uictoria est. Nuntius tum a Quinctio uenit 'uictorem iam se imminere hostium castris; nolle inrumpere antequam sciat debellatum et in sinistro cornu esse : [12]si iam fudisset hostes, conferret ad se signa, ut simul omnis exercitus praeda potiretur'. [13]Victor Agrippa cum mutua gratulatione ad uictorem collegam castraque hostium uenit. Ibi, paucis defendentibus momentoque fusis, sine certamine in munitiones inrumpunt, praedaque ingenti compotem exercitum, suis etiam rebus reciperatis quae populatione agrorum amissae erant, reducunt. [14]Triumphum nec ipsos postulasse nec delatum iis ab senatu accipio, nec traditur causa spreti aut non sperati honoris. [15]Ego quantum in tanto interuallo temporum conicio, cum Valerio atque Horatio consulibus, qui praeter Volscos et Aequos Sabini etiam belli perfecti gloriam pepererant, negatus ab senatu triumphus esset, uerecundiae fuit pro parte

Des. *V. E. T.*

LXX, 8 nuntios ω : nuntiis *F* (*in quo* -ciis) *B* nuntii *P*²*S.U* (*in quo* -cii) || mittunt ω : mittuntur *PFBS.U* || 9 ordines *M.H.LRD*¹*A* : ordine *P*? ordinem *P*² *(uel P) FBS.U.O*; *om. D* || **10** arrepta *Duker* : accepta *codd.*

scrupule de le demander pour un succès moitié moindre ; même si on devait le leur accorder, ils ne voulaient pas avoir l'air de le devoir à des raisons personnelles et non à leur mérite.

Décision honteuse de l'assemblée du peuple.

LXXI. Cette brillante victoire remportée sur nos ennemis fut ternie à l'intérieur par un honteux arbitrage du peuple dans une querelle de frontières entre nos alliés. Aricie et Ardée se disputaient un territoire qui avait provoqué plusieurs conflits armés ; fatiguées de tant de défaites réciproques, elles prirent pour arbitre le peuple romain. Le jour où elles vinrent plaider leur cause devant l'assemblée convoquée par les magistrats, un débat acharné s'engagea. Déjà les témoins avaient été produits et on se mettait en devoir de faire l'appel des tribus et de passer au vote, quand soudain se leva Publius Scaptius, un plébéien, un vieillard, qui dit : « Si l'on a le droit, consuls, de défendre les intérêts de l'État, je ne laisserai pas le peuple commettre une erreur dans cette affaire. » Les consuls ne voulaient pas lui permettre de débiter ses inepties ; lui s'écriait qu'on trahissait la cause de l'État ; ils veulent le faire expulser ; il en appelle aux tribuns. Les tribuns, comme presque toujours, obéissant à la foule au lieu de la diriger, donnèrent satisfaction à la curiosité de la plèbe en autorisant Scaptius à dire ce qu'il voulait. Alors il commence : « Il a quatre-vingt-deux ans passés, et il a fait campagne sur le territoire en question, non pas dans sa jeunesse, mais dans sa vingtième année de service, lors de l'expédition contre Corioles[1]. Il leur rappelle un détail effacé par le temps, mais qui est resté gravé dans sa mémoire : le territoire contesté faisait partie de l'État de Corioles et, après la prise de cette ville, le droit de la guerre en faisait la propriété du peuple romain. Il s'étonne de l'audace d'Ardée

1. Trente ans avant (II, 33, 5-9). Scaptius aurait à cette date non seulement accompli le maximum des campagnes exigibles, mais dé-

dimidia rerum consulibus petere triumphum, ne, etiamsi impetrassent, magis hominum ratio quam meritorum habita uideretur.

LXXI. [1]Victoriam honestam ex hostibus partam turpe domi de finibus sociorum iudicium populi deformauit. [2]Aricini atque Ardeates de ambiguo agro cum saepe bello certassent, multis in uicem cladibus fessi, iudicem populum Romanum cepere. [3]Cum ad causam orandam uenissent, concilio populi a magistratibus dato, magna contentione actum. Iamque editis testibus, cum tribus uocari et populum inire suffragium oporteret, consurgit P. Scaptius de plebe, magno natu, et « Si licet, inquit, consules, de re publica dicere, errare ego populum in hac causa non patiar. » [4]Cum ut uanum eum negarent consules audiendum esse uociferantemque 'prodi publicam causam' summoueri iussissent, tribunos appellat. [5]Tribuni, ut fere semper reguntur a multitudine magis quam regunt, dedere cupidae audiendi plebi ut quae uellet Scaptius diceret. [6]Ibi infit 'annum se tertium et octogensimum agere, et in eo agro de quo agitur militasse, non iuuenem, uicesima iam stipendia merentem, cum ad Coriolos sit bellatum. Eo rem se uetustate oblitteratam, ceterum suae memoriae infixam, adferre, [7]agrum de quo ambigitur finium Coriolanorum fuisse captisque Coriolis iure belli publicum populi Romani factum. Mirari se quonam ore Ardeates Aricinique,

Des. *V. E. T.*

Om. LXXI, **1** : ex hostibus *H.LRDA* (*rest.* A^2).

LXXI, **3** Scaptius *ω.*R^2A^2 : captius *H.LRDA* || dicere *ω.*D^4 : diceret *H* ; *om. LRD* || **6** annum *ω* : nonagesimum (*in marg.*) annum *υ* nonagesimum annum *LRDA* (*uide sis et subsequentem adnotationem*) || octogensimum (*sed* -ges-) *ω.υ*P^2 : octagessimum *P* nonagesimum *O* || **7** quonam ore *M?*D^3*?*, *Klock* : quonam in more *D* quonam more M^2 (*uel M*) *cett.*

et d'Aricie, qui n'ont jamais élevé de prétentions sur cette terre quand Corioles était indépendante et qui transforment le peuple romain, son légitime possesseur, en arbitre, dans l'espoir de la lui soustraire. Pour lui, il n'a plus que peu de temps à vivre ; cependant, après avoir contribué comme soldat à la conquérir par les armes, il ne peut s'empêcher, vieillard, de la revendiquer par la parole, le seul moyen qui lui reste. Il conseille vivement au peuple romain de ne pas prononcer contre lui-même par un scrupule inutile ».

LXXII. Les consuls[1], voyant qu'on écoute Scaptius non seulement en silence, mais favorablement, prennent à témoins les dieux et les hommes qu'un scandale affreux se prépare ; ils appellent les principaux sénateurs ; avec eux, ils vont d'une tribu à l'autre pour les dissuader « de commettre cette mauvaise action et de donner cet exemple plus mauvais encore : des juges détournant à leur profit l'objet d'un litige ; d'autant plus que, même en reconnaissant au juge le droit de songer à son intérêt, on ne regagnera pas en détournant ce territoire ce qu'on perdra en s'aliénant par une injustice l'estime des alliés. Car, en matière de réputation et d'honneur, les pertes dépassent toute évaluation : le fait sera rapporté chez eux par les délégués, publié, répété à nos alliés et à nos ennemis, remplissant les uns de douleur, les autres de joie. Est-ce Scaptius, ce vieux radoteur, que nos voisins en rendront responsable? Non : ce sera pour Scaptius un glorieux titre de noblesse[2], mais le peuple romain fera figure de prévari-

passé de six ans la limite d'âge militaire. — *Stipendium* fait anachronisme de vocabulaire ; la solde annuelle ne sera instituée qu'en 406 Varr. (IV, 59, 11).

1. Comme présidant les comices tributes? Ce serait une nouveauté, comme il est étrange déjà que le peuple soit appelé à trancher une question internationale, qui relève *en fait* du sénat (71, 3).

2. Le sens paraît sûr, même si le texte est mutilé. Par une violente ironie, les consuls affectent de promettre à ce vieux plébéien, flâneur assidu des réunions publiques (*contionalis senex*), le droit d'*imagines*, réservé aux nobles (t. I, p. 58, n. 1), pour prix de son immorale intervention.

cuius agri ius nunquam usurpauerint incolumi Coriolana re, eum se a populo Romano, quem pro domino iudicem fecerint, intercepturos sperent. [8]Sibi exiguum uitae tempus superesse ; non potuisse se tamen inducere in animum quin, quem agrum miles pro parte uirili manu cepisset, eum senex quoque uoce, qua una posset, uindicaret. Magnopere se suadere populo ne inutili pudore suam ipse causam damnaret'.

LXXII. [1]Consules cum Scaptium non silentio modo, sed cum adsensu etiam audiri animaduertissent, deos hominesque testantes 'flagitium ingens fieri', patrum primores arcessunt. [2]Cum iis circumire tribus, orare 'ne pessimum facinus peiore exemplo admitterent iudices in suam rem litem uertendo, cum praesertim, etiamsi fas sit curam emolumenti sui iudici esse, nequaquam tantum agro intercipiendo adquiratur quantum amittatur alienandis iniuria sociorum animis. [3]Nam famae quidem ac fidei damna maiora esse quam quae aestimari possent : hoc legatos referre domum, hoc uolgari, hoc socios audire, hoc hostes, quo cum dolore hos, quo cum gaudio illos ! [4]Scaptione hoc, contionali seni, adsignaturos putarent finitimos populos? Clarum hoc † ...... † fore imagine Scaptium ; se*d* populum Romanum quadruplatoris et

Des. *V. E. T.*

Def. LXXII, 2 (*post* peiore exemplo) *H.*

It. LXXII, 3 (*post* Nam) etiamsi fas sit (*ex* § *2 sumptum*) *P* (*delet* P^2).

LXXI, 8 pro parte uirili : pro parte uiri *ρ* || eum senex *PFBS.U.O.* A^{1-2} : tum senex *A. cett.*

LXXII, 2 tribus *Perizonius* : tribunos *codd.* || iudici *U.*A^{1-2} : iudicis *A. cett.* || 4 Scaptione $R^{1-2}A^{2-3}$: scaptioni *ω.R* scaptio ni *O* sp cationi *D* spacioni *A* || hoc fore *ω*A^{2-3} : hac fore *U*, *Nonnius Edd. rec.* fore *A* (*suspicor aliquid, ut uerbi gratia* et dignum, *inter* hoc *et* fore *periisse*) || Scaptium ; sed *Alsch.* : scaptium esse *codd.* Scaptium *Gron.*

cateur, de juge qui dépouille les plaideurs. A-t-on jamais vu dans une affaire privée un juge se permettre de s'attribuer l'objet du litige? Scaptius lui-même, chez qui l'honneur est mort, n'en ferait pas autant ». Voilà ce que crient les consuls et les sénateurs : mais la convoitise et Scaptius qui l'a déchaînée ont le dessus. Appelées à voter, les tribus prononcèrent que le territoire était la propriété du peuple romain. Il est hors de doute que d'autres juges auraient fait de même[1] : mais, en l'espèce, le bon droit ne diminue en rien l'indignité de ce jugement ; Aricie et Ardée en sentirent moins encore que les patriciens de Rome la honte et l'amertume.

Le reste de l'année, la tranquillité ne fut troublée ni au dedans ni au dehors.

1. Après la comédie du bavardage sénile de Scaptius et les éclats de la vertu patricienne, cette naïve satisfaction, qu'au mépris de toute vraisemblance l'annalistique a donnée à l'honneur national, ouvre du moins une vue sur certaines réalités : en élevant des prétentions sur un territoire contesté par la « cité » latine d'Aricie, comme en s'assurant l'administration du temple laviniate de Vénus, sanctuaire commun à tous les Latins (Strabon, V, p. 232 C), Ardée, ville anciennement rutule (cf. I, 57, 1), visait peut-être à intercepter l'accès de la confédération romano-latine à la région pontine. Le sénat s'est déchargé sur le peuple d'une décision politiquement nécessaire. Voir aussi l. IV, 9-11.

interceptoris litis alienae personam laturum. [5]Quem enim hoc priuatae rei iudicem fecisse ut sibi controuersiosam adiudicaret rem? Scaptium ipsum id quidem, etsi praemortui iam sit pudoris, non facturum'. [6]Haec consules, haec patres uociferantur; sed plus cupiditas et auctor cupiditatis Scaptius ualet. Vocatae tribus iudicauerunt agrum publicum populi Romani esse. [7]Nec abnuitur ita fuisse, si ad iudices alios itum foret : nunc haud sane quicquam bono causae leuatur dedecus iudicii; idque non Aricinis Ardeatibusque quam patribus Romanis foedius atque acerbius uisum.

Reliquum anni quietum ab urbanis motibus et ab externis mansit.

Des. *V. E. H. T.*

LXXII, **5** quem enim ω.A^{1-2} : quem *#LR* quem *U.DA* ‖ **6** Scaptius *om. O* : *secl. Conway* ‖ ualet. Vocatae *O.RD⁴A* : uoc ..... ualet *M* uoce ualet *M³* uocate ualet *P²FBS.LRD?* uocate uallet *P* uocaret ualet *U.*

Subscriptio *Nicomachea (Nicomacho Dextero et Victoriano nominatis) exstat in H.LRDA.*

APPENDICE

Après la reconstruction factice, sur éléments très hétérogènes, de la période royale[1], Tite-Live avait fait grande part, en son deuxième livre, aux déguisements historiques du mythe[2] et de l'épopée[3]. Le troisième, au contraire, même s'il utilise des figures représentatives, riches de symbole et d'éloquence, qu'avait créées une annalistique moins soucieuse de rigueur scientifique que de complaisances gentilices[4], s'offre à la recherche et à la réflexion modernes comme une matière sans doute trop élaborée, mais valable et même essentielle.

Sa trame est juridique, et il apparaît normal qu'il culmine à l'histoire du Décemvirat législatif et des XII Tables. Mais s'agit-il surtout de droit public ou de droit civil, c'est ce dont nos historiens anciens ne se rendent pas bien compte. La motion du tribun C. Térentilius Harsa, de laquelle part (en 462 Varr.) tout le mouvement d'où résulteront treize ans plus tard la publication d'un code et la réorganisation de l'État, se présente dans Tite-Live comme une entreprise uniquement politique, visant à la limitation de l'*imperium* consulaire ; tandis que, chez Denys, à la même date, le tribun (appelé, il est vrai, Térentius) réclame la seule égalisation des lois et leur publicité[5]. C'est le thème auquel se ralliera Tite-Live dès que se pré-

1. Des suggestions nouvelles et importantes, sur les premiers rois et sur l'organisation sociale et religieuse la plus ancienne de Rome, sont apportées par G. Dumézil, *Jupiter, Mars, Quirinus*, Paris, 1941.

2. Horatius Coclès, Mucius Scaevola, Clélie... Sur la signification mythique des deux premiers, voir G. Dumézil, *Mitra-Varuna : essai sur deux représentations indo-européennes de la souveraineté* (Bibl. de l'École des Hautes-Études, Sc. relig., LVI), Paris, 1940, p. 114-124.

3. Bataille du lac Régille (II, 19-20) ; Coriolan (II, 33-40)...

4. Quelle part n'est pas due dans les exploits des Fabius et les consulats des Valérius à Fabius Pictor et Valérius Antias ! De leur côté, les Quinctius s'étaient signalés comme protecteurs des lettres à partir du IIIe siècle. Voir E. Pais, *Storia di Roma dalle origini all'inizio delle guerre puniche*, III (Rome, 1927), p. 362 et suiv.

5 Comparer Liv., III, 9, 2-5, et Denys, X, 1. — On notera cependant deux singulières allusions de Tite-Live à la « ruse cachée » dans le projet de Térentilius Harsa (III, 18, 6, et 25, 4) : comme s'il s'agissait d'une

cisera en son texte la réforme décemvirale [1] ; mais au risque de faire perdre le contact entre cette entreprise et le prélude térentilien. Et, d'ailleurs, chez l'un comme chez l'autre de nos historiens, les conséquences politiques du décemvirat sont mises en valeur aux dépens de ses résultats juridiques et même sociaux. Mais voici le curieux : au mépris de leur ligne de conduite propre, Denys n'en pense pas moins à décrire les entreprises des tribuns contre les prérogatives consulaires [2] ; et Tite-Live apporte tous ses soins à mettre sous la forme dramatique la plus saisissante des « cas » juridiques qui tous se rapportent à la liberté personnelle, à une sorte d' « habeas corpus » : cas de Caeso Quinctius, de Virginie, d'Appius Claudius [3].

Ainsi de subtiles compensations entremêlent les thèmes majeurs auxquels s'applique leur réflexion historique : problèmes de l'*imperium*, de la puissance tribunicienne, création d'un droit commun, respect de la personne (plébéienne ou patricienne). Si, pour le détail des faits, la singulière antithèse que nous venons de noter entre Tite-Live et Denys les rend l'un et l'autre suspects, et si, dans Tite-Live lui-même, une lecture un peu attentive trahit des contradictions ou des retards dans l'information, il n'en est pas moins certain que ces aspects sont historiquement à retenir. La recherche des modernes s'y est appliquée, et aussi leur hypercritique.

Du point de vue social et économique, Tite-Live est plus déficient. Même, à certains égards, en comparaison de Denys, qui, Grec et écrivant pour des Grecs, s'intéresse à des réalités auxquelles ne s'arrête pas l'historien latin, parce qu'elles sont, pour ainsi dire, sa vie quotidienne : curiosités de mœurs et d'usages ; mais aussi des faits aussi importants que le monopole de la justice anté décemvirale par les patriciens, que le caractère religieux de ses prescriptions et le demi-mystère de certaines de

manœuvre destinée à obtenir autre chose que ce qui est mis en avant. Mais, dans l'ensemble, il n'est pas douteux que notre historien met l'accent sur les débats autour de l'*imperium*.

1. Plus bas, p. 130.

2. Par exemple, X, 31.

3. Liv., III, 13 ; 44 et suiv. ; 56-57. Les questions jointes sont celles de l'emprisonnement préventif (ou de la liberté préventive) et du jeu des cautions (le procès de Caeso Quinctius provoquant, dit-on, l'institution des *uades publici* ; celui de Virginie donnant matière à la désignation de cautions privées). — Sur l'irréalité, à cette date (cf., déjà, II, 35, 2 et suiv.), des procès intentés par des tribuns de la plèbe à des patriciens, voir E. Pais, *op. laud.*, III, p. 360 et suiv.

ses formules conservées dans les « livres sacrés » des pontifes [1]. Sur la vie gentilice, les moyens d'existence de la plèbe, les rapports de clientèle, presque rien. Sur la vie économique, des erreurs, ou plutôt un certain laisser-aller qui ou bien emploie les mots de tous les jours sans se soucier de ce qu'ils recouvrent exactement, ou bien, au hasard de l'information, donne l'idée plus exacte d'une société sans monnaie et presque encore au stade du troc, bien que le bétail tende à représenter une valeur d'échange fixe [2]. Tite-Live au moins, s'il s'était intéressé à la vie matérielle des anciens âges, aurait trouvé dans les seules prescriptions des XII Tables de quoi corriger sa vision.

La politique extérieure, enrichie d'épisodes éclatants et suspects, faussée par l'erreur de perspective qui fait dès lors de Rome une « capitale » au milieu des autres villes de l'Italie centrale, n'en semble pas moins exacte dans l'ensemble. Rome n'a encore qu'un territoire restreint ; elle est sous le coup de menaces subites et directes. L'antique poussée sabine, au fil du Tibre, touche à sa fin : le coup de main d'Ap. Herdonius et de sa *gens* sur le Capitole avorte, alors que cinquante ans plus tôt Attus Clausus s'était installé dans l'État romain avec tous les siens [3]. Tite-Live a mal dégagé, en un récit dramatique, mais embrumé, l'aspect réel de l'incident. La vraie menace stratégique est maintenant celle des Èques, qui, descendus de la haute vallée de Carsioli, peut-être maîtres de Préneste (de Tibur même?), visent à donner, par le seuil de Velitrae, la main aux Volsques des monts Lepini et de la plaine Pontine [4]. Si leurs entreprises obstinées avaient réussi, l'accès du Midi était barré à Rome et aux Latins, aussi bien par la voie côtière que par la vallée du Trérus. La prise de Corioles [5], l'exploitation des difficultés existant entre Aricie et Ardée [6], un travail

1. Denys, X, 1. — En contre-partie, et malgré des confusions indéniables (voir plus bas, p. 142 et suiv.), Tite-Live est beaucoup plus au courant que les Grecs, Diodore et Denys, des aspects particuliers de la procédure romaine.

2. Voir E. Pais, *op. laud.*, III, p. 223 et suiv. — Denys s'en rend bien compte, pour cette époque même : X, 50 (454 Varr.). Pour Tite-Live, voir IV, 30, 3 ; cf. t. I, p. 70, n. 4 ; t. II, p. 43, n. 4, et 50, n. 3.

3. Liv., III, 15 et suiv. Dernières campagnes contre les Sabins : III, 26 et suiv., 38 et suiv., 61 et suiv. Aucune conclusion, politique ou territoriale, ne leur est donnée.

4. A. Piganiol, *La conquête romaine* (Paris, 1927), p. 83 et suiv.

5. Liv., II, 33. Et tout l'épisode épique de Coriolanus, « l'homme de Corioles ».

6. Liv., III, 71 et suiv. ; cf. p. 114 et n. 1.

politique (déguisé sous le nom de colonisation) exercé sur Antium [1] forcent peu à peu le passage dans la direction de la future voie Appienne. Mais, entre les monts Albains et l'Apennin, c'est Tusculum [2], non Rome, qui travaille à réserv aux Latins l'accès vers la Campanie. A la tête d'une forte confédération [3], et peut-être plus puissante alors que Rome, elle la secourt le cas échéant [4]. Cependant, la poussée des Èques, soit vers le Tibre, soit vers la mer, est tellement violente que Tusculum seule n'arriverait sans doute pas à l'enrayer sans l'appui militaire de Rome et l'alliance des Herniques [5]. Les deux efforts se croisent précisément au coude du Trérus, entre Préneste et Velitrae : que si souvent les armées latines se retrouvent sur la citadelle naturelle de l'Algide [6], cela prouve combien la tâche est lourde et le péril urgent.

I. — L' « IMPERIUM » ET LES FLUCTUATIONS DE LA MAGISTRATURE PATRICIENNE

La question de l'*imperium* est au premier plan des préoccupations de Tite-Live. De là, chez lui, ambiguïté sur la nature du Décemvirat. Si l'activité maîtresse des décemvirs est bien définie établissement d'un code commun et complet dont l'achèvement doit marquer le terme de leurs pouvoirs [7], leur création est présentée par notre historien comme un changement constitutionnel, dans les mêmes termes que, plus tard, la subs-

1. Liv., III, 1, et *passim*.

2. Sur Tusculum et sa citadelle, voir : t. I, p. 81, n. 1 ; et plus haut, p. 36, n. 1. Le nom rappelle fondation ou occupation étrusque.

3. Selon Caton (*ap.* Priscien, IV, p. 129 H), cette confédération comprenait Aricie, Lanuvium, Laurente (Lavinium?), Cora, Tibur, Pométia, Ardée. Mais à quelle date? — Sur les différentes confédérations de l'Italie centrale au ve siècle, voir E. Pais, *op. laud.*, III, p. 434 et suiv.

4. Liv., III, 18. — Bien entendu, pour la plus grande gloire du nom romain, ce service est rendu presque aussitôt, et bien mieux, à Tusculum : III, 23. — Les échanges entre Rome et Tusculum (cf. III, 29, 6) sont affirmés à date historique (322 av. J.-C.) par un fait singulier : à la suite d'une guerre entre les deux villes, L. Fulvius, magistrat suprême des Tusculans, devient consul à Rome (Pline, *Hist. Nat.*, VII, 43, 136).

5. Les Herniques avaient été, antérieurement, alliés aux Volsques : voir t. II, p. 33, n. 1.

6. Plus haut, p. 37, n. 2.

7. Liv., III, 31, 7-8 ; 32, 6 ; 34, 7 ; 37, 4 ; 39, 8. Plus nettement, Denys d'Halic., X, 1 et 55.

titution aux consuls des « tribuns militaires à pouvoir consulaire »[1]. Cette réforme est censée : donner partielle satisfaction aux tribuns de la plèbe acharnés à formuler depuis dix ans contre le consulat la *rogatio Terentilia*[2] ; diviser l'*imperium*, d'ailleurs ramené à sa pureté première[3], entre un plus grand nombre de magistrats pourvus d'un nom nouveau (et anodin) ; aboutir en fait, la seconde année, à un partage exact de la fonction entre patriciens et plébéiens[4] ; pour enfin devenir, une troisième année[5], tyrannie oligarchique toute détachée de ses obligations premières[6], et vouée à la ruine par la détérioration progressive inhérente (selon Aristote) à tout régime politique. Évolution brève, mais éclatante et complète.

Sans nous arrêter aux recherches modernes qui ont visé à éclairer les réalités du Décemvirat[7], la position très instable de Tite-Live appelle par elle-même un effort d'explication. Aussi bien semble-t-elle trahir des préoccupations d'intérêt permanent, et certaines d'une réalité historique indéniable (quelles que soient les incertitudes de datation), mais qui n'apparaissent dans notre texte que de façon fugitive, parfois sous vêtement anachronique ou indûment évoquées à propos de faits majeurs qui ne le comportaient pas.

Ces questions sont relatives à la nature de la magistrature patricienne et aux formes successives que les nécessités intérieures et extérieures l'ont amenée à prendre.

Avec une complète clarté, Tite-Live avait défini les pouvoirs

1. Liv., III, 33, 1 : *Anno trecentesimo altero quam condita Roma erat, iterum mutatur forma ciuitatis, ab consulibus ad decemuiros, quem ad modum ab regibus ante ad consules uenerat, translato imperio* (cf. Denys d'Hal., X, 57, 1) ; — IV, 7, 1 : *Anno trecentesimo decimo quam urbs Roma condita erat, primum tribuni militum pro consulibus magistratum ineunt.* — Différemment Cicéron, *Républ.*, II, 61 : ... *ut decemuiri maxima potestate sine prouocatione crearentur, qui et summum imperium haberent et leges scriberent.* — On peut soupçonner une ébauche de décemvirat, I, 17, 5.

2. Liv., III, 31, 2 et 6-7. Cf. 37, 3. — Mais il est singulier que les tribuns, réclamant limitation de l'*imperium* consulaire, se satisfassent d'une magistrature d'*imperium* absolu.

3. Sans tribuns de la plèbe ni droit d'appel au peuple.

4. Voir plus haut, p. 54, n. 3. Cf. Kübler, dans *Real-Encyclopädie der Altertumswissenschaft* de Pauly-Wissowa, IV, 1901, col. 2259.

5. Liv., III, 38, 1 (cf. p. 96, n. 1). Cf. Cic., *Républ.*, II, 62 ; Diod. Sic., XII, 24 ; Denys d'Halic., XI, 1, 1. — Au contraire, les Fastes consulaires ne comptent que deux années décemvirales.

6. Liv., III, 36, 9 ; 38, 1-2 ; etc...

7. Cf. E. Täubler, *Untersuchungen zur Geschichte des Decemvirats und der Zwölf-Tafeln*, Berlin, 1921.

des consuls (*imperium* et *potestas*) comme égaux à ceux du roi[1]. La notion d'*imperium*, en particulier, reste constante quel que soit le nom du magistrat supérieur[2], dont le mot spécifie moins encore les droits que la qualité propre. Il désigne, semble-t-il en effet, une sorte d'efficience mystérieuse (sinon religieuse) dont est pourvu le chef en tant que tel[3], qui tient sa personne à l'abri des outrages, rayonne sur et par les licteurs dont il s'entoure[4], le rend seul habile à prendre les *auspicia maiora*[5], s'exprime dans ses actes par le « bonheur » (*felicitas*) qui voue l'*imperator* victorieux au « triomphe »[6]. Au tribun de la plèbe « intouchable » s'oppose ainsi le magistrat patricien de « vertu » efficace : tous deux mis hors pair par deux sortes de consécra-

1. Liv., II, 1, 7-8. Cf. III, 9, 3-4.

2. Ainsi Salluste (*Catil.*, 6) : *imperium legitimum, nomen imperii regium habebant.* — Au pluriel, le mot peut signifier les magistrats qui en sont revêtus, sans indication de leur nom officiel : Cic., *Lois*, III, 9 ; César, *Guerre Civile*, I, 31, 1 ; III, 32, 4.

3. Cf. H. Wagenvoort, *Imperium : Studiën over het « mana »-begrip in zede en taal der Romeinen* (Amsterdam, 1941), particulièrement p. 60-72. — Le mot se présente comme nom d'action, non dépendant d'un nom d'agent : car *imperator* n'a pas cette valeur. La racine, qui se trouve à la fois dans les verbes *parĕre* et *parare*, a de toute façon le sens de « création » plus que d' « organisation » (au contraire, Meillet-Ernout, *Dictionnaire étymologique de la langue latine*, s. v., où est évoquée l'évolution sémantique du français « ordonner »). La difficulté de faire coïncider avec la notion la valeur du mot a suscité l'hypothèse très aventureuse de M. Max Radin (« *Imperium* » dans les *Studi in onore di Salvatore Riccobono*, Palermo, 1936, t. II, p. 43), qui dérive *imperare* et *imperium* du même mot *impar* (appliqué d'ailleurs non à un homme, mais au vote d'une collectivité).

4. Voir plus haut, p. 75 et n. 1.

5. La liaison de l'idée d'*imperium* à celle des auspices est certainement essentielle. D'où la théorie de M. Axel Hägerström (*Das magistratische ius in seinem Zusammenhang mit dem römischen Sakralrechte*, Uppsala, 1929), que le magistrat tient de la force émanée des auspices le pouvoir de diriger la volonté des dieux, d'une façon magique et mécanique (pourvu que les formules soient prononcées sans erreur), pour le bien du peuple romain ou le mal de ses ennemis. C'est donc l'investiture *auspicato* par les comices curiates (*lex curiata de imperio*), qui, en donnant au magistrat le droit d'auspices, crée sa mystérieuse puissance (« mana »).

6. H. Wagenvoort, *op. laud.*, p. 62 et suiv., 71 et suiv. (cf. plus haut, p. 92, n. 1). — M. Radin (*art. laud.*, p. 26 et suiv.) suppose, sans preuve suffisante, que l'*imperator* primitif, chef fédéral de la confédération latine, ouvrait son année de magistrature par un véritable triomphe, qui l'assimilait partiellement à Jupiter (comme, de fait, le triomphe de victoire à Rome : cf. Liv., V, 23, 5-6).

tion différentes, antérieures aux formes proprement religieuses de la pensée primitive[1]. Dans l'ordre de l'action constitutionnelle, le magistrat revêtu de l'*imperium* a seul le commandement en chef de l'armée, l'interprétation du *ius* civil, le droit de mettre à mort un citoyen, de convoquer l'assemblée du peuple et le sénat, de nommer son successeur[2]. Si l'on peut d'ailleurs, de façon plus générale, parler de sa *potestas* (ou pouvoirs attachés à sa charge), comme de celle de tout magistrat élu par le peuple, cela prouve bien que l'*imperium* est d'ordre tout à fait différent. Cependant, l'habitude se prit de limiter l'emploi de *potestas*[3], en réservant le mot non seulement aux magistrats qui n'ont pas l'*imperium*, mais aux tribuns de la plèbe[4] : les deux termes alors s'opposèrent comme couple antithétique.

Mais tant qu'ils recouvrirent des notions sans rapport l'une avec l'autre, et du moment qu'*imperium* (comme il est normal de par sa valeur originelle) était impropre à fournir un nom de fonction, on conçoit qu'il y ait eu flottement sur le titre attribué au magistrat suprême, selon que l'accent était mis sur telle ou telle des fonctions maîtresses qui lui étaient réservées[5]. Tite-Live ne s'aperçoit qu'un peu tard[6] de l'intérêt de ces variations : dès l'origine de la République, il a donné mécaniquement aux successeurs du *rex* le nom de *consules*, qu'ils portaient de son temps. En fait, les magistrats suprêmes s'appelèrent d'abord *praetores* (= ceux qui vont devant)[7], seul nom

1. Cette valeur religieuse de l'*imperium* se révèle encore nettement soit dans le fait que le Grand Pontife est en possession de certains des droits fondamentaux du magistrat supérieur (Rosenberg, dans *Real-Encyclopädie* de Pauly-Wissowa, IX, 1916, s. v. *imperium*, col. 1207. — Cf. plus haut, p. 82 et n. 1), soit dans une curieuse expression de Cicéron, qui, parlant de la *Regia* comme siège des mystères de la Bonne Déesse, écrit (*Sur les réponses des haruspices*, 17) : ... *quod fit per uirgines Vestales, fit pro populo Romano, fit in ea domo quae est in imperio, fit incredibili caerimonia.*

2. Rosenberg, *loc. cit.*, col. 1201 et suiv.

3. Voir Festus, p. 43 L. : « *Cum imperio est* » *dicebatur apud antiquos cui nominatim a populo dabatur imperium* [dans les comices curiates]. « *Cum potestate est* » *dicebatur de eo qui a populo alicui negotio praeficiebatur.* — Sur la seconde notion, voir F. de Visscher, « *Potestas* », dans les *Studi in onore di S. Perozzi* (Palermo, 1925).

4. Cf. plus haut, p. 102, n. 2.

5. Cic., *Lois*, III, 8 : *Regio imperio duo sunto ; iique a praeeundo iudicando consulendo praetores iudices consules appellantor.*

6. III, 55, 12 (plus haut, p. 86 et n. 1). Une reprise, après meilleure documentation (tirée d'un « antiquaire »?), n'est pas exclue.

7. Varron, *De la langue lat.*, V, 80 et 87 ; Cic., *Lois*, *loc. cit.*

que connaissent les XII Tables[1]; puis l'*imperium* passa aux *decemuiri* (= les Dix), dont le titre comme l'activité sont presque entièrement juridiques ; après eux seulement[2] à deux *consules*, mot qui peut spécifier leur union[3] ; en attendant, les *tribuni militum consulari potestate*, dont le titre veut être surtout militaire. Quand portèrent-ils le nom de *iudices* (= ceux qui disent le droit), que Tite-Live affirme postérieur aux lois Valeriae-Horatiae, on ne le sait. Il a été supposé que le terme était employé pour les désigner seulement lorsqu'ils faisaient fonction civile : un texte de Varron, tiré des *consulares commentarii*[4], est ici essentiel, mais insuffisant. Et le parallélisme antithétique des noms *praetores* et *iudices*, des titres *decemuiri consulari imperio legibus scribundis* et *tribuni militum consulari potestate* inviterait plutôt à une autre conclusion.

Ces variations sont, en tout cas, un indice de flottements dans l'organisation et la conception de la magistrature patricienne. Même si Tite-Live a concentré indûment sur le Décemvirat les modifications constitutionnelles qui ont pu en résulter pendant cette période, la réalité même du phénomène est hors de doute.

Quant aux problèmes que, de fait, posait cette magistrature double, on peut aussi les préciser d'après le récit de notre historien.

Le premier résulte de deux besoins contradictoires auxquels

1. Plin., *Hist. Nat.*, XVIII, 3, 12 ; Gell., XI, 18, 8.

2. Zonaras, VII, 19.

3. S'il est formé du préfixe *cum* et du radical soit de *sedeo* (« ceux qui siègent ensemble ») soit de *salio* (« ceux qui dansent ensemble » ; cf. les Saliens). Mais le mot peut se rattacher directement à *consulere* (Accius ; Lucilius ; Varron, *De la langue lat.*, V, 80 ; Cic., *Lois*, III, 8. Cf. Denys d'Hal., IV, 76, 2, qui voudrait maintenir l'idée de collégialité : συμβούλους ἢ προβούλους), peut-être même à *censere*. Voir Ernout-Meillet, *Dict. étymol...*, s. v.

4. *De la langue lat.*, VI, 88 : *Qui exercitum imperaturus erit, accenso dicit hoc : « Calpurni, uoca inlicium omnes Quirites huc ad me. » Accensus dicit sic : « Omnes Quirites, inlicium uisite huc ad iudices. » — « C. Calpurni, Cos. dicit, uoca ad conuentionem omnes Quirites huc ad me. » Accensus dicit sic : « Omnes Quirites, ite ad conuentionem huc ad iudices. » — Dein consul eloquitur ad exercitum : « Impero qua conuenit ad comitia centuriata. »* — Il est frappant de voir dans ces formules, antérieures à la prise de commandement militaire, le couple de mots *Quirites* (citoyens non armés) — *iudices* (magistrats en fonction pacifique) noter les relations toutes civiles entre les chefs et la population. Mais la contre-partie (*consul... ad exercitum*) n'a pas sa pleine force, parce qu'elle n'est pas inscrite dans une formule.

ne répond pas la formule de *deux* magistrats également investis de l'*imperium* : tantôt est nécessaire l'unité de commandement, tantôt l'action de l'*imperium* est exigée à la fois en plus de deux points.

Contre le danger de neutralisation réciproque de deux magistrats à pouvoirs égaux[1], joue dans une certaine mesure la règle de l'alternance des faisceaux, qui, en un jour donné, désignent soit celui des consuls, soit celui des premiers décemvirs qui, à Rome, est investi de la plénitude de l'*imperium*[2] ; mais, à l'armée, le commandement militaire ne s'unifie que par un acte de bonne volonté d'un des deux consuls qui s'incline devant l'autre[3], ou du fait de l'autorité personnelle que les seconds décemvirs reconnaissent à certains d'entre eux (*principes inter decemuiros*)[4] ; faute de quoi ne reste plus que la solution du dictateur[5], dont l'*imperium* — « mana » — prime celui des consuls.

Quant à la nécessité d'accroître en certaines circonstances le nombre des personnes ayant l'*imperium*[6], elle est révélée par la nomination à plusieurs reprises d'un *praefectus Vrbis*, qui, en l'absence des deux consuls retenus à l'armée, exerce leurs fonc-

1. On sait que la tradition qui fait succéder immédiatement à la royauté deux magistrats à pouvoirs égaux a été contestée pour les raisons les plus fortes. Si les « reconstitutions » systématiques qui ont été proposées des plus anciennes magistratures républicaines font la part trop grande à l'hypothèse (voir Kornemann, *Zur altitalischen Verfassungsgeschichte* (*Klio*, XIV, p. 190 et suiv., 494 et suiv.) ; Fr. Leifer, *Studien zum antiken Amterwesen*, I : *Zur Vorgeschichte des römischen Führeramts* (*Klio*, Beiheft XXIII, Leipzig, 1931), il paraît sûr du moins qu'à l'origine il y avait inégalité entre les deux magistrats directeurs de la cité et que l'égalisation de leurs pouvoirs ne s'établit que peu à peu.

2. Liv., II, 1, 8 ; III, 33, 8 (cf. Denys d'Halic., X, 57). — Voir Festus, s. v. *Maiorem consulem*, p. 154 L.

3. Voir p. 110 et n. 1.

4. Liv., III, 41, 8-10.

5. Liv., II, 18, 4 et suiv. ; III, 26, 6. La théorie classique de la dictature, mise en forme par Th. Mommsen d'après les auteurs anciens, est attaquée par Fr. Leifer (*op. laud.*, p. 102 et suiv.) : ce pourrait être non une création « de salut public » et un retour exceptionnel au pouvoir monarchique, mais une forme de magistrature régulière, intermédiaire entre la royauté et le consulat (cf. Kornemann).

6. Outre les créations de caractère permanent (préture, promagistratures), on connaît les nominations de *priuati cum imperio* : ainsi les vingt-cinq sénateurs qui, contre les pirates, furent donnés comme légats à Pompée, pourvu lui-même de l'*imperium* proconsulaire (cf. Rosenberg, *Real-Encycl.*, t. IX, col. 1209).

tions à Rome[1], ou d'un proconsul, qui fait campagne pour que l'un des consuls reste à Rome[2]. C'est aussi une des raisons, et à coup sûr la plus vraisemblable, que propose Tite-Live à la substitution de tribuns militaires, plus nombreux, aux consuls, si peu d'années après le Décemvirat[3]. D'où une hypothèse : la « réforme » décemvirale ne répond-elle point, partiellement au moins, à cette nécessité? On voit, à un moment critique, les décemvirs obligés à se disperser pour faire face à leurs obligations[4] ; et, quel que soit le motif pour lequel on s'arrêta au chiffre de dix[5], il est notable que tel était (dit-on) le nombre des tribuns de la plèbe avant l'institution du Décemvirat[6], que tel fut celui des « tribuns militaires » élus par chacune des armées de l'Aventin et de Sabine quand elles firent sécession des décemvirs avant le rétablissement du consulat[7] : or, il n'est pas impossible que, plus ou moins nettement, la tradition antique ait vu en eux les ancêtres des tribuns militaires à pouvoir consulaire[8]. Aussi bien, pendant la même période, et pour des raisons à coup sûr analogues, croît, en exact parallélisme, le nombre des chefs plébéiens[9].

Une telle évolution devait, de toute évidence, faire craindre une dilution de l'*imperium* (autrefois monarchique !) et susciter par réaction diverses tentatives pour le maintenir en son intégrité[10]. De ce phénomène aussi, Tite-Live nous a conservé

1. Liv., III, 3, 6 ; 9, 6 ; 24, 2 ; 29, 4. Déjà sous les rois : 59, 12 ; 60, 4. — Cf. Tacite, *Annales*, VI, 11.

2. Liv., III, 4, 10. — On obtient ainsi pratiquement un collège à trois personnes. Or, les premiers tribuns militaires à pouvoir consulaire sont aussi au nombre de trois (Liv., IV, 7, 1-2).

3. Liv., IV, 7, 2 (cf. V, 10, 1 ; 16, 2). Voir E. Pais, *Storia di Roma dalle origini all'inizio delle guerre puniche*, III (Rome, 1927), p. 232 et 552 et suiv.

4. Liv., III, 41, 7 et suiv.

5. Par imitation, a-t-on dit, des commissaires sénatoriaux qui, bien plus tard, établissaient le premier statut d'une nouvelle province ; ou des « aesymnètes » grecs. Mais voir déjà Liv., I, 17, 5.

6. Liv., III, 30, 7.

7. Liv., III, 51, 2-9. Cf. Cic., *Pro Cornelio*, fr. 24 ; Varro, *De l. l.*, V, 81 (où nous pensons, contre E. Pais, que la *secessio Crustumerina* est justement celle de l'armée de Sabine, poussée par Icilius et Numitorius : cf. Liv., III, 42, 3).

8. Cf. E. Pais, *Storia di Roma...*, III, p. 233.

9. Sous des noms divers, et inégalement « intouchables » : Liv., III, 55, 7-9.

10. Même au sein du collège décemviral (Liv., III, 41, 8) ou parmi les vingt tribuns révolutionnaires (51, 10).

quelques traces intéressantes : sans même s'arrêter à la formule la plus rigoureuse, celle de la dictature, qui fait naître appréhension et respect, comme une résurrection soudaine d'un absolutisme dès longtemps oublié[1], nous voyons à l'armée un consul pratiquement abdiquer son autorité aux mains d'un de ses collègues[2], ou, par un procédé très différent, chaque décemvir en ses actes censé représenter l'ensemble du collège[3]. Anticipations? peut-être[4]. Ou oscillations entre deux systèmes de remplacement de la royauté, la formule étrusque du magistrat annuel, tout-puissant, et la formule italique du collège, annuel aussi, mais dont les membres se neutralisent plus ou moins[5]? En tout cas, ce double aspect des problèmes que pose l'*imperium* ne sort pas de la vraisemblance.

Il en est tout autrement lorsque Tite-Live, avec une verve qui sent l'expérience toute récente et la cendre à peine refroidie, représente (à une date si haute !) l'*imperium* mis en péril soit au Sénat, parmi des roueries de procédure du type parlementaire le plus évolué[6], soit de la part des tribuns de la plèbe[7]. A plus forte raison quand il le montre disputé ou partagé entre patriciens et plébéiens, sans d'ailleurs être bien sûr de ce qu'il avance[8]. Même la question de la limitation de l'*imperium* par le droit d'appel au peuple ne laisse pas d'être troublante : si souvent cette *prouocatio* apparaît désirée, contestée, renouvelée[9].

Ainsi, le livre III de Tite-Live présente-t-il au lecteur une suite d'essais constitutionnels, de tendances claires, mais de développement inégal et d'expression flottante. La lucidité de notre auteur est à retardement ; et ni une information meilleure ni une conception plus claire ne le conduisent à reprendre le récit antérieur pour le perfectionner. Dès le début, les quelques phrases qui sont prêtées à Térentilius Harsa

1. Liv., III, 26, 11-12.
2. Liv., III, 70, 1.
3. Liv., III, 33, 8 (peut-être), mais surtout 36, 6 (sans doute aussi 41, 10).
4. La dernière pratique est celle des triumvirs *agris diuidundis* et des triumvirs constituants au dernier siècle de la République.
5. Cf. L. Homo, *Les institutions politiques romaines, de la cité à l'État* (Paris, 1927), p. 30-31 : au *zilaχ* des Étrusques s'opposent chez les Italiques les deux *marones* (Ombrie), les Huit (Sabine), les deux *meddices*, inégaux il est vrai, des cités osques.
6. Liv., III, 39-41.
7. Liv., III, 9, 9 ; 11, 2.
8. Liv., III, 33, 7 ; 36, 11.
9. Cf. p. 85 et n. 1.

posent bien l'utilité d'une définition limitative de l'*imperium*, la nécessité d'une loi constitutionnelle ; seulement le débat et la crise qui s'ensuit pendant des années aboutissent à l'institution d'un code de droit civil. L'unité du livre est factice : elle ne se retrouverait que si l'historien s'était rendu compte qu'une seule et même difficulté, d'essence religieuse, s'opposait à la réglementation de l'*imperium* comme à la codification pour tout le peuple d'un droit dont les magistrats et les pontifes patriciens avaient le monopole.

II. — LE LOTISSEMENT DE L'AVENTIN

Peu d'années auraient suffi à faire de l'Aventin une colline plébéienne[1] : comme quartier d'habitation par le lotissement de 455 (Varr.), comme centre politique par l'occupation militaire de 449. Mais la brièveté de Tite-Live ne répond pas à l'importance réelle de l'événement, sans qu'on puisse affirmer *a priori* si elle témoigne de sa prudence ou de son peu d'intérêt pour un fait de cet ordre.

Tite-Live ne nomme pas d'abord l'auteur de la proposition de lotissement et ne dit mot des réactions qu'elle suscita ; mais, lorsqu'il y revient incidemment, il compte « la loi Icilia » parmi les *leges sacratae* auxquelles la plèbe tient par-dessus tout[2], sans doute comme émanées d'elle-même[3]. Au surplus, tout lecteur attentif de notre historien, se souvenant qu'Ancus Marcius avait transplanté sur l'Aventin les populations latines de Politorium, Tellènes et Ficana[4], se demandera quelle portée réelle a la *publicatio* de 455.

Denys, au contraire, abonde en détails des plus suspects[5]. La colline était alors, dit-il, très boisée, partiellement bâtie, quoiqu'elle fût *ager publicus*. Le tribun de la plèbe Icilius, auteur du projet de lotissement, s'en fait un moyen de forcer les portes du sénat, où il prend part à la discussion, par un

1. Sur toutes les questions relatives à la colline, voir A. Merlin, *L'Aventin dans l'Antiquité*, Paris, 1906 ; sur la constitution du quartier plébéien, p. 69-91. — Il est bien montré que la colline, par son isolement géographique, son ancienne rivalité avec le Palatin, son exclusion du *pomerium* (jusque sous l'empereur Claude), l'établissement de Latins vaincus, était prédisposée à devenir un faubourg plébéien.
2. Liv., III, 31, 1, et 32, 7.
3. Plus bas, p. 147 et suiv.
4. Liv., I, 33, 1-2.
5. Denys, X, 31-32.

anachronisme flagrant, et le présente comme propre à éviter un soulèvement de la plèbe, exclue du reste de l'*ager publicus* par les emprises des patriciens. La loi, votée par l'assemblée centuriate, stipulait respect des propriétés légitimes, rachat par l'État des constructions illégales, distribution gratuite à la plèbe des terrains vacants ou récupérés. E. Pais n'a pas eu de mal à montrer[1] que ces mesures supposent un état économique et social très postérieur au milieu du ɪᴠᵉ siècle, et que le nom d'Icilius risque d'être symbolique, étant quasi dynastique tout au long de ce siècle[2].

La tradition de Tite-Live s'en trouve partiellement valorisée. Si le lotissement reste contradictoire au peuplement, très dense, nous laisse-t-on entendre[3], de l'époque royale, la sobriété de l'indication, l'anonymat du projet, surtout l'évocation d'une semi-contrainte religieuse imposée à l'État patricien donnent l'idée d'une source autre que celle de Denys, très sobre et préservée de toute amplification complaisante.

La « vocation plébéienne » de l'Aventin était affirmée dès 493 par le seul Calpurnius Pison, dit-on, alors que les autres annalistes localisaient la première sécession sur le Mont Sacré[4]. La donnée de Pison a pourtant en soi quelque vraisemblance ; à moins d'admettre qu'elle projette dans le passé les événements de 449, où l'Aventin apparaît le véritable centre de l'action plébéienne[5]. Mais réciproquement, et cette fois non plus par

1. *Storia di Roma...*, III, p. 222 et suiv. Critique plus limitée dans A. Merlin, *op. laud.*, p. 70, n. 3.

2. Les Icilius paraissent à la création du tribunat (492), à sa démocratisation (471), à sa restauration (449) ; ils comptent comme tribuns en 412 et 409 (Liv., IV, 52 et 54, 4 et suiv.) : voir E. Pais, *op. laud.*, p. 225 et suiv. — Si la stèle de bronze portant gravé le texte de la loi, dont Denys affirme l'existence dans le temple de la Diane Aventine (sanctuaire plébéien), reproduisait un sénatus-consulte ou un texte de loi d'État, les tribuns ne semblent pas avoir pu y figurer en nom, mais au plus par le sigle *T* (Valère-Maxime, II, 2, 7. Cf. E. Pais, *op. laud.*, p. 222 et n. 2).

3. Puisque Ancus Marcius lui-même installe d'autres Latins dans le quartier de Murcia, « pour faire la jonction entre le Palatin et l'Aventin » (Liv., I, 33, 5).

4. Liv., II, 32, 2. Mais, selon Cicéron (*Républ.*, II, 58), si la plèbe a gagné le Mont Sacré d'abord, c'est sur l'Aventin que s'achève et, selon toutes vraisemblances, aboutit la sécession de 493, comme celle de 449 (*ib.*, 63) ; de même Salluste (*Hist.*, I, fr. 11 M.).

5. Pomponius (*Dig.*, I, 2, 2, § 24) dit qu'alors la plèbe rejoignit sur l'Aventin l'armée venue de l'Algide, et qu'après l'exécution de quelques meneurs tout rentra dans l'ordre.

hypothèse, mais à coup sûr, l'ancienne tradition sur le Mont Sacré a « contaminé » la localisation aventine de la seconde sécession. On voit, en effet, dans Tite-Live, en 449 les deux armées de l'Algide et de Sabine se concentrer sur l'Aventin, faire ensuite un vain déplacement au Mont Sacré « en guise d'avertissement », pour revenir sur l'Aventin afin d'y prendre les mesures décisives sur le statut de la plèbe [1]. Il y a plus. Tite-Live tombe en deux contradictions : la première, lorsqu'il adopte (après l'avoir refusée au livre II) l'opinion de Pison (sans doute aussi de Cicéron et Salluste), et définit solennellement l'Aventin « le lieu de bon augure, où les plébéiens ont jeté les premiers fondements de leur liberté [2] » ; la seconde, lorsque tout aussitôt il rappelle la création des premiers tribuns de la plèbe sur le Mont Sacré [3]. On en déduira sans grande chance d'erreur que l'origine du tribunat était attachée de façon quasi indissoluble mythiquement au Mont Sacré, mais de sentiment (et peut-être de réalité historique) à l'Aventin. Que Tite-Live soit particulièrement sensible à ce dernier aspect explique peut-être qu'il fasse arrêter sur cette colline vraiment plébéienne les mesures de restauration tribunicienne que Cicéron nous dit avoir été prises sur le Capitole [4].

D'un autre point de vue, ce désordre dans la tradition est à rapprocher des autres indices qui obligent à se demander si la véritable reconnaissance officielle des tribuns de la plèbe ne s'est pas produite en 449 seulement, et si, de parti pris ou non, l'annalistique n'a pas confondu les réalités de cette reconnaissance avec les données plus troubles sur une création purement plébéienne antérieure [5]. Reste la certitude, imposée par Tite-Live lui-même, de l' « avènement » de l'Aventin comme quartier et citadelle de la plèbe vers le milieu du ve siècle [6]. Quant

1. Liv., III, 50, 13, et 51, 10 ; 52, 1-3 ; 54, 8-11 ; 61, 5. Selon Cicéron, l'armée de l'Algide gagne le Mont Sacré, puis l'Aventin. Denys nous manque, après avoir narré la réunion des deux armées « près du temple de Diane » sur l'Aventin (XII, 43-44). Ce sanctuaire (A. Merlin, *op. laud.*, p. 234) était le centre d'une grande foire annuelle.

2. Liv., III, 54, 8-9. Ceci d'autant plus frappant que la plèbe est alors sur le Mont Sacré. — Le pléonasme, courant sans doute, mais ici nettement emphatique, *prima initia incohastis libertatis uestrae*, paraît exclure qu'il s'agisse des nominations de tribuns militaires faites peu avant sur l'Aventin (51, 2-10).

3. Liv., III, 54, 12. Cf. 52, 2.

4. Plus haut, p. 83, n. 1 et 2.

5. Voir *infra*, p. 146 et suiv.

6. Date vraisemblable, selon A. Merlin, *op. laud.*, p. 456.

aux détails, les raccourcis et les flottements de notre historien permettent de douter qu'ils aient eu dans la tradition une suffisante fermeté.

III. — LA LOI DES DOUZE TABLES

Les recherches modernes sur la loi des Douze Tables ont mieux dégagé les difficultés (et les procédés) du récit de Tite-Live, semblable en substance à celui de Denys[1].

L'historicité et la datation du fait en soi paraissent affermies dans le sens de la tradition[2], après les efforts hypercritiques d'E. Pais[3], qui faisait descendre jusqu'à la fin du IVe siècle, au temps du censeur Ap. Claudius et de son scribe Cn. Flavius, un assemblage disparate de mesures, en fait le *ius Flauianum*, aboutissement de rédactions officielles s'échelonnant sur 150 ans ; et ceux, encore plus radicaux, d'Ed. Lambert[4], qui voyait dans les XII Tables un recueil privé de vieux énoncés juridiques, rédigé au IIe siècle par S. Aelius Paetus Catus, prétendu leur premier commentateur. Sans doute, les fragments que nous possédons de cette loi[5] sont-ils déconcertants par leur langue et parce qu'ils évoquent des stades sociaux très différents. Mais il n'est pas étrange qu'un texte toujours consi-

1. Denys, X, 54, à XI, 44 (où le récit reste inachevé).

2. Voir, en dernier lieu, surtout : P. De Francisci, *Storia del Diritto Romano*, I, Roma, 1926, p. 193 et suiv. ; Berger, dans la *Real-Encyclopädie* de Pauly-Wissowa, s. v. *Tabulae duodecim*, t. IV A[2], 1932, col. 1906 et suiv. ; P. Noailles, *Droit romain approfondi, Doctorat 1940-1941* (« Les cours de droit », Paris, 1941), chap. I-IV, p. 20-82 (ronéotypé).

3. Depuis sa *Storia di Roma* (1898), I, p. 598-604, et II, p. 546-670, et ses *Ricerche sulla storia e sul diritto pubblico di Roma* (1915), I, p. 1-179, jusqu'à sa *Storia di Roma dalle origini all'inizio delle guerre puniche*, III (1927), p. 42-55, 213-319, 554-566. Cf. (de façon un peu moins absolue) : E. Pais-J. Bayet, *Histoire romaine des origines à l'achèvement de la conquête*, 2e éd. (Paris, 1940), p. 124-136.

4. *La question de l'authenticité des XII Tables et les « Annales Maximi »* (*Revue historique de droit français et étranger*, 1902, p. 149 et suiv.) ; *Le problème de l'origine des XII Tables* (*Revue générale du Droit*, 1902, p. 379 et suiv., 481 et suiv. ; 1903, p. 15 et suiv.) ; *L'histoire traditionnelle des XII Tables et les critiques d'inauthenticité des traditions* (*Mélanges Appleton*, 1903, p. 503 et suiv.). — Sur la critique de ce système, cf. P. Noailles, *op. laud.*, p. 55 et suiv.

5. Réunis, par exemple, dans P. F. Girard, *Textes de droit romain*, 6e éd., Paris, 1937, p. 12-23.

déré comme le fondement du droit civil et qu'au début du Ier siècle avant notre ère on faisait apprendre par cœur à la jeunesse[1] ait été d'âge en âge discrètement rajeuni. Il n'est pas exclu non plus que des mesures postérieures aient été intégrées au texte primitif, comme des coutumes antérieures avaient été recueillies par lui ; il reste, en tout cas, assez de prescriptions qui ne peuvent s'appliquer qu'à une société rurale de type archaïque, peut-être encore gentilice, toute différente de ce que devint Rome au cours du IVe siècle, avec le développement de la vie urbaine et du commerce.

Le but de cette législation reste débattu. Pour Tite-Live, ç'aurait été d'établir l'égalité de droit pour tous, grands et petits, par rapprochement des points de vue patricien et plébéien, et, si possible, collaboration des deux ordres[2]. Il suffit de mentionner celle des lois des XII Tables qui interdisait les mariages mixtes pour improuver cette conception. On a été plus loin : on y a condamné le reflet anachronique des luttes sociales du IIe siècle en un temps où le véritable conflit était entre la cité en voie de concentration et les clans gentilices[3]. Mais le faux-sens de Tite-Live n'est-il pas moins grave? L'inégalité qu'il s'agissait de corriger pouvait être moins dans les prescriptions du droit coutumier que dans les difficultés d'une procédure qui n'était pas également accessible aux plébéiens et aux patriciens[4]. — On en vient ainsi à une deuxième explication : les XII Tables répondent au besoin d'avoir un code écrit auquel chacun puisse se référer ; de là le nom même des décemvirs *legibus scribundis*. Pomponius montre, « après l'abrogation des lois royales, le peuple vivant de nouveau sous l'empire d'un droit incertain et d'une coutume, plutôt que sous l'empire d'une législation positive[5] » ; les décemvirs auraient été créés

1. Cicéron, *Des lois*, II, 59.

2. Liv., III, 34, 3 ; 56, 9 ; 67, 9. L'idée d'un travail mixte, en toute bonne volonté : id., *ib.*, 31, 7. Cf. Denys, X, 54 et 55.

3. Cf. P. Noailles, *op. laud.*, p. 41 et suiv.

4. Du fait que, par succession royale, elle était entre les mains des seuls patriciens. C'est ce qu'exprime avec une parfaite lucidité Denys d'Halicarnasse (X, 1 ; en 462 Varr.), qui parlera ensuite (X, 3 ; 15 ; 29 ; 35) lui aussi d' « égalisation des lois », mais en ce sens (qui n'est nulle part explicite dans Tite-Live, mais supposé par 31, 8, et 32, 7).

5. *Dig.*, I, 2, 2, § 3 : *Exactis deinde regibus lege tribunicia omnes leges hae* (les lois *regiae*) *exoleuerunt iterumque cœpit populus Romanus incerto magis iure et consuetudine aliqua uti*... § 4 : *Postea ne diutius hoc fieret, placuit publica auctoritate decem constitui uiros, per quos peterentur leges a Graeçis ciuitatibus et ciuitas fundaretur legibus.* — Cf. Denys, X, 57.

pour établir cette législation. Mais ils innovèrent aussi, nous dit-on, sur l'exemple des Grecs et créèrent des dispositions législatives nouvelles. L'explication de Pomponius semble donc trop étroite. — Les modernes se sont plus volontiers orientés vers une laïcisation de l'ancien droit, bien que nos sources ne gardent presque aucune trace d'opposition au collège des Pontifes en cette occasion[1]. Il n'est point douteux cependant que le droit post-royal était tout pontifical, qu'il le resta (ou le redevint) partiellement jusqu'à la fin du IVe siècle et aux divulgations de Cn. Flavius, et que les XII Tables stipulent le *ius*, antithèse connue du *fas* divin. Et, montrant comment les « actions de la loi » utilisent dans la procédure civile les anciennes contraintes religieuses et quasi magiques du droit sacerdotal, M. P. Noailles a récemment renforcé cette conception, qui n'est point, d'ailleurs, totalement inconciliable avec les points de vue partiels des Anciens.

On ne croit plus à une ambassade préliminaire chargée d'étudier à Athènes les lois de Solon[2]. Si des emprunts aux villes hellènes de Grande-Grèce ne sont pas impossibles, l'influence grecque a pu aussi s'exercer sur Rome médiatement et de façon échelonnée, sans supposer des voyages d'études tout juste préliminaires au Décemvirat.

Quant au Décemvirat lui-même, il est attesté par les Fastes Capitolins (qui datent du règne d'Auguste), ce qui n'est ni étonnant ni probant. Mais les noms varient[3], et la durée de

1. Voir cependant Denys, X, 1 (où « les livres sacrés » qui contiennent « une petite partie du droit » sont ceux des pontifes) et 4 (où, contre les tribuns, est affirmée l'appartenance de la loi au culte patricien : Τίνος οὖν ὑμῖν ἔτι μέτεστι τῶν ἱερῶν καὶ σεβασμοῦ δεομένων, ὧν ἕν τι καὶ ὁ νόμος ἦν...;).

2. Liv., III, 31, 8. Denys parle seulement (X, 56) d'une ambassade « chez les Grecs ». — Critique très forte de cette partie de la tradition dans E. Pais, *Storia di Roma...*, III, p. 283 et suiv.

3. La liste des premiers décemvirs est concordante entre Tite-Live et les Fastes (sauf que les Fastes nomment Spurius, non Lucius Véturius, et que les quatre derniers noms de la liste ont disparu dans l'inscription). Au lieu d'Ap. Claudius, P. Sulpicius et P. Curiatius, Diodore (XII, 23, 1) connaît P. Claudius Régillanus, C. Sulpicius et Calvinius. Au lieu de T. Génucius, P. Curiatius et L. Véturius, Denys (X, 56) nomme T. Minucius, P. Horatius et T. Véturius. — Pour les seconds décemvirs, on ne lit plus sur les Fastes que les deux premiers noms (Ap. Claudius et Cornélius Maluginensis). Denys est d'accord avec Tite-Live sur les dix noms (X, 58) ; Diodore (XII, 24, 1) n'en nomme que sept : Ap. Claudius, M. Cornélius, L. Minucius, C. Sergius, Q. Pétilius, M'. Rabuléius, Sp. Véturius. — On notera que les prénoms ne figuraient pas dans les actes officiels avant le IIe siècle avant notre ère.

cette magistrature s'y réduit à deux ans. Suffisants indices de remaniements et d'enrichissements divers. E. Täubler[1] en est justifié, en son dessein, sinon en toutes ses conclusions : une mention abrégée et qui néglige les noms propres ne donne point forcément l'état le plus ancien d'une tradition historique.

La durée de trois ans accordée au Décemvirat[2] est rendue suspecte par les Fastes mêmes. Et le récit, réparti sur trois années, s'est de façon visible stylisé d'abord par description antithétique, puis par développement dramatique. L'alternance des faisceaux (signe de l'*imperium*) n'était peut-être pas quotidienne entre les premiers décemvirs[3] ; mais, si on se la représente telle, le contraste est bien plus violent avec les seconds, sans cesse accompagnés de leurs 120 licteurs. Peut-être Cicéron a-t-il raison de reporter à la seconde année le beau trait du décemvir Julius renvoyant aux comices centuriates une cause capitale évidente, bien qu'il eût l'*imperium sine prouocatione*[4] ; mais l'effet cherché sera rendu beaucoup plus pur si cette action s'inscrit dans la première année décemvirale[5], laissant à la seconde toute sa glaciale terreur. D'ailleurs, on n'a pas manqué de noter les invraisemblances de ce système[6] : la loi la plus mal vue de la plèbe, celle qui interdisait les mariages mixtes entre patriciens et plébéiens, aurait été rédigée par ce second collège décemviral, lui-même mixte, et comptant peut-être cinq plébéiens, et publiée par les deux con-

1. E. Täubler a cherché (*Untersuchungen zur Geschichte des Decemvirats und der Zwölf-Tafeln*, Berlin, 1921), par la seule analyse critique des sources antiques, à distinguer différents stades dans la tradition : depuis la simple mention de décemvirs purement législateurs dans les Annales des Pontifes et Fabius Pictor (Diodore), en passant par des tentatives de plus en plus poussées pour expliquer le caractère constitutionnel du Décemvirat (Cicéron) et le légitimer sous l'influence d'analistes grecs du temps des Gracques (Zonaras, Pomponius), jusqu'à la mise en œuvre dramatique post-sullanienne d'un récit d'allure toute révolutionnaire (Tite-Live, Denys). — Il nous semble qu'il y a beaucoup d'arbitraire et, à l'occasion, de vaine subtilité dans une telle reconstitution.

2. Cic., *Républ.*, II, 61 et suiv. ; III, 44 ; Liv., III, 38, 1 (cf. p. 96, n. 1) ; Denys, X, 61 ; XI, 1, 1.

3. Denys ne parle (X, 57) que d'une alternance périodique « d'un certain nombre de jours » ; Tite-Live affirme l'alternance journalière, III, 33, 8 ; il est moins net, III, 36, 3.

4. Cic., *Républ.*, II, 61.

5. Comme dans Liv., III, 33, 9-10. Denys ne fait pas état de l'anecdote.

6. Cf. P. Noailles, *op. laud.*, p. 42 et suiv.

suls démocrates Valérius et Horatius ! Sans même parler du schématisme très apparent qui régit les indications toutes générales sur le second décemvirat, réservant pour le troisième une luxuriance de développements dramatiques très propres à préparer la catastrophe[1].

Un dernier détail fixe l'attention. La loi fut-elle « proposée au vote du peuple » (*rogata*) ou « donnée » à la cité (*data*)? Le titre et la puissance illimitée des décemvirs, les analogies dans le monde antique, le doute même que dès cette date les comices centuriates fussent habilités à voter des lois, autant d'arguments en faveur de la seconde solution[2]. Mais Tite-Live comme Denys nous décrivent la première opération ; au moins pour les dix premières Tables. Tite-Live étale, en formules heureuses, l'utilité rationnelle et sociale d'une consultation publique ample et approfondie[3] ; Denys craint apparemment de ne pas pourvoir ce premier code d'un nombre suffisant de garanties : approbation du sénat, *promulgatio* (affichage préliminaire), vote en comices centuriates, plébiscite[4]... La surenchère est ici flagrante. Mais d'autant plus suspecte qu'aucun de ces votes de caractère démocratique croissant n'est sollicité par les consuls quand ils publient les XII Tables, complètes, gravées, nous dit-on, sur le bronze, et placées aux portes de la Curie[5], où l'incendie allumé par les Gaulois devait apparemment les détruire un demi-siècle plus tard.

IV. — LE PROCÈS DE VIRGINIE

Le caractère dramatique et la complexité juridique de l'épisode de Virginie[6] l'ont imposé à l'attention de la recherche moderne. Et les efforts des historiens du droit[7] sont de parti-

1. La disproportion est frappante, aussi bien chez Denys que chez Tite-Live, entre l'espace accordé au premier décemvirat (Liv., III, 33-34 ; Den., X, 56-57), à l'élection des seconds décemvirs (III, 35 ; X, 58) ; à la seconde année décemvirale (III, 36-37 ; X, 59-60) et à la troisième : Liv., III, 38-54 ; Denys (mutilé à la fin) : XI, 1-44 !

2. P. Noailles, *op. laud.*, p. 62 et suiv.

3. Liv., III, 34, 2-6.

4. Denys, X, 57.

5. Liv., III, 57, 10. Cf. Diod., XII, 26, 1.

6. Nous conservons, ici comme dans la traduction, la forme française du nom, qu'impose la tradition : en fait, *Verginia*, fille de *Verginius*.

7. Entre autres : Punschart, *Der Prozess um Verginia*, Wien, 1860 (avec la critique de Ubbelohde, dans *Götting. gelehrte Anzeigen*, 1863,

culière importance pour comprendre le récit, même du point de vue littéraire, comme aussi bien leurs interprétations dépendent pour une part de l'établissement du texte et de l'idée qu'on doit se faire du style de Tite-Live.

La question d'authenticité échappe à la preuve[1].

Les tentatives faites pour retrouver dans d'autres textes des états antérieurs de la tradition sont aventureuses : Cicéron ne procède que par allusions rapides à un récit très connu, auquel il se réfère à l'occasion, mais qu'il peut évoquer de mémoire et non sans défaillance[2] ; Diodore[3] agit en abréviateur, et il paraît indu de forcer la traduction d'εὐγενοῦς παρθένου, de façon à faire de Virginie une jeune patricienne[4] ; Denys d'Halicarnasse[5] représente la même source que Tite-Live. Au surplus, l'événement, « connu et célébré par une foule de monuments littéraires[6] », devait dans la seconde moitié du premier siècle s'exprimer en une sorte de vulgate.

Le fond du récit se rattache nettement à un thème d'origine peut-être poétique, de diffusion hellénistique : la passion amoureuse génératrice de vastes mouvements sociaux et historiques[7]. Il est présenté lui-même comme l'exacte contre-partie

p. 1481-1500) ; R. Maschke, *Der Freiheitsprozess im klass. Alterthum, insbesondere der Prozess um Verg.* (*Histor. Untersuch.* de J. Jastrow, VIII, 1888) ; R. Taubenschlag, *Le procès de Virg., étude historique et juridique* (en polonais : *Rozpscawy Akademji, Wydzial histor.-filosof.*, t. LX, p. 118-136, Cracovie, 1917) ; Ch. Appleton, *Trois épisodes de l'histoire ancienne de Rome : les Sabines, Lucrèce, Virginie* (*Revue histor. de droit franç. et étranger*, 1924, p. 592-670) ; Mathieu Nicolau, *Causa liberalis* (Paris, 1933) ; P. Noailles, *Droit romain approfondi : Doctorat 1940-1941* (« Les cours de droit », Paris, 1941).

1. L'historicité du récit a pourtant été affirmée par Ch. Appleton (*loc. cit.*, p. 619 et suiv.), mais à la suite d'une interprétation juridique qui ne paraît pas de tous points correcte et sur des arguments qui ruinent la thèse adverse plutôt qu'ils n'appuient la sienne.

2. Il prénomme le père de Virginie soit Décimus (*Républ.*, II, 63), soit Lucius (*De fin.*, II, 66) : le dernier texte, très précis, donne l'impression de recours à une source écrite. Cf. aussi Ascon. *in Cornel.*

3. Diod. Sic., XII, 24, 2-5.

4. Vive critique de la tendance à faire de Diodore une source de valeur exceptionnelle pour l'ancienne histoire romaine dans Ch. Appleton, *loc. cit.*, p. 619 et suiv. ; sur le sens d'εὐγενής = *ingenua*, dans Diodore, voir E. Pais, *Storia di Roma dalle origini all'inizio delle guerre puniche*, III (Roma, 1927), p. 214, n. 1.

5. Dion. Hal., XI, 28-38. — Voir aussi Zonaras, VII, 18.

6. Cic., *Républ.*, II, 63.

7. Enlèvements d'Iô et d'Hélène, cause première des luttes entre Grecs et Perses (Herodot., I, 1-3) ; rivalité d'amour provoquant la

du drame de Lucrèce, qui avait mis fin à la tyrannie des Tarquins. E. Pais a voulu aller plus loin : il a proposé de chercher l'origine des deux récits hors de Rome, à Ardée [1]. Tite-Live rapporte, en effet, à cette ville, sept ans seulement après le drame de Virginie, une suite d'incidents analogues : jeune fille du peuple disputée entre un noble et un prétendant de son milieu ; jugement ; le conflit devient lutte de classes ; et la « plèbe » fait sécession, comme elle l'avait fait à Rome [2]. Si l'identité du thème est évidente et le rapprochement chronologique frappant, la différence s'avère pourtant notable entre les deux narrations : autant le drame de Virginie est riche de contenu juridique et d'émotion humaine, autant celui d'Ardée apparaît application assez banale, et même schématique, du principe aristotélicien : que, de proche en proche, un fait passionnel peut provoquer une révolution. Et, même si Ardée joue un rôle assez important dans la légende et l'ancienne histoire de Rome, on voit mal de cet épisode décoloré sortir deux des développements les plus dramatiques de l' « épopée » romaine, et des développements du caractère le plus romain.

Sous la forme, en effet, où il s'offre à nous, l'épisode de Virginie a très nette valeur d'*exemplum* juridique. R. Taubenschlag a essayé [3], sans emporter la conviction, de prouver qu'il s'agissait de la transposition plus ou moins adroite d'un procès grec : ce qui poserait de tout autre façon le problème des sources. Mais, dans l'état de notre documentation, ce qui apparaît avec le plus d'évidence, c'est le caractère spécifiquement romain du procès. Il a été fort bien montré [4] qu'en face de Tite-Live, qui connaît au moins un peu la procédure, Diodore et Denys font figure malheureuse de gens qui n'ont même pas compris l'essentiel du procès romain, avec ses deux instances très distinctes : *in iure*, où le magistrat définit la cause et désigne un arbitre ; et, plus tard, *in iudicio*, où cet arbitre (le

chute des Pisistratides à Athènes (Thucyd., VI, 54) ; une révolution à Syracuse (Aristot., *Polit.*, V, 3, 1) ; généralisation du thème par l'historien Douris (*ap.* Athen., XIII, p. 560 *b*). — De même Didon et Lavinia dans la légende des Romains ; et, dans leur tradition historique, après Lucrèce et Virginie, la jeune fille d'Ardée (Liv., IV, 9) et la femme de Clusium qui attira les armes des Gaulois sur sa patrie (Liv., V, 33, 3). Cf. E. Pais, *op. cit.*, III, p. 220 et suiv.

1. E. Pais *Ancient Legends*, p. 185 et suiv. ; *Storia di Roma...*, III, p. 215 et suiv.
2. Liv., IV, 9.
3. *Op. cit.*
4. Par Ch. Appleton, *loc. cit.*, p. 596, 615-616.

iudex) tranche le débat. En faisant décider sur le fond le décemvir Appius Claudius, ces deux auteurs enlèvent toute signification aux péripéties du drame[1].

Nous sommes donc ramenés à Tite-Live et aux interprétations juridiques qui en ont été proposées. Les données de base en sont claires :

1° Quand un individu est en litige, tout citoyen romain peut « revendiquer » en justice sa liberté (c'est l'*adsertor libertatis*) ; et, au cas où il n'obtiendrait pas gain de cause, la revendication peut être assumée par un autre, sans limitation du nombre des *adsertores*[2].

2° L'action de l'*adsertor libertatis* détermine, de la part du magistrat (*in iure*), une attribution provisoire de l'individu en litige (*uindiciae*), et cette attribution doit se faire « dans le sens de la liberté » (*secundum libertatem*), c'est-à-dire en faveur de l'*adsertor libertatis*, qui noue d'ailleurs le procès en son propre nom, par l'engagement d'une « somme consacrée » (*sacramentum*), en principe très peu élevée (50 as) dans ce cas spécial, quelle que soit la valeur de l'individu en litige.

3° Mais le cas de Virginie est particulier. Elle passe pour *ingenua* ; mais, du fait de sa condition de fille non mariée, elle se trouve *in potestate* de son père. Et, si cette paternité se révèle fausse, elle tombera sous la *dominica potestas* de l'affranchi M. Claudius. De toute façon, l'attribution provisoire ne saurait donc se faire *secundum libertatem* : si le père est présent, elle doit évidemment jouer en sa faveur ; mais, en son absence, personne ne peut être préféré au maître prétendu.

Ch. Appleton a bien montré[3] que le récit livien ne porte que sur l'attribution provisoire, qui doit suffire à la passion toute charnelle du décemvir. Et c'est ce que n'ont pas compris les auteurs grecs, Diodore et Denys. Mais il a voulu, d'autre part, prouver la stricte régularité du procès et « la virtuosité juridique » d'Appius Claudius. Toute la machination est fondée sur l'absence du père : c'est l'évidence. Appius explique aux « tenants » de la jeune fille (ses *aduocati*) que, s'ils veulent la « revendiquer » eux-mêmes, leur demande ne saurait être préférée à celle du prétendu maître ; ils se bornent alors à solliciter, sans contre-revendication juridique, la remise de l'affaire jus-

1. E. Pais, cependant, a cherché à soutenir la version de Denys, en supposant que les décemvirs statuaient à la fois *in iure* et sur le fond de l'affaire (*Storia critica di Roma*, II, p. 225, n. 3) : il a été critiqué par les juristes, P.-F. Girard, Bonfante, M. Nicolau...

2. Cic., *De domo sua*, 78.

3. *Loc. cit.*, p. 601 et suiv.

qu'à l'arrivée de Virginius. Ils sont ainsi tombés dans le piège : Virginie, étant *indefensa*, ne peut qu'être abandonnée à M. Claudius. De là le premier décret du décemvir. L'intervention de Numitorius et d'Icilius, l'agitation du peuple, la crainte de se démasquer si, laissant l'action *per sacramentum* s'engager entre Icilius et M. Claudius, il attribuait aussitôt les *uindiciae* à ce dernier engagent Ap. Claudius à changer ses batteries et à « souffler » à son client le plan suivant : il admettra que le règlement des *uindiciae* soit remis au lendemain ; mais il insistera « pour que l'affaire s'engage avec Icilius le jour même ». De la sorte, même si, malgré toutes les précautions prises, le père survenait le lendemain, la contestation Claudius-Icilius devrait être tranchée d'abord et les *uindiciae* attribuées (à Claudius bien entendu) ; Virginius pourrait sans doute « revendiquer » à son tour contre le gagnant de ce premier procès ; mais le décemvir aurait gagné le temps de satisfaire sa passion. Icilius « revendique » donc, et doit fournir deux sortes de cautions : des *uades* pour assurer la représentation de la jeune fille et de lui-même, peut-être ; et des *praedes sacramenti*[1] au magistrat. Et, le lendemain, le décemvir attribue les *uindiciae* à son client, de la façon la plus naturelle.

Cette interprétation s'expose à des objections sérieuses, tirées du texte même de Tite-Live. On s'explique mal qu'Ap. Claudius renonce à son premier décret, puisque son plan juridique initial a dès lors abouti, avant l'arrivée de l'oncle et du fiancé de Virginie. Il n'est pas dit qu'il ait « soufflé » à son client la procédure de remplacement subtile que suppose Ch. Appleton : ce serait pourtant nécessaire, puisqu'il lui avait d'abord prescrit « de s'opposer à toute demande de liberté provisoire »[2]. Plus encore : si le plan juridique était celui qu'on nous propose, tellement sûr que rien ne semble pouvoir en empêcher la réalisation, pourquoi l'apparition du père le lendemain frappe-t-elle le décemvir d'une sorte d'égarement, au point qu'il se hâte de décider, en feignant de ne pas apercevoir Virginius[3], et sur des considérants sans valeur juridique[4] ou qui sont ceux d'un *iudex* bien plutôt que ceux du magistrat décidant *in iure*[5]?

1. Le *sacramentum* pouvant être beaucoup plus élevé que 50 as, puisque, selon Ap. Claudius, il ne s'agit pas d'un véritable procès de liberté.

2. Liv., III, 44, 5.

3. Id., *ib.*, 47, 4. Cf. plus haut, p. 72, n. 1.

4. Id., *ib.*, 5 : *Quem decreto sermonem praetenderit, forsan aliquem uerum auctores antiqui tradiderint ; quia nusquam ullum in tanta foeditate decreti ueri similem inuenio...*

5. Selon Denys (XI, 36), Ap. Claudius (s'adressant à Virginius lui-

Contre le point de vue de Ch. Appleton, M. Nicolau pense qu'il s'agit bien là d'un procès de liberté, mais de caractère paradigmatique (dénonçant les dangers de l'omnipotence du magistrat, aggravée par la suppression de l'appel) et d'importance politique (montrant la nécessité de garanties judiciaires et civiles en faveur des plébéiens contre le patriciat)[1].

Il faut, selon lui, poser comme base de l'interprétation que sans doute tout le stratagème d'Appius est fondé sur l'absence du père, mais que la règle sur les *uindiciae* est violée par lui. On devra, d'autre part, considérer le récit de Tite-Live comme un tout indivisible. Cela étant, la conduite d'Ap. Claudius s'appuie sur le fait « que le magistrat pouvait refuser un *adsertor* suspect »[2]. Le principe le plus ancien, dans la cause de liberté, c'est que l'*adsertor* est éventuellement intéressé à l'issue du procès : l'*adsertio* par un proche parent ou un patron « devaient être les seuls cas pratiqués à l'époque ancienne » ; Appius peut donc répondre aux *aduocati* de Virginie qu'il n'y a pas parmi eux d'*adsertor* qualifié, et formuler son premier décret en conséquence. Surviennent Numitorius et Icilius. C'est un fait nouveau. Mais la violence « tribunicienne » d'Icilius permet au décemvir de le considérer, lui aussi, comme *adsertor* suspect[3]. Il se résigne pourtant à l'accepter comme *adsertor*, soi-disant par amour pour la liberté, en fait « parce qu'il ne se sent pas encore assez fort » ; « mais il affirme que, si Verginius n'est pas là le lendemain, il attribuera les *uindiciae* à M. Claudius »[4]. Mais, le lendemain, le père se présente. Le décemvir, désemparé, recourt au coup de force.

Une telle analyse introduit dans le récit de Tite-Live une simplicité et une unité qui ne paraissent pas répondre à la réalité. Elle ne rend pas compte des difficultés du chap. 46, où

même !) prétend être au courant depuis longtemps de la réalité des faits, comme tuteur du jeune M. Claudius. Il avait appris alors qu'une enfant, née d'une esclave de Claudius, avait été cédée à Numitoria, qui l'avait présentée comme sa fille à son mari Virginius. Mais il n'avait pas voulu agir aussitôt, afin de laisser M. Claudius, son pupille, décider lui-même, quand il aurait atteint l'âge d'homme, s'il préférerait réclamer la jeune fille comme esclave, ou la laisser à ses parents putatifs, soit gratuitement, soit moyennant compensation. — On reconnaît un thème de la Nouvelle-Comédie attique.

1. M. Nicolau, *Causa liberalis*, p. 33, § 47 et suiv. ; cf. p. 197, § 390. — L'analyse juridique du procès de Virginie, p. 183-197.
2. Voir Ulpien, *Fragm. Vatic.*, 324.
3. Liv., III, 46, 2-3.
4. Id., *ib.*, 46, 7, indûment rapproché de 46, 3.

s'opposent, sans transition, la décision d'Appius, qui remet la *uindicatio* au lendemain, et l'exigence de M. Claudius, qui presse Icilius de *uindicare* la jeune fille. Si elle réagit heureusement contre la subtilité trop systématique du mémoire d'Appleton, elle semble n'éclairer que très partiellement le texte qui nous occupe.

Tout récemment, M. P. Noailles a repris, au contraire, d'ensemble toutes les questions à la fois juridiques et littéraires que soulève ce récit[1]. Comme on se trouve en présence de « la description d'un procès de liberté par un auteur classique », qui, n'étant pas juriste de profession, peut être amené à dramatiser, il importe de distinguer le développement théorique du procès et sa mise en œuvre par Tite-Live.

Le premier acte du drame juridique a pour but de conduire Virginie devant le magistrat[2]. Tout maître a le droit de reprendre son ancien esclave et de l'emmener chez soi (*potestas abducendi*), sans que soient possibles ni résistance ni appel. Mais l'intervention d'un tiers transforme automatiquement cette *manus iniectio serui* en une « action de la loi » *per manus iniectionem uocati*[3]. Ap. Claudius voulant déterminer un sem-

1. On trouvera un premier état de la pensée de M. P. Noailles dans le cours ronéotypé de la Faculté de droit de Paris indiqué plus haut, p. 133, n. 7. Mais M. Noailles non seulement m'a fait part des précisions et modifications qu'il était conduit à apporter à ce cours en vue d'une publication définitive, mais a bien voulu relire, outre notre traduction et les notes afférentes (dont nous gardons la responsabilité), cette expression très résumée de ses recherches. Qu'il veuille bien en accepter nos vifs et affectueux remerciements.

2. M. P. Noailles retrouve sous Tite-Live, chap. 44, 6-9, toute la procédure fixée dans un texte célèbre des XII Tables : « *Si in ius uocat, ito. Ni it, antestamino. Igitur em capito. Si caluitur pedemue struit, manum endo iacito* » (« Si [le créancier] appelle [son débiteur] *in ius*, qu'il y aille. Si [le débiteur] ne vient pas, que [le créancier] prenne des témoins. Alors qu'il le saisisse. S'il se retire en arrière ou frappe du pied [pour se dérober], que [le créancier] fasse sur lui *manus iniectio* »). — On remarquera que ce texte est composite : les trois premières phrases sont rapportées par Porphyrion (ad Horat., *Serm.*, I, 9, 65) ; la dernière par Festus (s. v. *Struere*, p. 408, l. 10 L.). Il n'est donc pas impossible que la formule *Igitur em capito* résume dans Porphyrion celle (peut-être elle-même partielle?) que nous a conservée Festus. M. P. Noailles préfère voir dans *em capito* la notation d'un geste de prise (analogue à celui de la *uindicatio*), tandis que *manum endo iacito* est l'expression technique, signifiant tout le « cérémonial de paroles et de gestes » qui accompagne la mainmise *rituelle* : les deux mains du demandeur étant diversement utilisées en cette phase de l' « action ».

3. Nous n'entrons pas dans la discussion qui oppose M. P. Noailles à

blant de procès, l'affranchi agit en plein forum ; il provoque ainsi les assistants, qui interviennent, « grâce à quoi il peut dire que sa *manus iniectio* est un appel en justice, une *in ius uocatio* ». La foule, qui avait cru d'abord à une violence, se trouve détrompée, et ne peut que donner à Virginie le conseil de suivre M. Claudius[1]. En effet, l'acte même de la « mainmise » (*manus iniectio*), survivance à peu près intacte de l'état antérieur à la juridiction, a une puissance religieuse contraignante, si absolue que nul ne peut s'y soustraire, et qui ne peut être suspendue que par l'acte inverse du *uindex*[2], survivance préhistorique lui aussi et « sorte de monstre paléontologique »[3].

Le second acte se joue devant le magistrat. En principe, sans doute, tout citoyen peut se présenter comme *uindex* d'un autre citoyen ; mais, d'autre part, son intervention comme *uindex* dépend du choix du magistrat : celui-ci peut refuser telle ou telle personne (par exemple sur appréciation de sa solvabilité). Ap. Claudius refuse tout *adsertor libertatis* qui ne serait pas le père, parce que Virginie est *in potestate* soit de son père, soit d'un maître. Et il formule un « décret ». Ce n'est pas là un jugement, mais, selon M. P. Noailles, « la décision du magistrat *in iure* de laisser s'accomplir l'action de la loi et les *uindicationes*,

beaucoup de romanistes sur le point de savoir si la *manus iniectio uocati* est ou non une « action de la loi ». M. Nicolau (*op. cit.*, p. 99 et suiv.) le nie : la « mainmise » décrite par Tite-Live est, selon lui, extra-judiciaire, aspect résiduel de l'ancienne pratique par laquelle l'homme qui se croit lésé se fait justice soi-même (« Selbsthilfe »).

1. En lisant, dans le chap. 44, 8, *ut sequeretur* (et non *ut sequerentur*, comme nous le proposons).

2. Son geste rituel répond exactement à celui qu'il efface : *depellit manum* à *manum inicit*. Son nom s'explique, selon M. P. Noailles, par le sens de *uis* = force rituelle. De même que la *manus iniectio* avait un effet « définitif et radical », la *uindicatio* libère immédiatement la personne qui en est l'objet. On a affaire ici « au véritable jeu des manifestations rituelles de puissances » (P. Noailles, *op. cit.*, p. 166-171, description valable pour la *manus iniectio iudicati* ; étendue, p. 181 et suiv., à la *manus iniectio uocati*). — Sur « l'activité créatrice de l'acte rituel », nous sommes parfaitement d'accord avec M. P. Noailles.

3. L'acte du *uindex*, prenant la forme d'une *uindicatio*, doit s'accomplir devant le magistrat (*in iure*). « C'est pourquoi le saisi doit être amené *in ius* par le saisissant toutes les fois que l'intervention du *uindex* est à prévoir » (P. Noailles, *op. cit.*, p. 161). — Même si Ap. Claudius a pu espérer un moment régler juridiquement l'affaire avant l'intervention d'un *uindex* recevable, il lui a bien fallu prévoir la possibilité d'une telle intervention, puisqu'il voulait déguiser sa violence sous des formes régulières.

l'autorisation pour les parties de *lege agere* ». Comme le père n'est pas là, et que la *uindicatio* de M. Claudius ne rencontrera par suite aucune contre-vindication, l'attribution de la jeune fille se fera au profit de l'affranchi, par *addictio*. Cependant, l'intervention de Numitorius et d'Icilius et le désordre qui s'ensuit amènent le décemvir à renoncer à ce *decretum*, par suite à ne pas *dicere ius* ce jour-là [1]. Il est sous-entendu, ou plutôt presque exprimé, que, si le père n'est pas présent le lendemain, le *decretum* sera repris [2], et l'attribution de la jeune fille à l'affranchi prononcée, comme il était « légal » [3].

Théoriquement, l'affaire devrait se poursuivre ainsi : obligation pour Virginie, ou ceux qui l'assistent, de fournir cautions pour garantir sa présence devant le magistrat le lendemain (*uadimonium certo die sisti*) ; le lendemain, s'il se présente un *adsertor libertatis* [4] qu'accepte le magistrat, il engage sa contre-vindication en portant à son tour la main sur l'esclave prétendue ; alors le magistrat ordonne aux deux plaideurs de « lâcher l'homme », et « ils se provoquent tous deux au *sacramentum* », c'est-à-dire engagent une somme, dès lors consacrée, comme garantie de leur affirmation ; et c'est au sujet de ce *sacramentum*, déclaré *iustum* ou *iniustum*, que le juge tranchera la question de liberté ou d'esclavage, dans l'instance *in iudicio*. Mais, en attendant, le magistrat doit (*in iure*) faire attribution provisoire de la personne contestée, et une vieille règle entérinée par les XII Tables l'obligeait à prononcer la liberté provisoire (*uindicias dicere secundum libertatem*) avec toutes ses conséquences de fait et de droit.

Or, rien de tout cela ne se lit dans Tite-Live. D'abord, du moment où Ap. Claudius a retiré son premier décret, il n'y a plus matière ce jour-là à *uindicatio*. Cependant, l'historien montre M. Claudius insistant « pour qu'on fasse la *uindicatio* » (*Cum instaret adsertor puellae ut uindicaret...*) ; sur quoi Icilius

1. Liv., III, 46, 3 : ... *ius eo die se non dicturum neque decretum interpositurum : a M. Claudio petiturum ut decederet iure suo uindicarique puellam in posterum diem pateretur.*

2. Id., *ib.*, 4 : *Quod nisi pater postero die adfuisset...*

3. Id., *ib.* : ... *denuntiare se Icilio similibusque Icili neque* LEGI SVAE *latorem neque decemuiro constantiam defore.*

4. Bien que les deux mots *uindex* et *adsertor libertatis* soient souvent pris l'un pour l'autre, ils ne représentent pas la même réalité. « L'intervention du *uindex* marque la fin de la *manus iniectio*. En cela se manifeste sa supériorité. Celle de l'*adsertor* ne prend pas la même forme. Elle lie au contraire le procès comme l'action du revendiquant » (P. Noailles, *op. cit.*, p. 201).

répond « qu'on s'en occupe » ; et enfin elle se fait (*Ita uindicatur Verginia in libertatem...*). M. P. Noailles voit là « la contradiction la plus manifeste avec ce qui précède » ; il pense que Tite-Live « par erreur, distraction, ignorance ou tout autre motif, a trahi sa source », ne croyant pas possible « qu'il ait employé le mot *uindicare* en un sens éminemment technique d'abord (chap. 45, 11 ; 46, 3), ensuite en un sens général et laïque (chap. 46, 7 et 8) ». — Nous aurions donc là un indice très sûr d'un état du récit antérieur à Tite-Live, état que l'on pourrait appeler juridique, que notre historien a mal compris et dangereusement modifié pour le plaisir de dramatiser.

D'autre part, la scène du lendemain contraste violemment par son caractère extra-légal avec l'affectation de précision juridique de tout le reste du récit, et avec la volonté même prêtée à Appius de garder les formes : il fait comme si le père (*adsertor libertatis* à coup sûr recevable) n'était pas présent, n'écoute même pas jusqu'au bout la requête de M. Claudius, et prononce sans l'ombre de prétexte valable, dans un véritable accès de démence passionnelle. Alors Virginius va tuer sa fille. — C'est que, pense M. P. Noailles, « la tradition la plus sûre imposait ce meurtre final. Elle imposait aussi la présence du père devant le décemvir et son impuissance. Au point de vue du procès de liberté, du moment que le père était là, cette fin est contraire à toute règle. Le père aurait dû triompher au moins jusqu'au jugement. Il fallait donc que l'historien sorte du scénario de l'action juridique et fasse revenir Ap. Claudius au coup de force primitif, auquel le père ne peut répondre que par un acte de violence. Finale inattendue et surprenante..., mais qui était imposée par la tradition [1] ». Et l'on saisit ainsi l'état premier de la légende, état de violence nue, analogue par là au drame de Lucrèce, avant la mise en forme juridique que Tite-Live a connue, mais partiellement défigurée.

Cette analyse et les conclusions auxquelles elle aboutit paraissent des plus satisfaisantes. Si notre interprétation en diffère, ce n'est que par la part plus importante que nous faisons à l'imprécision du vocabulaire livien. Plus exactement : Tite-Live nous semble employer souvent le même mot tantôt en un sens technique, tantôt en un sens général. Et c'est sans doute son droit ; mais il en résulte une gêne grave quand il s'agit d'interpréter un texte de portée technique.

M. P. Noailles a lui-même remarqué [2] qu'au début du récit

1. P. Noailles, *op. cit.*, p. 195.
2. Id., *ib.*, p. 146.

le mot *uis* est employé deux fois avec le sens courant de « violence[1] », contrairement à l'esprit du schéma juridique imaginé par Ap. Claudius (44, § 5) et à l'affirmation même que formule presque aussitôt l'affranchi du décemvir : « *se iure grassari, non ui* » (§ 8). Tout se passe comme si Tite-Live n'avait pas compris l'ancien sens juridique du mot (*uis* = contrainte rituelle) et avait été ainsi amené à dramatiser en imaginant, avant l'action judiciaire, une tentative de rapt brutal. Sans même exclure, à mon sens, qu'il y ait là une sorte de système (de Tite-Live ou de l'une de ses sources) consistant à interpréter à la lettre, et en un esprit pour ainsi dire matérialiste, les gestes des « actions de la loi »[2].

Ce premier exemple, indéniable, nous amène à débattre le sens d'une phrase dont le texte et le sens sont controversés. M. Claudius venant d'appeler Virginie en justice, on lit dans nos manuscrits : *Auctoribus qui aderant ut sequerentur* (ou *sequeretur*), *ad tribunal Appi peruentum est.* La leçon *sequeretur* est préférée par les éditeurs anciens et modernes, bien qu'elle se dénonce *lectio facilior*, représentée par le *Veronensis* et, parmi les Symmachiens, le seul manuscrit d'Upsal, qui a si peu d'autorité. Nous croyons devoir choisir le texte de Symmaque (ordinairement préférable au *Veronensis*), du fait surtout que l'impersonnel *peruentum est* veut de toute évidence clore la phrase sur une impression de foule, et que, dans la suite, on a la nette impression que les *aduocati* de Virginie sont justement ces « assistants » (*qui aderant*) : un mouvement irrésistible, une volonté universelle et spontanée les ayant poussés à la suivre. S'il en est ainsi, nous n'admettons pas, avec M. P. Noailles, qu'*auctores* ait ici son sens juridique restreint, qu'il s'agisse des assistants qui, pris à témoin par M. Claudius, sont par là même contraints, selon le scénario rituel de la *manus iniectio*, d'aller dans le sens du demandeur et d'engager Virginie à suivre sans aucune résistance l'affranchi d'Appius *in ius*.

De la même façon, nous nous demanderons si le passage le plus difficile du récit livien, celui où, toute *uindicatio* ayant été par le décemvir renvoyée au lendemain, Icilius est cependant contraint par M. Claudius à *uindicare* Virginie[3], ne s'expliquerait pas plus facilement en retirant à ce verbe le sens technique, auquel veut se tenir en toute rigueur M. P. Noailles, pour lui laisser la signification beaucoup plus vague de « réclama-

1. Liv., III, 44, 6 (*cunctantem ui abstracturum*) ; 8 (*iam a ui tuta erat*
2. Cf. Liv., I, 40, 5-6, et p. 67, n. 1.
3. Liv., III, 46, 7-8. Cf. plus haut, p. 141-142.

tion » : il spécifierait l'acte qui « dégage » momentanément la jeune fille de la *manus iniectio*[1] et assure sa liberté jusqu'au lendemain, moyennant caution et promesse de la présenter de nouveau *in iure* en temps utile. La double valeur (très certaine) de *uis* au début du récit suffit à prouver que notre auteur ne s'embarrasse pas du trouble qui peut résulter d'une pareille mutation de sens à quelques lignes d'intervalle. Nous admettrons donc qu'ici *uindicare* est d'abord chargé d'une valeur technique (qui, d'ailleurs, n'est peut-être pas essentielle dans l'esprit de Tite-Live), puis employé de façon plus générale, non cependant sans une nuance emphatique.

Une dernière difficulté, du même ordre, se présente lorsque, le lendemain, le décemvir est dit *decresse uindicias secundum seruitutem*[2]. M. P. Noailles me fait remarquer qu'il n'y a lieu à *uindiciae* que s'il y a eu d'abord *uindicatio* du prétendu maître, puis *contrauindicatio* d'un *adsertor libertatis*. On comprendrait seulement ici (du moment qu'Appius refuse de tenir compte de la présence du père) une *addictio* pure et simple. La source qu'a utilisée Tite-Live était-elle ambiguë (et ainsi pourrait s'expliquer l'erreur de Diodore et Denys qui parlent non d'une attribution intérimaire, mais d'un jugement définitif)? Ou bien a-t-il abrégé sans bien le comprendre un développement d'allure juridique? Ou bien a-t-il employé mécaniquement l'expression pour signifier que Virginie tombe sous la condition d'esclave, sans souci du sens technique, exact, qu'il lui avait attribué plus haut? Mais la dernière hypothèse est ici plus malaisée, parce que *uindiciae* ne nous est pas connu comme pourvu d'un sens général différent de sa signification juridique très précise.

Malgré de tels doutes, ou plutôt en partie à cause d'eux, le récit de Tite-Live se définit en soi aboutissement littéraire[3] d'une légende brutale, très sommaire peut-être à l'origine, mais

1. Cf. la valeur primitive attribuée par M. P. Noailles (*op. cit.*, p. 166) au verbe pris en son sens absolu : *uindicare* = « faire un acte rituel » (que ce soit sur une chose ou sur une personne). — Voir p. 71, n. 1.

2. Liv., III, 47, 5.

3. La façon dont W. Soltau (*Livius' Geschichtswerk, seine Komposition und seine Quellen*, Leipzig, 1897, p. 111) se représente l'enrichissement dramatique de l'ancien schéma, par la haine de Licinius Macer contre les Appius Claudius, fait indûment état de l'argument *ex silentio*, mais ne vise d'ailleurs que les noms des personnages, non le drame lui-même.

mise par la suite sous forme juridique[1]. Dans l'ensemble du livre, nous le croyons destiné :

1° A présenter un exemple particulièrement frappant des tendances de la nouvelle législation, les procès de liberté et l'attribution des *uindiciae secundum libertatem* étant de grand intérêt pour la plèbe[2] ;

2° A montrer, du fait des manœuvres tortueuses du décemvir, l'insuffisance de la « lettre » comparée à l' « esprit » des lois ;

3° A insister encore une fois sur les dangers d'un *imperium* sans appel[3].

Malgré son éclat littéraire très voulu et ses insuffisances juridiques, l'épisode doit donc être considéré comme essentiel à l' « histoire » du décemvirat législatif.

V. — L'ORGANISATION PLÉBÉIENNE ET LES « LEGES SACRATAE »

La chute des Décemvirs ouvre une nouvelle ère républicaine sous le symbole suspect d'un collège consulaire qui reconstitue le groupe Valérius-Horatius, celui des « préteurs » sous l'autorité desquels s'était achevé l'an 509, premier de la liberté. Il y a plus : Tite-Live décrit une « remise en marche » constitutionnelle, qui innove même de façon singulière par l'interdépendance établie entre les mesures qui intéressent la plèbe et celles qui fondent à nouveau l'État patricien[4]. A cette occasion, d'ailleurs, il entre pour la première fois en certains détails de caractère organique (historiques et religieux) sur le statut des chefs plébéiens, dont il n'avait rien dit à la date traditionnelle de leur création[5]. Retard d'information ou de curiosité historique? Ou bien cette timidité trahit-elle un embarras sur la na-

1. Et peut-être de façon volontairement très compliquée, multipliant pour servir d'*exemplum* les difficultés de procédure : ce qui expliquerait les erreurs de Tite-Live, et son découragement final.

2. Cf. le récit tout à fait analogue relatif à l'abrogation du *nexum*, innovation si grave du point de vue juridique : Liv., VIII, 28.

3. Voir Cic., *Républ.*, III, 32 : *Quid cum decemuiri* Romae sine provocatione *fuerunt tertio illo anno, cum uindicias amisisset ipsa libertas?*

4. Denys d'Halicarnasse nous manque, par malheur, sur ces détails de reconstitution de l'organisme gouvernemental après le Décemvirat.

5. Au contraire, Denys, VI, 89.

ture et l'action réelles du tribunat de la plèbe avant l'année varronienne 449?

Les abondantes précisions dont Denys entoure l'institution du tribunat ne peuvent faire illusion sur l'incertitude du fait : date, lieu, modalités sont également discutés[1] ; on se demande toujours si l'origine des tribuns n'est pas militaire[2]. Mais, de quelque biais qu'on prenne la question, on voit se préciser des possibilités de confusion entre les événements rapportés aux années 493-492, 471 (ou alentour) et 449[3]. Un historien prudent pouvait différer jusqu'à la dernière date l'exposé de faits aussi mal fixés. Et, certes, si Tite-Live a été si bref sur les résultats de la première sécession plébéienne, s'il a sursis jusqu'après le Décemvirat à donner des précisions sur la nature du tribunat, ce ne doit pas être par méfiance de la tradition

1. La date traditionnelle (493) est très contestée. On serait reporté aux années 471-465 par deux remarques : l'élection normale des tribuns par le *concilium plebis* (et non l'assemblée curiate ! ou même la plèbe répartie en curies : Denys, VI, 89) n'est acquise, dit-on, que par Publilius Voléro (Liv., II, 56) ; et c'est de l'année 466 où tomba Thrasybule, tyran de Syracuse (mais en indiquant les consuls de 471), que Diodore de Sicile date les quatre « premiers » tribuns, dont il donne les noms (XI, 68, 7). Cf. A. Piganiol, *La conquête romaine*, p. 89. — Sur le lieu, il y avait doute (Liv., II, 32, 2-3) entre le Mont Sacré et l'Aventin ; ou bien on disait que la plèbe s'était transportée du Mont Sacré sur l'Aventin (Cic., *Républ.*, II, 58 ; Sall., *Hist.*, I, fr. 11 Maur.), comme lors de la sécession de 450-449. Voir plus haut, p. 127-128. — La nature de la convention à la suite de laquelle la plèbe regagna Rome n'est pas certaine ; Denys parle d'un *fœdus* (*loc. cit.* ; cf. Liv., IV, 6, 7), qui ne paraît pas juridiquement possible (Vlad. Groh, *Studi in onore di S. Riccobono*, Palermo, 1936, II, p. 8 : contre Belot, Schwegler, Rosenberg, Stella-Maranca, De Sanctis). L'élection des tribuns par une assemblée curiate (Denys, Asconius *in Cornelian.*, 76) semble invraisemblable, surtout sur le Mont Sacré et en l'absence des prêtres patriciens.

2. E. Pais-J. Bayet, *Histoire romaine, des origines à l'achèvement de la conquête*[2] (Paris, 1940), p. 121 et suiv. Voir plus haut, p. 47, n. 3, et 78, n. 4. — Mais, si ces tribuns sont d'abord de caractère militaire, il faut convenir que le seul récit explicite de leur origine (Liv., III, 51, 2 ; 6 ; 8-9) se rapporte à la sécession de 450-449, à laquelle se réfèrent (*contra* : E. Pais) très probablement Varron, *De la langue lat.*, V, 81 (*Tribuni plebei, quod ex tribunis militum primum facti qui plebem defenderent in secessione Crustumerina*), et à coup sûr Cicéron, *Pro Cornelio*, I, fr. 24 (77) (*Tum interposita fide per tres legatos amplissimos uiros Romam armati reuertuntur. In Auentino consederunt ; inde armati in Capitolium uenerunt ; decem tribunos pl. <per> pontificem, quod magistratus nullus erat, creauerunt*).

3. Voir E. Pais, *Storia di Roma...*, III, p. 128 et suiv.

annalistique. Mais, à le lire, il semble qu'avant la « restauration » de 449 le tribunat est fragile et anxieux, d'ailleurs non point magistrature de l'État, mais sauvegarde privée de la plèbe, si bien qu'il est à peine excessif de parler de deux « cités » en une seule ville[1] ; au contraire, après l'égalisation des lois par les XII Tables, il est question en notre texte de « magistrats » de la plèbe à côté des magistrats patriciens, de la *maiestas* de la plèbe comme de la noblesse[2], même de deux consulaires admis dans le collège des tribuns[3]. Comme si la crise du Décemvirat avait amené une transformation radicale du tribunat ; ou, si l'on préfère, comme si le tribunat n'avait été pourvu d'un statut d'État qu'en 449 : ce qui pourrait signaler sa vraie naissance, officielle, en tant qu'organe politique.

Cependant, dès la date traditionnelle de l'institution, Tite-Live avait mentionné, sans en prendre la responsabilité, l'existence d'une *lex sacrata* proposée sur le Mont Sacré[4]. L'expression signifie plutôt loi stipulant « exsécration » (de celui qui porterait atteinte au tribun) que loi sanctionnée par « exsécration » (des votants sur eux-mêmes au cas où ils ne l'appliqueraient pas)[5] ; et les « lois sacrées » préexistent au tribunat et ne sont pas réservées à la plèbe[6] ; mais la plèbe nous est repré-

1. Sur cette division, plébéiens et patriciens n'obéissant qu'aux chefs de leur « ordre » (consuls ou tribuns), voir : II, 35, 3 ; 44, 5 et 9 (cf. III, 67, 10) ; 56, 10-13 ; 64, 1-2 ; III, 11, 4 ; 19, 9 ; — sur la faiblesse réelle des tribuns : II, 54, 9 ; 55, 1-2, 5, 7 ; III, 21, 1-2.

2. Liv., III, 52, 8 ; 63, 10.

3. Liv., III, 65, 1.

4. Liv., II, 33, 3 : *Sunt qui duos tantum in Sacro monte creatos tribunos esse dicant, ibique sacratam legem latam.*

5. Le premier sens dans Festus, p. 422 L., s. v. *Sacratae leges* (*S. l. sunt quibus sanctum est, qui quid aduersus eas fecerit, sacer alicui deorum sicut familia pecuniaque*) ; p. 424 L., s. v. *Sacer mons* (*Lege tribunicia prima cauetur, si quis eum qui eo plebei scito sacer sit occiderit, parricida ne sit*). Cf. Cicéron, *Pro Tullio*, 47. — Moins net, Cic., *Pro Balbo*, 33 (*Primo sacrosanctum nihil esse potest nisi quod populus legesque sanxissent, deinde sanctiones sacrandae sunt aut genere ipso aut obtestatione et consecratione legis aut pœnae, cum caput eius qui contra faceret consecratur.* Lange corrige ... *sunt aut obtestatione et consecratione legis aut genere ipso pœnae, cum...*).

6. Denys, II, 10 (statut du patronat et de la clientèle, attribué à Romulus) ; V, 70 (loi de l'appel au peuple, portée par Valérius Publicola) ; Liv., II, 8, 2 (contre les aspirants à la royauté) ; III, 55, 4-5 (contre la création de magistrats *sine prouocatione*) ; — Liv., IV, 26, 3 (militaire : chez les Volsques et les Èques) ; VII, 41, 4 (militaire : chez les Romains).

sentée comme cherchant, par ce type de « consécration », à assurer le respect de mesures qu'elle est seule à prendre, avant sans doute que soit reconnue valeur légale aux plébiscites[1]. Il y a, en cette mise hors la loi d'un coupable, désormais tuable à volonté comme *sacer* (sans que, pendant longtemps, cette malédiction le voue à une divinité déterminée), un aspect à coup sûr très archaïque de la justice populaire[2] ; rien, par conséquent, d'étrange à ce qu'elle ait été prononcée dès l'origine contre « tout individu qui contraindrait, frapperait ou ferait frapper, tuerait ou ferait tuer » un des chefs que se donnait la plèbe[3].

Mais une telle mesure ne suffisait pas à faire du tribun un personnage *sacrosanctus*, ou « intouchable[4] », bien qu'elle y fût nécessaire ; des juristes y ajoutaient l'obligation d'un serment, dont la nature n'est pas précisée[5]. On a supposé que c'était simplement l'engagement pris devant les dieux par tous les plébéiens de poursuivre le « lynchage » de l'individu déclaré *sacer* pour atteinte à l'inviolabilité d'un tribun[6] : ce qui était le condamner, sans recours et sans vengeance possible, à la mort la plus imprévue. Mais Tite-Live est sans doute plus près de la

1. Liv., II, 54, 9 ; III, 32, 7 (l'expression étant employée au pluriel). Cf. Fest., p. 422 L., s. v. *Sacratae leges* (*Sunt qui esse dicant sacratas quas plebes iurata in monte Sacro sciuerit* : voir *infra*).

2. Wessner, dans la *Real-Encyclopädie* de Pauly-Wissowa, I A[2] (1920), s. v. *sacer*, col. 1627 et suiv. Sur la notion de *sacer* : E. Durkheim, *Les formes élémentaires de la vie religieuse* (Paris, 1912), p. 304 et suiv.

3. Le texte le plus complet dans Denys, VI, 89, 3. Cf. Zonaras, VII, 15 B (καὶ γὰρ καὶ νόμους εἰσήγαγον ἵν' ὅστις αὐτοῖς ἔργῳ ἢ λόγῳ προσκρούσῃ... ἱερός τε ᾖ καὶ τῷ ἄγει ἐνέχηται).

4. Les deux composants (*sacer* et *sanctus*) ayant pourtant la même origine. Mais l'ablatif *sacrō*, qui est sûr, exprime le moyen par lequel s'est accompli l'acte rituel que spécifie *sanctus* : voir Ernout-Meillet, *Dictionnaire étymol. de la langue latine*, s. vv. *sacer* et *sancio*.

5. Festus, p. 422 L. : *Sacrosanctum dicitur quod iure iurando interposito est institutum, si quis id uiolasset, ut morte pœnas penderet*. Cf. Liv., III, 55, 10 (rapportant les opinions des *iuris interpretes*) : ... *tribunos uetere iure iurando plebis, cum primum eam potestatem creauit, sacrosanctos esse*. Et Denys, VI, 89, 2 : ... συνεβούλευσε τοῖς δημόταις ἱερὰν καὶ ἄσυλον ἀποδεῖξαι τὴν ἀρχήν, νόμῳ τε καὶ ὅρκῳ βεβαιώσαντας αὐτῇ τὸ ἀσφαλές (on ne confondra pas ce serment avec celui qui, dans le même récit, suit le vote de la *lex sacrata*, et vise à en assurer la perpétuité par un engagement de la plèbe, lui aussi collectif et sanctionné par la religion).

6. Ainsi Th. Mommsen, Karlowa, G. Bloch (*La République romaine*, p. 61 et suiv.), E. Pais, Niccolini (*Le leges sacratae*, dans *Historia*, II, 1928, p. 3 et suiv.).

vérité, lorsque, refoulant comme en note les interprétations des juristes[1], il parle de « très anciens rites » assez mystérieux (*relatis quibusdam ex magno interuallo caerimoniis*), qui rendaient les magistrats de la plèbe « tabous » (*religione inuiolatos*), avant que la *lex sacrata* sanctionnât leur inviolabilité par l' « exsécration » des coupables[2]. Ainsi le *sacrum* qui fonde la sacrosainteté tribunicienne n'a rien à voir avec les *sacri* que stipule la *lex sacrata ;* il semble même de nature beaucoup plus rituelle qu'un serment et tendrait à appuyer les théories modernes sur le caractère magique dont à l'origine était revêtu le tribun[3].

Même pour Denys[4], qui fonde la réconciliation de la plèbe avec le patriciat en 492 sur un traité préliminaire passé en bonne et due forme par les féciaux, les deux actes (*lex sacrata* et *sacrum-caerimoniae*) qui créent les tribuns n'assurent ni la perpétuité de leur fonction, ni la bienveillance des dieux de Rome pour eux, ni l'acquiescement des patriciens à leur existence : il faudra que la plèbe s'engage religieusement, par prière et imprécation, à ne pas laisser périmer la *lex sacrata*, qu'elle accomplisse dans Rome des sacrifices d'action de grâces, qu'elle obtienne enfin des « patriciens » un vote confirmant (sous quelle forme?)[5] cette nouvelle ἀρχή. Comme si le tribun, émanation de la volonté plébéienne, n'avait qu'une existence précaire dans la ville des *patres*. A plus forte raison ne parlera-t-on pas d'une magistrature. Si l'on suivait, d'ailleurs, nos historiens, il faudrait ajouter que, créé jusqu'en 471 par les comices curiates[6], c'est-à-dire sous l'autorité d'un sénatus-consulte et des auspices, le tribun de la plèbe pouvait au moins représenter jusqu'à cette date une « valeur reconnue » par l'en-

1. Ces interprétations ne paraissent pas homogènes. La première déduction (Liv., III, 55, 8-9) se fonde sur une fausse étymologie de *sacrō-sanctus = sacrōs (= sacer) sanctusque* ; la seconde (§ 10) analyse correctement *sacrō sanctus*, mais traduit *sacro* par *iure iurando*, d'après une théorie aprioristique.

2. Liv., III, 55, 6-7.

3. Ainsi A. Piganiol (*Les attributions militaires et les attributions religieuses des tribuns de la plèbe*, dans le *Journal des Savants*, 1919, p. 237), Warde Fowler, Kroll. — *Contra* : Vladimir Groh, *« Potestas sacrosancta » dei tribuni della plebe*, dans *Studi in onore di S. Riccobono* (Palermo, 1936), t. II, p. 1-9.

4. VI, 89-90.

5. Vote du sénat donnant son *auctoritas*?

6. Liv., II, 56 ; Denys, IX, 41. A moins d'interpréter, comme certains modernes, « par la plèbe répartie par curies » : mais cette traduction est arbitraire.

semble de la cité ; mais qu'ensuite, élu par le seul *concilium plebis*, il redevenait extrêmement fragile, surtout si, comme par occasion nous le dit Tite-Live[1], s'était si vite perdue l'habitude des rites qui fondaient sa sacrosainteté et assuraient son inviolabilité.

C'est à cette lumière qu'on examinera l'étrange schéma que nous offre Tite-Live de la « renaissance républicaine » après l'abdication des Décemvirs[2]. Rien n'a été prévu par le sénat que la création de nouveaux tribuns de la plèbe sous la présidence du Grand Pontife[3], et l'amnistie pour « la sécession des soldats et de la plèbe » ; rien, autrement dit, que la résurrection des privilèges plébéiens. Mais cette résurrection s'opère en « comices » et par les soins d'un prêtre patricien. « Parce que, nous dit Cicéron, il n'y avait aucun magistrat. » Il n'en est pas moins vrai qu'on recule ainsi au delà de la réforme de 471. Mais, d'ailleurs, Tite-Live oublie que cette foule assemblée sur l'Aventin ne représente pas la plèbe seule ; à moins de supposer que les plébéiens seuls servaient dans l'armée ! Si elle figure le *populus*, on ne s'étonnera plus de la voir voter la loi d'amnistie et régler la « création » des nouveaux consuls[4]. Seulement, en ces occasions, Tite-Live parle sans ambages de plébiscite et d'assemblée de la plèbe[5]. Et, réciproquement, ce sont les consuls qui, dit-il, par des « lois consulaires » (votées en comices centuriates), donnent valeur légale aux plébiscites, restaurent à tout jamais le droit d'appel et le garantissent par une *lex sacrata*, rétablissent la sacrosainteté tribunicienne en rappelant à la vie les vieilles pratiques magiques de la plèbe.

Ce double chassé-croisé ne peut manquer d'être suspect, même en ne tenant pas compte de difficultés chronologiques très sérieuses[6]. Une confusion de termes est pourtant exclue.

1. III, 55, 6 : *ipsis quoque tribunis ut sacrosancti uiderentur, cuius rei prope iam memoria aboleuerat, relatis quibusdam ex magno interuallo caerimoniis renouarunt.* — De fait, la sacrosainteté des tribuns est violée : Liv., II, 54, 8-10 ; Denys, X, 31-32 ; 35 ; 39.

2. Liv., III, 54, 5–55, 7.

3. Le nom que lui donne Cicéron (*Pro Corn.*, 25), M. Papirius, est au moins plus vraisemblable que celui de Q. Furius, qu'on trouve dans Tite-Live : le prénom Quintus n'étant pas habituel chez les Furius.

4. Par interroi patricien !

5. Liv., III, 54, 14-15 : ... *plebem rogauit, et plebs sciuit... ; ea omnia in pratis Flaminiis concilio plebis acta.*

6. La reconnaissance des plébiscites comme lois d'État ne paraît acquise que par la *lex Publilia*, de 339 (Varr.) av. J.-C. (Liv., VIII, 12, 15), et la *lex Hortensia*, de 287 (Liv., *Per.*, XI ; Plin., *H. N.*, XVI, 10, 37 ;

Reste une volonté, qui s'inscrit encore plus brutale dans Diodore[1] : présenter comme résultat politique du Décemvirat l'établissement sur des bases inébranlables de la puissance tribunicienne et de la liberté de la plèbe[2] ; plus encore peut-être : manifester une promotion du tribunat de la plèbe, traité sinon reconnu comme magistrature par le Sénat et les patriciens, tout en gardant la vieille sauvegarde de la *sacrosanctitas*. Sans doute y a-t-il à retenir là une réalité, malgré les invraisemblances du cadre et de bien des détails : antérieur ou non à 449, le tribunat n'a statut organique dans la cité qu'à cette date. Que ce soit prudence historique ou tact psychologique, en n'arrêtant pas autant que Denys les traits du tribunat avant la crise décemvirale, Tite-Live nous donne l'impression, juste sans doute, d'une création d'abord uniquement plébéienne, et au bout d'un certain temps seulement entérinée de façon légale par le patriciat.

Lorsqu'il s'agit des édiles de la plèbe, même ambiguïté, mais plus lucide, entre fonction plébéienne religieusement protégée et magistrature d'État.

Tite-Live connaît et affirme la loi de 449, qui les déclare sacrosaints, seuls sans doute avec les tribuns[3] ; et c'était aussi

Gaïus, I, 3 ; Gell., XV, 27, 4). — Même incertitude chronologique sur le droit d'appel : plus haut, p. 85, n. 1.

1. Diod., XII, 25 : les tribuns de la plèbe primant tous les autres magistrats ; partage du consulat entre plébéiens et patriciens.

2. Liv., III, 56, 1 : *Fundata deinde et potestate tribunicia et plebis libertate...* — Cf. 60, 1 : *... fundatoque plebis statu.*

3. Liv., III, 55, 7. Le passage est très discuté : 1° Doit-on considérer le seul groupe *iudicibus decemuiris*? Si oui, verra-t-on en eux les ancêtres des *Decemuiri stlitibus iudicandis* (créés seulement, selon Pomponius, entre 242 et 227), comme le pensent Brassloff (*Das Collegium der Decemviri*, dans *Zeitschr. der Savigny-Stiftung*, XXIX, p. 75-76), Th. Mommsen, Lange? ou bien une charge plébéienne de caractère non défini (Wlassak)? ou même seulement un groupe comptant parmi les magistrats *minores* élus par les tribus (Kübler, dans *Real-Encycl.* de Pauly-Wissowa, IV, 1901, col. 2260 et suiv.)? — 2° Mais on peut faire du mot *decemuiris* l'épithète commune des trois substantifs précédents, le groupe *tribuni aediles iudices* signifiant les diverses activités d'une magistrature plébéienne unique, comme *praetores iudices consules* désignent le seul couple des magistrats patriciens (Enrico Cocchia di Enrico, *Il tribunato della plebe e la sua autorità giudiziara studiata in rapporto colla procedura civile*, Napoli, 1917, p. 65-80 et 93 ; E. Cocchia, *I « iudices decemviri » e la loro funzione giudiziaria*, dans *Rivista indo-greco-italica*, 1921, p. 25-28). — Si incertaine qu'elle soit, la première position semble aujourd'hui préférée : ainsi M. Nico-

l'avis de Caton l'Ancien[1]. Cependant, des juristes le niaient, sur erreur philologique, nous l'avons vu[2], mais aussi parce qu'ils avaient des exemples d'édiles saisis et emprisonnés sur l'ordre de magistrats supérieurs. Mais cette expérience ne peut dater que d'une époque — sensiblement postérieure — où l'édilité était entrée dans la chaîne des magistratures régulières. Rien n'empêche que ces gardiens, ou administrateurs, du temple plébéien de Cérès, préexistant aux tribuns de la plèbe[3], aient été avec eux mis à couvert des injures patriciennes par le cérémonial de sacrosainteté, et qu'ils aient avant eux perdu ce privilège quand ils furent considérés comme magistrats[4]. Il est bien remarquable que Tite-Live, sans avoir parlé de leurs origines, représente les édiles plébéiens chargés officiellement de tâches publiques, où se trouve engagé l'intérêt de tout l'État : défense militaire de la ville, service d'archives et d'affichage public, police des cultes et sauvegarde de la religion nationale[5]. Cela dès avant le Décemvirat ou peu après lui. On ne risquera guère, bien entendu, à parler en ces cas d' « anticipations historiques ». Mais il s'en déduit une appréciation plus

lau (*Causa liberalis*, Paris, 1933, p. 21-26) reprend l'hypothèse Brassloff-Mommsen en proposant simplement l'exclusion comme glose de *iudicibus*, qui apparaît en position indue par rapport à *decemuiris*, et viserait à distinguer ces magistrats des Décemvirs législateurs. Mais *iudicibus* ne peut être supprimé, puisqu'il est objet de discussion dans la suite. D'autre part, cette discussion ne porte (les tribuns étant hors de cause) que sur une fonction, celle des édiles, non sur deux (édiles et juges-décemvirs) ou trois (édiles, juges et décemvirs), ce qui sape à la base toutes les hypothèses précédentes. D'où la solution que nous préférons, d'après Denys d'Halicarnasse, qui dit formellement que les édiles portaient aussi le nom de « juges » (VI, 90 : οὓς ὑπηρέτας τῶν δημάρχων καὶ συνάρχοντας καὶ δικαστὰς ἐκάλουν) ; *decemuiris* ayant été ajouté par un lecteur qui pensait aux décemvirs *stlitibus iudicandis*, il reste que la loi Valéria-Horatia proclame la sacrosainteté des tribuns de la plèbe et des édiles-juges.

1. Ap. Fest., s. v. *Sacrosanctum*, p. 422 L.
2. Plus haut, p. 149, n. 1.
3. Contre Denys (*loc. cit.*), qui les dit créés en 493-492 sur la demande des tribuns et a l'air d'insinuer que le nom d' « édiles » ne leur fut donné que plus tard, pour signifier la charge qu'ils avaient de tous les édifices religieux.
4. On sait, en effet, que, contre toute vraisemblance, dans la carrière des honneurs, l'édilité était considérée comme degré supérieur au tribunat de la plèbe (L. Homo, *Les institutions politiques romaines*, p. 85), dont l'autorité morale (c'est-à-dire anciennement religieuse et magique) restait cependant incomparablement supérieure.
5. Liv., III, 6, 9 ; 55, 13, et 57, 10 ; IV, 30, 11.

nette de la position de Tite-Live : sans bien voir l'incompatibilité originelle entre sacrosainteté et magistrature d'État, il note, en le datant du milieu du ve siècle, le cheminement inégal des édiles et des tribuns vers une situation à laquelle ils ne pourront en fait commencer à viser qu'une fois admis le partage entre patriciens et plébéiens de la magistrature qui comporte *imperium*, vers 400 avant notre ère.

Peut-être avons-nous même un autre indice de la conception semi-consciente qui date de la période décemvirale la véritable reconnaissance de l'organisation plébéienne dans le cadre de l'État romain. La *lex sacrata* dont Denys rapporte la formule lors de la première création des tribuns de la plèbe prononce contre le coupable une *sacratio* sans spécification de divinité et la confiscation des biens au bénéfice de Cérès ; celle au contraire que résume Tite-Live lors de la « restauration » de 449 voue la tête du coupable à Jupiter, ses biens à Cérès, Liber et Libéra[1]. La première formule est assurément plus ancienne. Et l'on serait tenté de reconnaître dans la seconde la trace d'une véritable convention entre les deux parties de la population romaine, Jupiter étant le dieu des patriciens comme Cérès est la divinité de la plèbe[2]. Sans oublier cependant que c'est à Jupiter que la plèbe avait voué, nous dit-on, le Mont Sacré, lorsqu'elle le quitta pour rentrer dans Rome après sa première sécession[3].

1. Comparer Denys, VI, 89, et Liv., III, 55, 7.

2. Cf. A. Piganiol, *Histoire de Rome* (Paris, 1939), p. 46.

3. Denys, VI, 90, 1 (Ζεὺς Δειμάτιος = Jupiter Pavor?) ; Festus, s. v. *Sacer mons*, p. 424 L. (*discedentes Ioui consecrauerunt*). Il peut s'agir d'un enrichissement postérieur de la tradition : l'épithète *Sacer* évoque mieux une consécration générale, non spécifique, d'un type très répandu dans l'ancienne religion romaine. Sans même faire valoir le doute qui subsiste sur la localisation (Mont Sacré ou Aventin) de la première sécession.

ADDENDA ET CORRIGENDA

P. 5, texte, l. 18 et 25, *lire* : Vrbis, Vrbem.
P. 9, texte, app., l. 2, *lire* : dedit *H* ;
P. 11, texte, l. 15, *lire* : quietas. sta-
P. 11, texte, l. 25-26, *lire* : animus
P. 12, trad., l. 7, *lire* : Labici
P. 12, texte, app., l. 7, *lire* : ‖ iussi
P. 13, trad., l. 10-11, *lire* : Vétusius[3]) Géminus. Le 11 août, ils
P. 13, trad., l. 13, *lire* : prendre même
P. 13, texte, app., l. 5-6, *lire* : ‖ Gabino ω
P. 14, texte, app., l. 8, *lire* : ‖ fuit. Is Σ :
P. 18, trad., l. 30-32, sous-titre, *lire* : **Céson[2] Quinctius**
P. 18, trad., notes, l. 3, *ajouter* : 2. Prénom (*Caeso*) noté en abrégé *K*.
P. 18, texte, l. 10, *lire* : nisi, dum
P. 20, trad., l. 20, *lire* : les Quinctius
P. 20, trad., notes, l. 9, *lire* : Ce procès s'engage
P. 20, texte, app., l. 3, *lire* : **11-12** resistebat
P. 27, trad., l. 24, *lire* : le lieu, au Capitole
P. 31, trad., l. 8-9 et l. 23-24, *lire* : Jupiter Très-bon Très-grand
P. 31, texte, l. 6-7, *lire* : Iouis Optimi Maximi
P. 31, texte, l. 20, *lire* : Iuppiter Optimus Maximus
P. 32, texte, l. 10, *lire* : actiones
P. 32, texte, app., l. 5, *lire* : *det. unus*
P. 39, texte, l. 3, *lire* : Vrbis
P. 40, trad., l. 1, *lire* : « les pièges cachés »
P. 41, texte, l. 14, *lire* : consulem
P. 46, texte, app., l. 5, *lire* : Volsci *et* Volscius *V*
P. 52, texte, l. 6, *lire* : ingenia
P. 53, texte, app., l. 9, *lire* : **8** Dimissa
P. 54, trad., l. 18, *lire* : Céson Duillius
P. 60, trad., l. 28-29, *lire* : la seule garantie d'une parfaite égalité entre hommes libres ;
P. 74, texte, app., l. 2, *lire* : **9** uox tota ω

P. 75, texte, app., l. 5, *lire* : **7** sedauit :

P. 76, texte, l. 7, *lire* : sua

P. 76, texte, app., l. 5, *lire* : **7** Nec

P. 84, trad., titre courant, *lire* : *Av. J.-C.* ***445-444 (449).***

P. 85 à 100, trad., titre courant, *lire* : *Av. J.-C.* ***444 (449).***

P. 88, texte, app., l. 2, *lire* : **12** Quod

P. 89, texte, app., l. 5, *lire* : || dederit ω

P. 90, trad., notes, l. 8, *lire* : (chap. 58).

P. 90, texte, app., l. 4, *lire* : **2** Virum

P. 91, texte, l. 22, *lire* : felicioris

P. 97, texte, app., l. 6, *lire* : sescenti

P. 97, texte, app., l. 7, *lire* : exiliunt *V*.

P. 97, texte, app., l. 7-8, *lire* (*en ligne* 8) : LXIII, **2** transuolat : trauolat *V*.

P. 99, trad., notes, l. 2, *lire* : (voué en 433

P. 99, trad., notes, l. 8, *lire* : 15), dont le sépare peut-être l'*amnis Petronia* (cf. Castagnoli, *Mem. d. Accad. d. Lincei*, S. VII, vol. I, 1946, p. 93-193), représente un compromis.

P. 101, trad., titre courant, *lire* : *Av. J.-C.* ***444-443 (449-448).***

P. 102, trad., titre courant, *lire* : *Av. J.-C.* ***443-442 (448-447).***

P. 103, trad., titre courant, *lire* : *Av. J.-C.* ***442-441 (447-446).***

P. 103, texte, app., l. 6, *lire* : **4** non esse Σ : non nosse *V* || Romam :

P. 104 à 114, trad., titre courant, *lire* : *Av. J.-C.* ***441 (446).***

P. 104, texte, l. 8, *lire* : traditum iri, Aequos

P. 106, texte, app., l. 6, *lire* : expletis *FB*

P. 109, trad., l. 24, *lire* : et posait son camp tout près du sien devant Corbion.

P. 110, trad., notes, l. 7, *lire* : à cette date

P. 114, texte, app., l. 2, *lire* : **5** Quem enim

P. 115, notes, l. 3, *ajouter* (après : Paris, 1941 ;) : *Horace et les Curiaces*, P., 1942 ; *Servius et la Fortune*, P., 1943 ; *Naissance de Rome*, P., 1944 ; *Tarpéia*, P., 1947 ; *L'héritage indo-européen à Rome*, P., 1949.

P. 116, avant-dernière l., *lire* : anté-décemvirale

P. 119, n. 5, l. 2-3, *lire* : les Fastes consulaires (et Tacite, *Ann.*, I, 1)

P. 121, n. 1, l. 5, *lire* : Cf. plus haut, p. 83 et n. 1

P. 122, n. 4, fin, *ajouter* : Cf. p. 121, n. 5.

P. 124, n. 1, l. 1, *lire* : Déjà sous les rois : I, 59, 12

P. 125, n. 8, *lire* : Liv., III, 33, 7 ; 35, 11.

P. 127, l. 8, *lire* : au milieu du ve siècle,

P. 134, n. 0, l. 9, *ajouter* : et *Rev. des Ét. latines*, 1942, p. 106-138. — M. J. C. van Oven est revenu plus récemment sur le problème (*Le procès de Virginie d'après le récit de Tite-Live*, dans *Revue d'histoire du droit*, Groningen, 1952, p. 159-190) : il pense que le développement juridique du premier épisode est régulier (la *uindicatio* de M. Claudius étant sous-entendue comme allant de soi), sauf la « chicane » d'Appius Claudius, prétendant n'admettre d'autre *adsertor* que le père ; mais qu'à partir de 46, 7, le désordre s'est introduit dans le récit, soit avant Tite-Live, soit de son fait, par confusion entre trois espèces de cautions (*ad Verginiam sistendam* ; à l'égard de la partie adverse pour les *uindiciae* ; envers l'État pour le *sacramentum* qui devait suivre la *contrauindicatio*). Il n'admet pas les mutations sémantiques sur quoi se fonde notre interprétation.

P. 143, n. 1, fin, *lire* : *a ui tuta erat*).

P. 147, n. 5, l. 3, *ajouter* (après : *sicut*) : [lire *sit ut*?]

P. 159, l. 7, *lire* : Procès et exil de Céson Quinctius

COMPLÉMENT BIBLIOGRAPHIQUE

AUX TROIS PREMIERS LIVRES DE TITE-LIVE[1]

PROBLÉMATIQUE LIVIENNE :

Wege zu Livius (*Wege der Forschung*, vol. CXXXII), par Erich BURCK, Darmstadt, 1967.

OUVRAGES GÉNÉRAUX DE RÉFÉRENCE :

G. A. MANSUELLI, *Les civilisations de l'Europe ancienne*, Arthaud, 1967 ; — P. DE FRANCISCI, *Primordia Civitatis*, Rome, 1959 ; — J. BEAUJEU, J. DEFRADAS, H. LE BONNIEC, *Le trésor spirituel de l'humanité : les Grecs et les Romains*, Paris, 1967 ; — A. PIGANIOL, *La conquête romaine*[5], Paris, 1967 ; — J. BAYET, *Littérature latine*[3], Paris, 1968 ; — G. DUMÉZIL, *La religion romaine archaïque*, Payot, 1966 ; — K. LATTE, *Römische Religionsgeschichte*, Munich, 1960 ; — J. BAYET, *Histoire politique et psychologique de la religion romaine*[2], Payot, 1969 ; — R. BLOCH, *Les prodiges dans l'Antiquité classique*, Paris, 1963 ; — A. ALFÖLDI, *Early Rome and the Latins*, Ann Arbor (The Univ. of Michigan Press) [1966] ; — R. STUVERAS, *La vie politique au premier siècle de la République romaine à travers la tradition littéraire*, M. É. F. R., LXXVI, 1964 ; — F. DE MARTINO, *Storia della costituzione romana*, I-V, Naples, 1958-1967 ; — Cl. NICOLET, *Les idées politiques à Rome sous la République*, Paris, 1964 ; — G. VILLE, *Dictionnaire d'archéologie*, Paris, 1967.

GÉNÉRALITÉS SUR TITE-LIVE :

E. HOWALD, *Vom Geist antiker Geschichtsschreibung*, Munich, 1944 ; — L. FERRERO, *Rerum Scriptor*, Trieste, 1962 ; — P. G. WALSH, *Livy, his historical aims and methods*, Cambridge Univ. Press, 1961 ; — P. G. WALSH, *Sachliche Vorzüge und Mängel des livianischen Werkes*, Londres, 1964 ; —

1. Y compris les Appendices aux livres I et II par M. R. Bloch.

K. Kerenyi, *Selbstbekenntnisse des Livius*, (Albae Vigiliae), Zurich, 1945.

Tite-Live historien :

I. Kajanto, *Notes on Livy's conception of history*, Arctos II, 1958 ; — J. Pinsent, *Antiquarianism, fiction and history in the first decade of Livy*, C. J., LV, 1959 ; — R. M. Ogilvie, *A Commentary on Livy, Books I-V*, Oxford University Press, 1965 ; — R. Jumeau, *Tite-Live historien. A propos d'un commentaire récent*, Latomus, XXV, 1966 ; — N . Erb, *Kriegsursachen und Kriegsschuld in der ersten Pentade des T. Livius*, Zurich, 1963 ; — L. Ferrero, *Storiografia e cultura dalle storie di Tito Livio*, Turin, 1961 ; — K. Gast, *Die zensorischen Bauberichte bei Livius und die römischen Bauinschriften*, Göttingen, 1965 ; — W. Hoffmann, *Livius und römische Geschichtsschreibung*, Hambourg, 1954 ; — D. M. Last et R. M. Ogilvie, Latomus, XVII, 1958 ; — R. M. Ogilvie, *Livy, Licinius Macer and the libri lintei*, J. R. S., XLVIII, 1958 ; — E. Ruschenbusch, *Die Zwölftafeln und die römische Gesandtschaft nach Athen*, Historia, XII, 1963.

Attitude politique et religieuse de Tite-Live :

R. Bloch, *Tite-Live et les pemiers siècles de Rome*, Paris, 1965 ; — M. Mazza, *Storia e ideologia in Livio*, Arcireale Bonanno, 1966 ; — L. Bruno et M. Pinto, *La costituzione romana nelle prima deca di Tito Livio*, Naples, 1954 ; — H. Hoch, *Die Darstellung der politischen Sendung Roms bel Livius*, Francfort, 1951 ; — E. Burck, *Das Bild der Revolution bei römischen Historikern*, Gymnasium, 1966 ; — F. Cupaiuolo, *L'esaltazione delle virtù patrie nella storia di Livio*, Rondinella, 1942 ; — E. Bignone, *Romanità nelle Storie di Livio*, A. e R., 1942 ; — L. Halle, *A study of moralization in Livy*, Mawr College, 1958 ; — J. Delgado, *Lo religioso en Tito Livio*, Helmantica, XI, 1960 ; — G. Stuebler, *Die Religiosität des Livius*, Stuttgart, 1941 ; — A. Pastorino, *Religiosità romana dalle Storie di Tito Livio*, Latomus, XX, 1961 ; — P. G. Walsh, *Die religiösen, philosophischen und moralischen Vorstellungen*, Cambridge, 1961 ; — I. Kajanto, *Die Götter und das Fatum bei Livius* et *God and Fate in Livy*, Turku, 1957 ; — J. Delgado, *Importancia de los prodigios en Tito Livio*, Helmantica, XII, 1961, et *Postura de Livio frente al prodigio*, Ibid., XIV, 1963.

Langue et stylistique :

J. Delgado, *El latin de Tito Livio*, Madrid, 1961 ; — K. Gries, *Constancy in Livy's latinity*, New York, 1969 ; — P. G. Walsh, *Die literarischen Methoden des Livius : der Erzählungsstil*, Cambridge, 1961 ; — R. Treptow, *Die Kunst der Reden in der ersten und dritten Dekade des livianischen Geschichtswerkes*, Kiel, 1964 ; — E. Dutoit, *Le vocabulaire de la vie politique chez Tite-Live*, Hommages à L. Herrmann, coll. Latomus, XLIV, Bruxelles, 1960 ; — E. Mikkola, *Die Konzessivität bei Livius, mit besonderer Berücksichtigung der ersten und fünften Dekade. Eine syntaktisch-stilistiche Untersuchung*, Helsinki, 1957.

TABLE DES MATIÈRES

TABLE DES MATIÈRES

Ce volume,
le cent septième
de la série latine
de la Collection des Universités de France,
publié aux Éditions Les Belles Lettres,
a été achevé d'imprimer
en janvier 2026
sur les presses
de La Manufacture Imprimeur
52200 Langres, France

N° d'édition : 11431
N° d'impression : 250878/15
Dépôt légal : janvier 2026